应急管理系列教材

总主编：沈灿煌

应急管理案例分析与研究

主　编：张仪华

厦门大学出版社
XIAMEN UNIVERSITY PRESS
国家一级出版社
全国百佳图书出版单位

图书在版编目（CIP）数据

应急管理案例分析与研究 / 张仪华主编. -- 厦门 ：厦门大学出版社，2024.4

应急管理系列教材 / 沈灿煌总主编

ISBN 978-7-5615-9130-7

Ⅰ. ①应… Ⅱ. ①张… Ⅲ. ①突发事件-公共管理-案例-中国 Ⅳ. ①D630.8

中国国家版本馆CIP数据核字(2023)第193571号

责任编辑　甘世恒
策划编辑　张佐群
封面设计　蔡炜荣
美术编辑　李嘉彬
技术编辑　许克华

出版发行　厦门大学出版社
社　　址　厦门市软件园二期望海路39号
邮政编码　361008
总　　机　0592-2181111　0592-2181406(传真)
营销中心　0592-2184458　0592-2181365
网　　址　http://www.xmupress.com
邮　　箱　xmup@xmupress.com
印　　刷　厦门市金凯龙包装科技有限公司

开本　787 mm×1 092 mm　1/16
印张　17
插页　2
字数　376 千字
版次　2024 年 4 月第 1 版
印次　2024 年 4 月第 1 次印刷
定价　50.00 元

本书如有印装质量问题请直接寄承印厂调换

厦门大学出版社
微信二维码

厦门大学出版社
微博二维码

总　序

2019年11月29日，习近平总书记在主持中共中央政治局第十九次集体学习时强调，应急管理是国家治理体系和治理能力的重要组成部分，承担防范化解重大安全风险、及时应对处置各类灾害事故的重要职责，担负保护人民群众生命财产安全和维护社会稳定的重要使命。2020年新冠肺炎疫情暴发，在应对社会性重大突发事件过程中暴露出的短板和不足，反映出健全国家应急管理体系、提高处理急难险重任务的能力迫在眉睫。加强应急管理体系和能力建设，强化应急管理全流程理论研究与教学实践，既是一项紧迫任务，又是一项长期任务。因此，发挥高校人才和智力优势，助力国家的应急管理人才培养和科学研究是新时代高校肩负的神圣使命。

集美大学是习近平同志曾经担任过校董会主席的高校，当年习近平同志要求集美大学充分调动师资队伍的科技要素和社会结合，最后在产学研优化结合方面对社会生产力的发展做出贡献，突出集美大学的学科特色，加上体制创新，培养更多的学科增长点。集美大学发挥学科专业优势，积极参与国家应急管理体系建设，2020年经批准成为福建省唯一的“应急安全指挥学习工场(2020)”暨应急管理学院建设试点高校，致力于培养应急管理领域高层次研究与实践人才。2021年，集美大学申办应急管理专业获批；同年，应急管理研究院正式成立。高起点办好一流专业，需要一流师资、一流课程，更需要一流教材。学校联合国内应急管理龙头企业加强应急管理体系建设，组织一批应急管理专家学者开展理论研究和实践教学总结，邀请国内应急管理有关专家，高标准、高质量编写了应急管理系列教材，包括《应急管理基础理论》《应急管理工程技术理论》《应急管理信息化应用》《应急管理法律理论与实践》《海岸带灾害应急管理概论》《海洋灾害与应急管理》《邮轮安全与应急管理》《应急管理案例分析与研究》。该系列教材紧密结合国家应急管理实践要求，注重应急管理基础理论、技术应用、实际案例、法律法规、涉海应急等内容的梳理，将我校"工海"优势学科应用于涉海应急管理领域，形成独具特色的涉海应急管理教学、研究一体化教材。

该系列教材的出版，表明了集美大学对服务好国家应急管理战略的决心和能力，是我校应急管理学科专业建设的阶段性成果，展示了我校应急管理专业建设成效，极大地增强了应急管理人才培养能力，提升了我校应急管理的研究水平。下一步，我校将进一步深化应急管理研究成果和实践教学的应用和转化，为服务国家应急管理战略贡献更大的力量。

2022.5.28

前　言

2001年“9·11”恐怖袭击、2002年全球“非典”疫情、2004年印度尼西亚海啸、2010年中国山西王家岭煤矿透水事故……21世纪以来，人类面临的机遇不断增多，但面临的挑战也不断增加。从世界看，各种传统的和非传统的、自然的和社会的安全风险交织并存，重大自然灾害频繁发生，重大疫情传播范围扩大，能源资源紧缺和生态环境恶化，恐怖主义抬头，民族宗教矛盾和地区冲突加剧，公共安全事件的诱因和影响呈现较强的世界性特点。从国内看，我国正处在现代化建设的关键时期，经济体制深刻变革，社会结构深刻变动，利益格局深刻调整，思想观念深刻变化，社会利益关系错综复杂，新情况、新问题层出不穷，重大自然灾害、事故灾难、公共卫生事件和社会安全事件时有发生，突发事件不仅给人民群众生命财产造成巨大损失，而且对社会稳定甚至国家安全和经济社会发展全局产生重大影响。突发事件应急管理日益成为世界各国政府和社会各界关注的重大热点问题。

抗疫情、战洪水、化危机……2020年，应急管理工作者面对一次次严峻挑战，逆行出征、艰苦奋战，作出应有贡献。面对严峻的公共安全形势，党中央、国务院审时度势，作出全面加强应急管理工作的重大决策部署。加强应急管理工作具有划时代的重大意义。一是坚持以人为本、执政为民的重要体现。二是构建社会主义和谐社会的重要内容。各种突发事件，不仅给人民群众的生命财产造成巨大损失，影响社会稳定，有的甚至危及国家安全，影响经济社会发展全局。三是全面履行政府职能的重要方面。应急管理是社会管理和公共服务的重要内容，是政府的一项重要职能，也是各级政府亟待加强的工作。建立健全应急管理体制、机制，提高应对突发事件的能力和水平，是加强政府自身建设重要而紧迫的任务，也是检验政府行政能力的重要标志。

本书主要介绍国内外比较著名的应急管理案例，包括公共卫生、自然灾害、环境污染、海上安全、社会安全、生产安全及应急救援等方面，每个案例通过导读引入案例背景，并通过事件回放对整个事件的发生发展脉络进行梳理，详细描述整个事件的应急处理过程，对案例进行更深层次的分析与研究，指出应急管理和应急处理过程中可能存在的问题，并提出相应对策或建议，给读者展示出完整的案例分析思维，并在附录提供相关小知识供参考。

本书共分十七章，其中王园、吴净编写第1章、第6章，王园、黄甜编写第2章，邓煌婷、陈岩英编写第3章，黄倩、陈岩英编写第4章，郑尚龙、尤成德编写第5章，庄花编写第7章、第8章，张仪华、胡国栋编写第9章、第16章，张仪华、陶梦琦、周琦萍编写第10章，蔡镭编写第11章，丁青编写第12章，张仪华、吴净编写第13章，张仪华、陶梦琦编写第14章、第18章，张仪华、黄甜编写第15章、第17章。

编者

2022年7月于厦门

目 录

第 1 章

2020 年中国南方洪涝灾害应急处理事件

【导读】 由水陆循环引导的地球生态系统造就了丰富多样的环境，其中最适宜人类生存的地区，往往是位于河流中下游的平原和开阔地带。人类万年以来的文明史，无不发源于大江大河的中下游流域。而随着科技和文明的进步，人类视角中的宜居栖息地在不断扩张。当发生洪水现象时，人类遭受着一次又一次的打击。洪水变成了对人类造成危害最大的自然灾害之一。人们的脑海里从来不缺洪水的印记，大江大河虽是“母亲河”，却也不时泛滥成灾，给人们的生活带来巨大的影响。2020 年夏天没有像以往一样艳阳高照，全国多地发生持续的强降雨天气，南方多省也发生严重的洪涝灾害。“2020 年中国南方洪涝灾害”被应急管理部公布为 2020 年全国十大自然灾害之一。

一、事件回放

2020 年 6 月上旬，降雨主要集中于江南南部、华南北部等地。6 月中旬以后，副高明显北抬，江南北部到黄淮地区水汽输送偏强；冷暖气团在中国江南北部到黄淮地区交汇，形成持续性强降水。6 月中下旬至 7 月份，雨带一直停留在西南地区东部到长江中下游地区。

6 月以来，南方迎来持续强降雨。据重庆市水文监测总站监测，6 月 5 日 8 时至 6 日 8 时，重庆彭水、黔江、武隆、石柱、奉节等 5 个区县出现暴雨，最大日降雨量出现在彭水朗溪乡朗溪村，为 103 毫米①。6 日 11 时，浙江新安江水库水位达到汛限水位 106.5

① 中国新闻网.川渝鄂遭遇暴雨袭击重庆腾出防洪库容应对乌江防汛压力[EB/OL]，(2020-7-6)[2021-3-3]，https://www.chinanews.com/gn/2020/07-06/9230784.shtml.

米。由于持续降雨，水位仍呈上涨趋势。

6月9日，广西中北部、广东中部和南部沿海、贵州南部、湖南中东部、江西中北部、安徽南部、浙江西部、福建西北部等地累计降雨量100～300毫米①。共有120个县市日降水量突破当月历史极值，其中广西阳朔和富川突破历史极值。

6月12日至15日，江汉、江淮、江南北部及贵州、广西西北部、四川盆地等地持续强降雨。

6月13日15时，全国共有70个水文站处于超警状态，鄱阳湖、洞庭湖地区多个水文站超警严重。重庆綦江上游干流及四川大渡河支流小金川更是超历史洪水。

6月29日上午，三峡大坝年内首次开闸泄洪，开启2个泄洪深孔，以腾出库容迎接近期可能到来的洪水，15时，库区水位降至147米，为迎峰度汛安全做好准备。

7月4日下午，金华全市29座大中型水库有4座水位超汛限，小型水库有33座水位超汛限。

7月5日8时至6日8时，四川攀西地区、川西高原、盆地南部和东北部降大到暴雨，凉山州冕宁县、泸州市古蔺县局部降大暴雨。

7月5日到6日凌晨，受到暴雨袭击，湖北省武汉市长江汉口站水位26.79米，超设防水位1.79米；汉江新沟站水位27.51米，超警戒水位0.01米②。7月8日0时，长江汉口武汉关水位超27.30米的警戒水位，已升至27.45米。这是湖北境内长江干流第三个到达警戒水位的站点，武汉防汛形势变得严峻起来。

7月6日10时05分，上海市累计降水量80毫米以上，受暴雨影响，上海外滩滨江亲水平台的积水顺楼梯流下，形成了小型瀑布。

7月9日，湖北、安徽、江苏、贵州、浙江、重庆、湖南、江西、上海、广西、四川等省份共计85站累计降水量超过年降水量的一半，长江流域平均降水量达到369.9毫米，较1998年同期偏多54.8毫米，为1961年以来历史同期最多③。

7月9日，鄱阳县昌洲乡中洲圩晚上发生溃堤，被洪水冲出180米的决口。7月12日0时，鄱阳湖周边多个水文站超1998年水位，鄱阳湖水位突破有水文记录以来的历史极值。7月18日，江西省九江市鄱阳湖的落星墩，低处被湖水淹没。

7月10日，主雨带北抬至长江中下游一带，多雨中心位于湖南北部、江西北部、湖北东部、安徽南部、浙江中部等地，浙江、安徽、江西局地累计降水量超过800毫米。

在7月10日的强降雨过程中，湖北黄梅、浠水，江西吉安、峡江，湖南隆回等国家级气象观测站日雨量突破极值。

---

① 新京报.南方洪涝致11省份受灾 广东局地雨量近千毫米[EB/OL].(2020-6-10)[2021-3-3].https://m.sohu.com/a/400822780_114988/.

② 新华网.长江中下游干流控制站陆续突破警戒水位[EB/OL].(2020-7-7)[2021-3-3].http://www.hb.xinhuanet.com/2020-07/07/c_1126204541.htm.

③ 新京报.长江流域平均降雨量超1998年同期[EB/OL].(2020-7-14)[2021-3-3].http://www.xinhuanet.com/2020-07/14/c_1126233551.htm.

7 月 10 日，重庆、贵州至长江中下游地区年内最强降雨。截至此日，我国南方共出现 15 次大范围强降雨过程。

从 6 月 2 日至 7 月 12 日 6 时，中央气象台连续 40 天发布暴雨预警，成为 2007 年开展暴雨预警业务以来历时最长的一次。全国共有 433 条河流发生超警以上洪水，其中 109 条河流发生超保洪水，33 条河流发生超历史洪水，长江干流监利以下河段及洞庭湖、鄱阳湖、太湖水位处于超警状态[①]。

7 月 27 日，受强降雨影响，长江上游形成第 3 号洪水，中下游和洞庭湖、鄱阳湖水位超警时间已超过 20 天，淮河、太湖仍然持续超警，堤防、涵闸的险情增多。

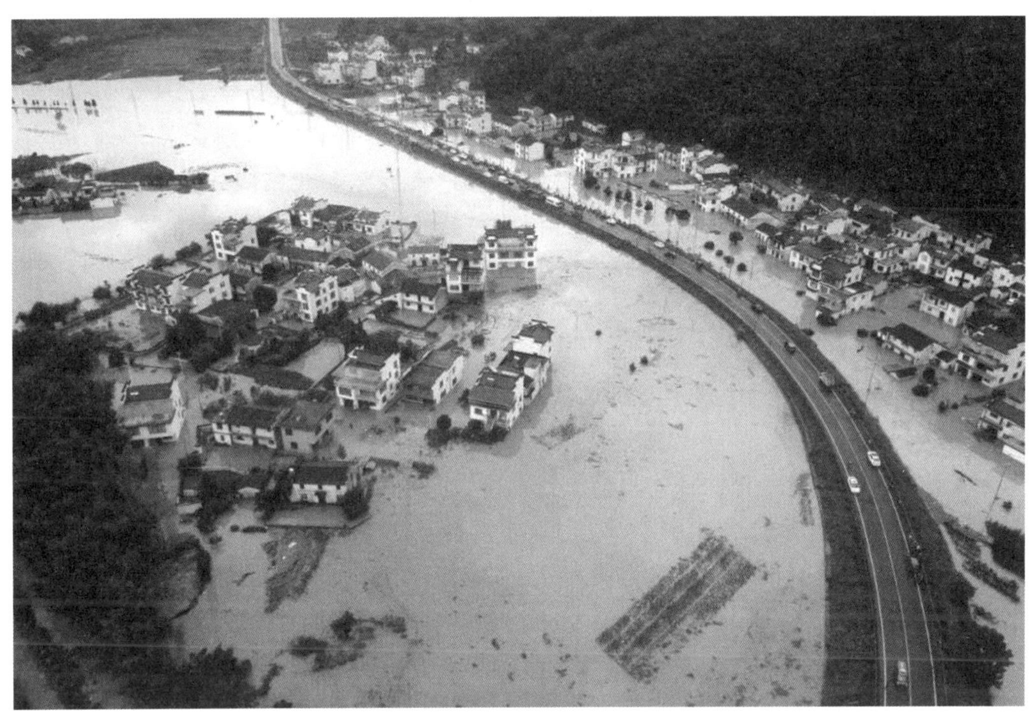

图 1-1　被淹没的村庄[②]

① 光明日报.防大汛，要下绣花功夫也需久久为功[EB/OL]，(2020-7-16)[2021-3-3]，http://www.mwr.gov.cn/xw/mtzs/gmrb/202007/t20200716_1416495.html.

② 虞子期.三峡大坝还能不能加高？洞庭湖、鄱阳湖能不能改变？都来防水？[EB/OL]，(2020-7-17)[2021-3-3]，https://k.sina.cn/intercept_d.html/? chname=k×=1.

二、应急管理过程

（一）习近平对做好防汛救灾工作作出重要指示

2020 年 7 月 12 日，习近平强调各级党委和政府要压实责任、勇于担当，各级领导干部要深入一线、靠前指挥，组织广大干部群众，采取更加有力有效的措施，切实做好监测预警、堤库排查、应急处置、受灾群众安置等各项工作，全力抢险救援，尽最大努力保障人民群众生命财产安全①。国家防汛抗旱总指挥部、应急管理部、水利部等部门要加强统筹协调，科学调配救援力量和救灾物资。驻地解放军和武警部队要积极参与抢险救灾工作。习近平要求，各地区各有关部门要在抓好防汛救灾各项工作的同时，精心谋划灾后重建，尽快恢复生产生活秩序。要认真做好受灾困难群众帮扶救助工作，防止因灾致贫返贫。

（二）国家防汛抗旱总指挥部统筹部署防汛救灾工作

国家防汛抗旱总指挥部针对当前汛情形势，专题研判物资调拨、督导检查、力量前置、工程抢险、监测预警、灾情评估等工作，要求各地防指有关部门要加强联合会商研判，完善应急预案，全面落实转移避险责任，细化人员转移预案，更加扎实有力地落实防汛抗洪抢险救灾工作。密切关注汛情发展态势，指导督促重点地区严格落实各项防汛救灾责任，进一步强化汛情监测预警和风险隐患排查，抓好重点区域、重要堤防巡查防守工作，及时消除重大风险隐患，抓实抓细力量调派、物资储备、转移避险、灾后安置救助等各项工作，积极帮助受灾群众尽快恢复生产生活秩序②。国家防总工作组加强一线检查指导，督促各地进一步落实落细防汛抗洪抢险救灾各项措施。安徽防汛工作小组在王家坝闸、淮河大堤、蒙洼蓄滞洪区保庄圩、湖心庄台检查防洪工程运行、堤防巡堤查险、转移群众安置等情况；救灾小组在合肥市庐江县长岗中学安置点等地核查灾情、检查受灾群众集中安置点有关工作。江西工作组在九江市永修县三角联圩、立新圩等地现场检查指导应急排涝工作。湖南工作组在益阳市安化县东坪镇、小淹镇等地指导

---

① 新华网.习近平对进一步做好防汛救灾工作作出重要指示要求压实责任勇于担当深入一线靠前指挥尽最大努力保障人民群众生命财产安全[EB/OL]，(2020-7-12)[2021-3-3]，https://politics.gmw.cn/2020-07/12/content_33986249.htm.

② 人民网.国家防办、应急管理部会商部署统筹南北方防汛救灾工作[EB/OL]，(2020-7-27)[2021-3-3]，https://politics.gmw.cn/2020-07/29/content_34039435.htm.

检查救灾救助、巡堤查险工作，排查地质灾害隐患点。湖北工作组在黄冈市检查指导黄州区长孙堤减压井涌水、堵城镇卢冲散浸、堵城镇采莲船圩溃口等险情点处置情况。江苏工作组在淮安市清江浦区、淮安区二河闸、淮安水利枢纽、苏北灌溉总渠运东闸等地重点设施防汛情况。

（三）应急管理部、中国消防救援队全力以赴抗洪抢险

入汛后至 2020 年 6 月，应急管理部部署国家综合性消防救援队伍向防汛重点地区前置预置专业救援力量，共参加各类抗洪抢险救援 10364 起，出动指战员 13 万余人次、消防车 17778 辆次、舟艇 11887 艘次，营救遇险被困群众 37777 人，疏散转移被困群众 10.7 万余人。面对严重汛情灾情，应急管理部多次会商调度，认真分析研判雨情汛情灾情，及时启动应急响应机制，部署消防救援队伍参加抗洪抢险，会同财政部向贵州、广西、广东等 3 省（区）下拨中央防汛抗旱补助资金 2 亿元，向湖北省紧急下达中央自然灾害救灾资金 3000 万元，支持帮助地方做好山体滑坡堰塞湖抢险救援救灾工作[①]。会同国家粮食和物资储备局向广西调拨帐篷、折叠床等中央救灾物资，支持地方开展抗洪抢险救援救灾工作，增派 3 个工作组赴四川、重庆、贵州等重点地区指导防汛抗洪救灾工作。宜昌暴雨突袭围困百余名群众，消防紧急救援。湖北随州多地受灾，消防连夜转移 300 余人。

（四）水利部超前部署防范“三大风险”

针对“三大风险”，水利部汛前分别召开专题会议作出部署。在主汛期到来前，组织编制完成大江大河、重要支流和重点防洪城市超标洪水防御预案，制定洪水防御作战图。针对水库失事风险，严格大中型水库汛限水位监管。针对山洪灾害风险，开展县级山洪灾害防御人员培训和演练，落实洪水防御预案、监测预报预警、人员安全转移等具体措施。密切监视滚动预测预报。坚持以防为主，汛期实现 24 小时值守和滚动会商，水利部累计会商 191 次，分别启动水旱灾害防御Ⅱ级应急响应 2 次，Ⅲ级应急响应 4 次。建立“专班预报、联合会商、滚动订正”的洪水预报工作机制，创新“三个 3 天”预报、预测、展望的水文情报预报模式[②]。洪水关键期，每日滚动预报，并与中国气象局和流域管理机构、地方水文部门会商，及时向社会发布水情预警信息，有力支撑了防洪调度科学决策。科学精细实施水工程调度。汛期，水利部组建雨水情预测预报和水工程调

---

① 中国青年网.国家减灾委、应急管理部启动国家Ⅳ级救灾应急响应[EB/OL]，(2020-6-28)[2021-3-3]，https://baijiahao.baidu.com/s? id=1670748376836574708&wfr=spider&for=pc.

② 新华网.水利部：防汛关键期将至需重点防范三大风险[EB/OL]，(2020-7-2)[2021-3-3]，http://www.xinhuanet.com/video/2020-07/02/c_1210685729.htm.

度2个专班，根据实时雨水情和预报成果，考虑最不利因素，统筹流域防洪全局，优化制定水工程调度运用方案，科学调度水工程精细蓄泄，有效减轻流域防洪压力，发挥了巨大的防灾减灾效益，完善机制做好山洪灾害防御工作。5月份，水利部和工信部联合组织推进依托三大运营商对社会公众发布预警信息工作，通过三大运营商基站信号智能感知功能，及时将预警信息发送至山洪预警区域内的防汛责任人、受威胁群众、山区旅游人员及外来务工人员手机，部分地区还采用了无线电广播推送手段，努力避免信息盲区，实现预警全覆盖。强化暗访督查确保措施落实到位。水利部制定、修订汛限水位，水工程防洪抗旱调度运用，山洪灾害监测预警等3项监管制度，公布全国大型水库大坝安全责任人名单，实行河湖“清四乱”常态化，规范河湖行蓄洪空间管控，初步构建了“值班抽查＋工作组指导＋暗访督查”三位一体水旱灾害防御督查机制，强化水旱灾害防御行业监管。

（五）长江水利委员会调减出库流量，减轻长江下游防洪压力

长江水利委员会在7月6日调减出库流量的基础上，从7月9日开始连续下发5道调度令，逐步减小三峡出库流量。出库流量从7月7日开始连续下降，从3.5万立方米/秒一直减少到7月12日的1.9万立方米/秒，将更多的洪水拦在了库区，截止到7月12日晚，三峡水库共拦蓄接近30亿立方米洪水，相当于减少210多个西湖的下泄水量，保障了城陵矶不高于34.4米保证水位，对减轻下游防洪压力提供了有力保障[①]。为抗击洪水，长江水利委员会将三峡水库下泄量控制在每秒3.5万立方米，并同时加大向家坝水库、溪洛渡和金沙江中游梯级水库的拦蓄能力，上游梯级水库群均不同程度拦蓄了一定量的洪水。

（六）国务院扶贫办帮助受灾群众脱贫

国务院扶贫办对洪涝灾害致贫情况进行统计和动态监测，指导扶贫工作贯彻落实协调，拟定中央洪涝灾害扶贫专项资金分配方案，指导、检查和监督洪涝灾害扶贫专项资金的使用，指导跨省区重点扶贫项目。2020年7月7日最新发布的因洪涝地质灾害返贫致贫情况显示，有14个省份报告了洪涝地质灾害等灾情。受灾省份及时采取措施，努力克服灾情对贫困民众生产生活的影响。大部分省份没有出现因灾返贫致贫情况，个别省份出现返贫致贫的已及时纳入帮扶范围[②]。

---

① 经济日报.科学调度减洪错峰[EB/OL]，(2020-7-17)[2021-3-3]，http://www.mwr.gov.cn/ztpd/2019ztbd/2019fxkh/mtgz/202007/t20200717_1416872.html.

② 人民日报.扶贫项目开工率超95%[EB/OL]，(2020-7-8)[2021-3-3]，http://www.gov.cn/xinwen/2020-07/08/content_5524873.htm.

(七)各省(直辖市)抗击洪灾

1.重庆

6月21日以来，重庆酉阳、秀山、彭水、武隆、綦江等9个区县遭遇暴雨袭击，日最大降雨量达到143毫米[①]。受降雨影响，秀山酉水、酉阳甘龙河、武隆石梁河、綦江通惠河、南川鱼泉河等中小河流出现超警戒水位洪水。重庆市启动防汛Ⅲ级应急响应，綦江救援人员及时采取转移安置群众、转移财物、管制交通、警戒值守等措施以保障人民群众生命财产安全。

2.四川

冕宁县暴雨灾害发生后，四川省应急管理厅调集消防救援力量出动车辆22台次、指战员121人次，会同当地救援力量，营救被困群众223人，转移周边群众1700余户7500余人[②]。27日13时许，省应急管理厅前方工作组抵达冕宁县，指导当地开展抢险救援救灾工作，救援人员全力搜救受灾群众。截至6月28日，四川省消防救援力量共出动212人次，参与暴雨灾害救援27起。省应急管理厅向凉山州调配帐篷500顶、棉被3000床等救灾物资，受灾群众得到妥善安置。

3.贵州

2020年6月9日，贵州省财政厅、贵州省应急管理厅向近期遭受严重暴雨洪涝灾害的从江、罗甸、普安等重灾县紧急下拨省级自然灾害生活补助资金680万元，用于帮助支持重灾地方做好受灾群众转移安置等应急救灾工作，保障受灾群众基本生活[③]。

为应对全省持续性强降雨及局地雷暴大风、冰雹天气过程导致的暴雨洪涝及风雹灾情，贵州省减灾办于6月8日8时紧急启动省Ⅳ级自然灾害救助应急响应。贵州省应急管理厅先后组派5个工作组紧急赶赴罗甸县、从江县等重灾区查看灾情，指导救灾救助工作。6月9日，贵州省应急管理厅向从江、罗甸重灾区紧急调拨救灾帐篷300顶、单衣裤2000套、棉被1300床及折叠床、大功率发电机等一批救灾物资，支持帮助灾区做好受灾群众安置救助工作[④]。

---

① 重庆日报.重庆9个区县遭遇暴雨袭击 救援人员迅速转移被困群众[EB/OL],(2020-6-23)[2021-3-3],https://epaper.cqrb.cn/paper/cqrb/202006/23/content_142245.html.

② 央视网.四川冕宁县发生暴雨灾害7500余名群众安全转移[EB/OL],(2020-6-28)[2021-3-3],https://politics.gmw.cn/2020-06/28/content_33945520.htm.

③ 中国新闻网.贵州向暴雨洪涝重灾区下拨应急救灾资金680万元[EB/OL],(2020-6-9)[2021-3-3],https://www.chinanews.com/sh/2020/06-09/9207669.shtml.

④ 经济日报.科学抢险救援确保安全度汛[EB/OL],(2020-6-11)[2021-3-3],http://www.ezezw.com/6978.html.

4.广东

广东省防总继续组织做好防汛各项工作。广东省三防办、省应急管理厅持续调度广州花都、从化,清远佛冈,惠州龙门,肇庆封开南丰、怀集等地区督促做好人员转移,紧急组织和协调军地联动、部署预置救援力量和装备,并派出应急支援工作组和应急通信保障组前往广州花都、清远佛冈、惠州龙门抢险现场督导落实①。广东全省累计转移20096人。其中,清远转移7063人,肇庆转移1109人,惠州转移3565人,河源转移4699人,广州转移3153人,深圳(深汕合作区)转移安置110人,韶关转移57人,梅州转移340人。

5.安徽

安徽省应急管理厅要求,重点关注安徽省南部持续降水可能引发的山洪、地质灾害和中小河流洪水情况;加强监测预警,密切关注气象变化情况,充分做好队伍、装备、物资等应急准备,按照职责做好防汛抢险工作;加强值班值守和信息汇总上报,加密开展会商研判,实现隐患早期识别和主动防范,及时发布预警信息和启动应急响应。黄山徽州区呈坎镇小容村,村民的房屋大多沿山坞而建,为保障群众安全,从7月3日到4日,小容村共转移群众33户48人②。

6.江西

江西省应急管理厅连续召开视频会议,调度了解各地灾情和救灾工作,研究支持措施。根据灾情发展,针对上栗县、芦溪县严重洪涝灾情,按照《江西省自然灾害救助应急预案》规定,江西省减灾委、省应急管理厅于6月6日8时紧急启动省Ⅳ级救灾应急响应,会同省财政厅派出联合工作组紧急赶赴萍乡等地查灾核灾,指导当地做好防汛救灾工作③,同时,紧急下拨1400余件(床)棉被、毛毯、折叠床、竹席等救灾物资。省财政厅下拨省级应急救灾资金,支持灾区做好受灾群众转移安置和抗灾救灾工作。

7.湖南

针对灾情,湖南省应急管理厅、省减灾委办公室根据《湖南省自然灾害救助应急预案》,于9日8时30分紧急启动自然灾害应急救助Ⅳ级响应,及时调度上报灾情,积极会商省财政厅紧急下拨生活救助资金,组织指导地方各级政府和应急救灾部门积极开展救援救助,切实保障受灾群众基本生活④。

---

① 广东全力防御今年第四轮"龙舟水"全省累计转移超2万人[EB/OL],(2020-6-9)[2021-3-3],https://baijiahao.baidu.com/s? id=1668979073644934544&wfr=spider&for=pc.

② 央视网.防范地质灾害安徽黄山提前转移安置群众保障群众安全[EB/OL],(2020-7-5)[2021-3-3],https://politics.gmw.cn/2020-07/05/content_33966823.htm.

③ 人民网.江西省启动四级救灾应急响应[EB/OL],(2020-6-7)[2021-3-3],http://jx.people.com.cn/n2/2020/0607/c190181-34068648.html.

④ 华声在线.湖南紧急启动省级自然灾害应急救助Ⅳ级响应[EB/OL],(2020-6-10)[2021-3-3],http://news.yongzhou.gov.cn/2020/0610/531060.html.

8.湖北

2020 年 7 月 6 日,湖北省气象局于 18 时 30 分将重大气象灾害(暴雨)Ⅲ级应急响应,提升为Ⅱ级。相关单位立即进入重大气象灾害(暴雨)Ⅱ级应急响应状态,各市(州)、省直管市(区)气象局根据实际情况启动相应应急响应,做好各项工作,每日 14:30 前向省局报告应急响应情况,重大情况随时报告。

9.福建

2020 年 6 月 5 日 11 时,福建省气象局启动重大气象灾害(暴雨)Ⅳ级应急响应,8 日 11 时提升为Ⅲ级。各级气象部门与防汛、水利、自然资源等部门紧密配合,高效联动形成防御强降水合力。连续强降雨导致福建境内多条河流水位激涨,部分超过警戒线。为减轻闽江上游防汛压力,从 5 日中午 12 点开始,福建水口水电站 12 扇闸门全部开启泄洪。在福州市永泰县,界竹口水库于 8 日 14 时至 9 日 14 时开启 6 扇闸门进行泄洪。截至 9 日,界竹口水库顺利完成了近 4000 万立方米的泄洪,全县水库均有序调度,将经济损失降至最低。

10.浙江

受持续强降雨影响,7 月 7 日上午 10 点,新安江水库开闸泄洪。截至 7 月 8 日下午 4 点,新安江水库已开放 7 孔泄洪。位于新安江水库下游,分水江、富春江两江交汇处的浙江桐庐县启动防汛一级响应,各级党员干部连夜开展风险区域群众转移工作[①]。根据新安江水库高水位情况,建德市防汛抗旱指挥部 6 日 11 时将防汛应急响应提升至Ⅰ级,新安江各水上项目均已停止一切活动。

三、事件分析与研究

(一)事件原因

1.西南季风强盛,形成强锋面雨带

受灾区域集中在长江流域,地处亚热带季风区,受夏季风影响明显,2020 年夏季风中的西南季风相比往年更为强盛,当夏季风的暖湿气流登陆北上时,与从北方南下的冬季风干冷气流相遇,较轻的暖湿气流被抬升到冷空气之上,暖湿气流在上升过程中,气温不断降低,冷凝致雨,形成锋面雨,长江流域冷暖气流交汇的地带出现一条降水较多

① 央视网.新安江水库开闸泄洪 浙江桐庐连夜转移风险区群众[EB/OL],(2020-7-8)[2021-3-3],https://politics.gmw.cn/2020-07/08/content_33976292.htm.

的雨带。

2.副热带高压显著偏强，带来丰沛水汽

2019年秋季发生了一次弱厄尔尼诺事件，同时北印度洋海温异常偏暖，导致2020年6月以来对我国影响巨大的西北太平洋副热带高压比往年同期势力偏强，其外围的西南气流将来自孟加拉湾或我国南部海区的充沛水汽输送到我国南方，这股气流恰恰是向暴雨区输送水汽的重要通道；同时中高纬度经向环流发展、冷涡活跃，冷空气在向长江中下游地区移动过程中爆发偏强，冷暖空气在长江中下游交汇，致使梅雨锋再度加强，长江中下游地区降水频繁而持续。

3.青藏高原冬季积雪异常

2019—2020年青藏高原冬季积雪覆盖面积较常年明显偏多，高原积雪异常会导致高原上空大气垂直运动的扰动，扰动会向下游传播，致使多雪年长江流域大气的上升运动增强，西太平洋副热带高压处的下沉运动增强。青藏高原冬季积雪偏多改变了春夏高原的热力状况，间接导致我国长江中下游地区对流活动加强，降水偏多，洪涝灾害加剧。

4.太阳黑子相对数的谷值年

太阳黑子相对数异常，易使得地球上接收到的太阳磁力、引力和热量发生突变，引起地球大气环流变化，自然灾害多发。且2020年与1998年相隔2个太阳黑子相对数11年的周期，基于规律可判断易发生洪涝灾害。

（二）影响

1.直接经济损失2198.6亿元

根据国家减灾委、应急管理部公布的数据，2020年南方洪涝灾害造成安徽、江西、湖北、湖南、广东、广西、重庆、四川、贵州等29个省（区、市）290个地级市1904个县区，7373.7万人次受灾，紧急转移安置474.3万人次，失踪278人，7.2万间房屋倒塌。洪涝灾害影响范围大、持续时间长，群众受灾程度深，农业渔业、居民住房、基础设施等损毁严重，直接经济损失2198.6亿元。

2.农作物产量下降

农业是受洪涝灾害影响最直接的行业。洪涝灾害导致耕地被淹、农作物被毁，长时间的降雨也影响光合作用，农作物减产，部分受灾严重区域甚至绝收。根据国家统计局数据显示，2020年全国早稻单产5745.0公斤/公顷（383.0公斤/亩），比上年减少157.3公斤/公顷（10.5公斤/亩），下降2.7%。单产减少的主要原因是早稻生长后期南方洪涝灾害严重。低温寡照、暴雨冲刷和洪水淹涝导致早稻田块不同程度的倒伏和灌浆不足，特别是安徽、江西、湖北、湖南等地受灾严重，成灾面积和绝收面积增加较多，导致早稻单产下降。茶叶、辣椒等农作物不同程度受灾，部分种植基地被冲毁。

3.高考受阻

安徽省教育招生考试院发布情况通报，2020年7月7日凌晨，安徽省黄山市歙县遭遇50年一遇的洪涝灾害，县城多处洪水上路、严重积水，道路受阻。截至7月7日上午9:00，歙县考区歙县中学、歙县二中2个高考考点大部分考生均未进入考点，高考无法正常开始①。

4.短期通货膨胀

南方暴雨对蔬菜作物生长影响较大，洪涝对蔬菜的种植、采摘、运输等各个环节均有影响，且蔬菜具有明显的就近消费、储存性较差等特征，一旦洪灾发生，短期内势必会造成受灾地区蔬菜的供不应求，而从全国层面也难以迅速匹配不同地域之间的蔬菜供给，由此引发价格较大波动。此外，暴雨还可能影响畜牧产品运输，短期推高价格。广东汕头市场数据显示，2020年5月30日至6月5日市场蔬菜均价同比上周持续上涨，在市场统计的51种蔬菜中，总的综合平均价为5.17元/公斤，比上周平均价格4.88元/公斤上涨5.95%。统计显示，南方暴雨使湖北、浙江、福建、广东、贵州、湖南、江西、广西等11省(自治区、直辖市)农作物受灾，使这些地区蔬菜价格短期内上涨。在6月份的居民消费价格指数中，鲜菜的价格环比、同比都出现了由负转正现象，鲜菜同比价格从上个月下降8.3%，转为这个月上涨4.2%。(见图1-2)

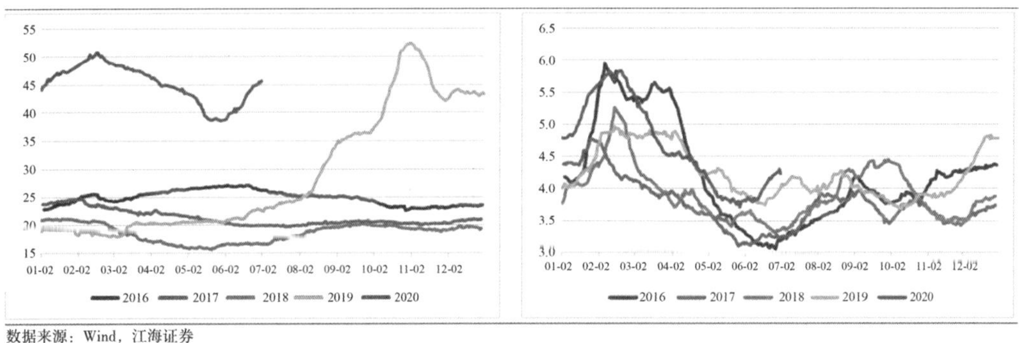

数据来源：Wind，江海证券

图1-2　6月份1居民消费价格指数

5.“宽财政，紧货币”经济政策

6月13日中共中央、国务院召开省(自治区、直辖市)和中央部门主要负责同志会议，会议决定未来经济工作的重点包括：加大稳健的财政政策对结构调整、保障民生、洪涝灾后恢复重建的支持；综合运用经济、法律和必要的行政手段，抑制价格上涨。

① 三峡新闻网.歙县高考数学也延期[EB/OL]，(2020-7-7)[2021-3-3]，http://news.sxxw.net/html/20207/7/441360.shtml.

四、经验启示

（一）事件暴露的问题

1.水库蓄水能力不足

汛期防洪压力主要来源于一个国家水库的蓄水能力。比如，表示一个国家水库蓄水能力与河川径流量之比的库容系数，欧洲国家通常是0.9以上，美国是0.66，而中国目前还不足0.3。水库蓄水能力不足的直接后果就是我们要在主汛期不断地抗洪抢险，而在非汛期伏旱天则面临供水不足的困境。我国近年来在西南地区修建了不少世界级大坝，然而，这些水库大坝大部分修建于峡谷地带，虽然具有较强的发电能力，但水库库容并不大。比如，虽然三峡水库在水电站领域位于世界前列，但其有效防洪库容（221.5亿立方米）的全球排名却在20名开外。长江流域年径流量为9513亿立方米，远远大于三峡水库的有效防洪库容，因此，三峡水库在主汛期应对洪水的方法是削峰填谷，却没有拦截全部洪水的能力，在汛期仍然需要泄洪。

2.子流域防洪系统普遍脆弱

大流域防洪体系关注的是流域内各子流域与骨干工程之间时空格局的平衡，利用水库、江湖、堤防等工程，保证流域骨干水系安全。但城市规划更要关注子流域防洪系统，包括城市的排水防涝系统，它保护的是子流域内城市、村镇居民，企事业单位，工商企业、公共设施等，关注设计标准内洪涝风险时空动态平衡，兼顾超标准洪涝事件发生时的应对措施。2020年防汛形势说明，几十年大流域防洪工程的建设发挥了巨大效益，流域骨干工程有一定的安全保障，但保护大多数村镇及城市洪涝安全的子流域防洪系统仍普遍脆弱。

3.城镇化水平加快，蓄水泄洪能力大幅度减弱

至今，长江流域已发展成为世界上人口最多、经济最发达的地区之一，在长江两岸和周围湖区分布有多个特大城市群，有大量居民区和工业生产设施。快速城镇化、城市向农村地区扩展破坏了原有水网地区的蓄水能力，造成地下管网发展滞后于地上城市建设，过去排涝标准偏低，满足不了短期强降雨要求。长江流域原来水系发达，都是水网地区；城镇化后破坏了原有水系的连通性和蓄水能力。建设和生产用地的需求，湖泊、河流和湿地承受巨大压力。在一些地区，退耕还湖恢复的湖泊，现在又重新回到了农田、水产和其他用途。自20世纪70年代以来，长江流域112个湖泊总面积减少了约6056.9平方千米，占湖泊总面积的41.6%，导致湖泊总蓄水容量减少约127亿立方米，

占湖泊总蓄水量的29.8%，这使得部分湖泊流域内减少了平均100毫米可承受降雨量。因此，在相同降雨条件下，自然泄洪区和缓冲区范围的缩小可能导致更大的灾难性洪水。

4.城市规划之间缺乏有效衔接

防洪方面有流域防洪专项规划，排涝方面有城市排水防涝专项规划。大规模城市化后，涉水规划名目繁多，各自为政，又偏宏观，对精细化城市需求缺乏足够的研究和评估，因而不能清晰引导和有效制约下层城市规划的编制，大量分散于子流域的工程行为和城市建设缺乏科学合理的制约性，造成水资源、水生态、水环境和洪涝问题逐渐恶化。

（二）对策建议

1.增加地面覆盖度，优化生态环境，修复生态系统

据观测分析，树冠郁闭度在0.5以上时，每公顷林地比无林地最少能多涵蓄雨水255立方米，枯枝落叶层厚度在5～20厘米时，测得洪水期间的含沙量比未封山期减少55%；在降雨过程中，裸露地面虽比林地内地表直接承受雨水量面积多30%，但由于裸地水土流失影响，0～5厘米的土壤含水量仍比林内低33%。以上充分说明打造水土保持林，对保持水土有十分重要的意义。建造长江中上游防护林，植树造林，退耕还林，提高植被覆盖率，禁止陡坡开荒。对中下游地区，禁止围湖造田，引导居民大力发展水产业，树立“退耕还渔”的思想，通过多种方法提高湖泊、公园、湿地和河滩的蓄水能力。

2.修建水利工程设施，提高蓄洪滞洪能力

1998年洪涝灾害之后，我国加快了长江及支流上的大型水利枢纽工程建设，例如三峡、向家坝、溪洛渡、乌东德、二滩等，使得长江及其支流水库群的总调节库容超过800亿立方米，总防洪库容接近600亿立方米。为进一步加强蓄洪抗灾能力，在长江中上游加筑大坝、兴修大型水库，对上、中游地区地表径流入溪入河入江的洪水，拦截储存。中下游宽留蓄滞洪区，对溢出水库大坝进入中下游的洪水，使其容纳在蓄滞洪区。修筑牢固的堤防，使超量洪水畅流入海。整治河道，扩大泄量，提高防洪标准。把大江、大河、大湖的干堤建设成高标准的防洪堤，使其充分发挥效益。切实做好河道清淤疏浚的工作，坚持清除河道障碍，恢复江河的行洪能力。

3.补齐防洪工程体系短板

加快大江大河、中小河流综合治理。对相关防洪工程进行达标建设，统筹考虑流域与区域、上中下游、江河湖库、左右岸和干支流协同治理，实施一批控制性枢纽工程建设，形成布局合理、功能完备的防洪减灾工程体系。加快国家重要蓄滞洪区安全建设。提前做好蓄滞洪区运用准备，在保证蓄滞洪区内人民生命财产安全的同时，有效减轻上下游防洪压力，确保重要堤防和重要城市的防洪安全。加快病险水库除险加固实施。建立病险水库常态化除险加固机制，对现有病险水库实施除险加固、消除隐患，恢复水库功能，发挥水库防洪、水资源配置等综合功能。加快山洪灾害防治系统治理。紧盯强降雨可能引发的山洪灾害，及时向威胁区群众发送预警信息，督促基层政府落实“包保”责任制，组织人员有序转移，减少因山洪灾害死亡人数。

4.利用技术进步提高抵御灾害能力

天气预报水平的提高是一场静悄悄的革命，目前5～7天的天气预报能保持较好的精度，同时水文模型的进步，使得洪水预报更加准确。洪峰的准确预报，确保可以在洪水发生前做好灾前预防措施，有助于优化利用河流干流和支流上的大型水利工程，减少洪峰，使洪水安全通过。实行科学防洪，进一步加强水文、气象、通信和防汛指挥系统的建设，实现防汛指挥调度现代化。构建天空地一体化的水利感知网，利用传感、定位、视频、遥感、云计算、大数据、物联网、移动互联网等技术，构建数据汇集与服务平台，实现感知范围全域覆盖，提升水利感知自动化、智能化水平。完善互联高速可靠的水利信息网。构建水利系统互联互通网络大平台，升级改造核心设备，优化网络结构、增强资源动态调配能力，全面建成智能水利信息网。建设支撑智能应用的水利大脑。完善“一云一池两平台”基础设施，支持“数据 ＋算法 ＋ 算力”云服务，提高水利大数据实时处理分析能力，应用数据挖掘、机器学习、知识图谱等先进技术，全面提升洪水预测预报、水工程联合调度、风险损失评估、应急响应处置、防洪科学决策的算法能力。构建协同创新的智能应用体系。构建水资源、水生态、水灾害、水工程、水监督、水公共服务、综合决策等智能应用系统，运用大数据、遥感解译、水利模型等技术，全面提升水利业务的预测预报、分析评价、决策支持及精细管理等能力。智慧治水，充分利用5G、卫星、遥感、大数据等现代信息技术，实现全要素、网格化、立体化监测感知，水利设施互联互通，系统智能化应用，完善水文监测预警预报和工程调度运用一体化机制，建立以防洪安全为核心的水安全风险监控预警机制。

5.加强城市内涝防治，强化城市规划管理

加强城市规划编制的科学性，规划中必须给水留出足够空间，并与蓝线规划等进行充分衔接。禁止不合理的开发建设，全面禁止填湖；退耕还湖，退垸还湖；加强蓝绿线控制、生态空间管理，加强城市竖向管理，新建小区和地块不能把内涝风险转移。加强执法，严惩规划违法行为，尤其是违法侵占水域行为。

6.探索巨灾保险，将灾后重建责任推向市场

气象灾害属于影响范围最广，发生频率最高，造成人员伤亡和损失最严重且连锁反应显著的自然灾害，洪灾尤其如此。但传统的保险产品，由于核损赔付手续繁杂，经常诱发法律纠纷，产品的规避风险效率不高，并且政府灾后财政支持和灾后重建往往面临着资金来源不足、款项到位滞后的问题。可以探索和关注气象指数保险，将国家的救灾计划和风险管理措施与气象灾害风险交易市场的发展有机结合起来，促进气象部门与相关证券交易机构合作探索天气衍生品和气象巨灾证券上市的政策保障等问题，这是将灾后重建责任逐步推向市场的重要举措。

7.规范洪涝风险评估标准和风险图编制

洪涝风险评估是规划和管理决策的重要依据和手段。识别风险源和致灾因子，利用防洪、避险工程应对洪水，利用分洪工程分摊洪水至下游低风险或耐风险区域。因而在流域层面，系统评估洪水风险，是优化工程决策、制约和优化风险区其他工程和社会经济建设活动、完善预警预报的科学手段，是减轻和规避洪涝风险的重要工作。高质量风险图的编制有助于精细化的城市安全设计，实施科学的精细化的管理。通过城市安全设计，可以改变洪水发生的淹没范围、水深流速等特征，改变人类的活动方式，避开洪水风险区，从而降低洪水对人们的影响，减轻灾情。

思考题

1.洪水是如何形成的？洪水可以分为哪几类？

2.洪水的破坏力主要由哪些因素引起？其危害性主要表现在哪些方面？

3.洪水如何防范？面对洪水有哪些应急管理措施？

洪水小知识

1.暴雨预警信号如何分级？

暴雨预警信号是气象部门通过气象监测在暴雨到来之前做出的预警信号，暴雨预警信号分四级，分别以蓝色、黄色、橙色、红色表示。

暴雨蓝色预警信号

含义：12 小时内降雨量将达 50 毫米以上，或者已达 50 毫米以上且降雨可能持续。

防御指南：(1)政府及相关部门按照职责做好防暴雨准备工作；(2)学校、幼儿园采取适当措施，保证学生和幼儿安全；(3)驾驶人员应当注意道路积水和交通阻塞，确保安全；(4)检查城市、农田、鱼塘排水系统，做好排涝准备。

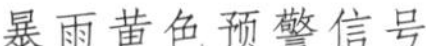

暴雨黄色预警信号

含义：6 小时内降雨量将达 50 毫米以上，或者已达 50 毫米以上且降雨可能持续。

防御指南：(1)政府及相关部门按照职责做好防暴雨工作；(2)交通管理部门应当根据路况在强降雨路段采取交通管制措施，在积水路段实行交通引导；(3)切断低洼地带有危险的室外电源，暂停在空旷地方的户外作业，转移危险地带人员和危房居民到安全场所避雨；(4)检查城市、农田、鱼塘排水系统，采取必要的排涝措施。

暴雨橙色预警信号

含义：3小时内降雨量将达50毫米以上，或者已达50毫米以上且降雨可能持续。

防御指南：(1)政府及相关部门按照职责做好防暴雨应急工作；(2)切断有危险的室外电源，暂停户外作业；(3)处于危险地带的单位应当停课、停业，采取专门措施保护已到校学生、幼儿和其他上班人员的安全；(4)做好城市、农田的排涝，注意防范可能引发的山洪、山体滑坡、泥石流等灾害。

暴雨红色预警信号

含义：3小时内降雨量将达100毫米以上，或者已达100毫米以上且降雨可能持续。

防御指南：(1)政府及相关部门按照职责做好防暴雨应急和抢险工作；(2)停止集会、停课、停业(除特殊行业外)；(3)做好山洪、山体滑坡、泥石流等灾害的防御和抢险工作。

2.洪水是如何形成的？ 洪水的分类有哪些？

洪水是暴雨、急剧融冰化雪、风暴潮等自然因素引起的江河湖泊水量迅速增加，或者水位迅猛上涨的一种自然现象，是自然灾害。

洪水按照成因可以分为雨洪水、山洪、融雪洪水、冰凌洪水等。

(1)雨洪水

在中低纬度地带，洪水的发生多由雨形成。大江大河的流域面积大，且有河网、湖泊和水库的调蓄，不同场次的雨在不同支流所形成的洪峰，汇集到干流时，各支流的洪水过程往往相互叠加，组成历时较长涨落较平缓的洪峰。小河的流域面积和河网的调蓄能力较小，一次雨就形成一次涨落迅猛的洪峰。雨洪水可分为两大类：一种是暴洪。暴洪是突如其来的湍流，它沿着河流奔流，摧毁所有事物，暴洪具有致命的破坏力。另一种是缓慢上涨的大洪水。

(2)山洪

山区溪沟，由于地面和河床坡降都较陡，降雨后产流、汇流都较快，形成急剧涨落的洪峰的洪水。

(3)融雪洪水

在高纬度严寒地区，冬季积雪较厚，春季气温大幅度升高时，积雪大量融化而形成。

(4)冰凌洪水

中高纬度地区内，由较低纬度地区流向较高纬度地区的河流(河段)，在冬春季节因上下游封冻期的差异或解冻期差异，可能形成冰塞或冰坝而引起的洪水。

(5)溃坝洪水

水库失事时，存蓄的大量水体突然泄放，形成下游河段的水流急剧增涨甚至漫槽成为立波向下游推进的现象。冰川堵塞河道、壅高水位，然后突然溃决时，地震或其他原因引起的巨大土体坍滑堵塞河流，使上游的水位急剧上涨，当堵塞坝体被水流冲开时，在下游地区也会形成这类洪水。

(6)湖泊洪水

由于河湖水量交换或湖面大风作用或两者同时作用，可发生湖泊洪水。吞吐流湖泊，当入湖洪水遭遇和受江河洪水严重顶托时常产生湖泊水位剧涨，因盛行风的作用，引起湖水运动而产生风生流，有时 5～6 米，如北美的苏必利尔湖、密歇根湖和休伦湖等。

(7)天文潮

海水受引潮力作用，而产生的海洋水体的长周期波动现象。海面一次涨落过程中的最高位置称高潮，最低位置称低潮，相邻高低潮间的水位差称潮差。加拿大芬迪湾最大潮差达 19.6 米，中国杭州湾的澉浦最大潮差达 8.9 米。

(8)风暴潮

台风、温带气旋、冷锋的强风作用和气压骤变等强烈的天气系统引起的水面异常升降现象，多出现在中低纬度沿海沿湖地区。它和相伴的狂风巨浪可引起水位上涨，又称风潮增水。

(9)海啸

是水下地震或火山爆发所引起的巨浪。

3.洪水的不同等级应该如何划分?

(1)洪水要素重现期小于 5 年的洪水，为小洪水；

(2)洪水要素重现期为 5～20 年的洪水，为中洪水；

(3)洪水要素重现期为 21～50 年的洪水，为大洪水；

(4)洪水要素重现期大于 50 年的洪水，为特大洪水。

4.洪水的危害有哪些?

洪水造成的最大危害是淹没房屋和人口,造成大量人员伤亡。洪水还会卷走人产居留地的一切物品,造成大量经济损失。此外,洪水淹没农田,毁坏农作物,导致粮食大幅度减产,从而造成饥荒。不仅如此,洪水还会破坏建筑物、通信与交通设施。除此之外,洪水灾害还会造成山体滑坡、泥石流、疫病的出现。

洪水淹没村庄的厕所、粪池,冲刷大量的腐败的植物和动物尸体,引起蚊蝇孳生和各种害虫聚集。洪涝灾害使供水设施和污水排放条件遭到不同程度的破坏,如厕所、垃圾堆、禽畜棚舍被淹,造成井水和自来水水源污染,大量漂浮物及动物尸体留在水面,受高温、日照的作用后,会腐败逸散恶臭。

5.洪水来临前的准备

(1)根据当地电视、广播等媒体提供的洪水信息,结合自己所处的位置和条件,冷静地选择最佳路线撤离,避免出现"人未走水先到"的被动局面。

(2)认清路标,明确撤离的路线和目的地,避免因为惊慌而走错路。

(3)备足速食食品或够食用几天的蒸煮食品,准备足够的饮用水和日用品。

(4)扎制木排、竹排,搜集木盆、木材、大件泡沫塑料等适合漂浮的材料,加工成救生装置以备急需。

(5)将不便携带的贵重物品作防水捆扎后埋入地下或放到高处,票款、首饰等小件贵重物品可缝在衣服内随身携带。

(6)保存好尚能使用的通信设备。

6.洪水来袭时的避险

(1)洪水到来时,来不及转移的人员,要就近迅速向山坡、高地、楼房、避洪台等地转移,或者立即爬上屋顶、楼房高层、大树、高墙等高的地方暂避。

(2)如洪水继续上涨,暂避的地方已难自保,则要充分利用准备好的救生器材逃生,或者迅速找一些门板、桌椅、木床、大块的泡沫塑料等能漂浮的材料扎成筏逃生。

(3)如果已被洪水包围,要设法尽快与当地政府防汛部门取得联系,报告自己的方位和险情,积极寻求救援。

(4)如已被卷入洪水中,一定要尽可能抓住固定的或能漂浮的东西,寻找机会逃生。

(5)发现高压线铁塔倾斜或者电线断头下垂时,一定要迅速远避,防止直接触电或因地面"跨步电压"触电。

(6)洪水过后,要做好各项卫生防疫工作,预防疫病的流行。

参考文献

[1]焦翊丹.察风云变幻 助防灾减灾[N].中国纪检监察报，2020-7-18.

[2]郭静原.今夏长江中下游为何频繁暴雨[N].经济日报，2020-7-19.

[3]陈溯.南方洪涝灾害会刺激农产品价格上涨吗？专家解答[N].中国新闻，2020-6-11.

[4]周畅，陈尚营，姜刚.安徽歙县高考 9 日补考语文、数学[N].湛江日报，2020-7-08.

[5]王经武，彭珂珊，王娟.抗御洪涝灾害与生态环境建设的强化措施[J].水利科技与经济，1999.

[6]赵本磊.九八长江洪涝灾害成因及防治方略的思考——兼论人与自然的和谐共存关系[J].江西地质，1999-2.

[7]谭荣.集体林地流转的市场机制公共品的交易费用[M].北京：科学出版社，2014 6.

[8]姜彤.气候变化影响评估方法应用[M].北京：气象出版社，2013-12.

[9]王伟光，郑国光，陈迎.应对气候变化报告 2016《巴黎协定》重在落实[M].北京：社会科学文献出版社，2016-11.

[10]徐宗学，彭定志等.新世纪高等学校教材.环境科学与工程系列教材现代水文学[M].北京：北京师范大学出版社，2013-7.

[11]王浩、赵贝佳等.36 条河流发生超警以上洪水重庆首次发布洪水红色预警[N].人民日报，2020-6-23.

[12]张佳鑫.水利部强化部署防范南方多地强降雨六个工作组一线协助指导[N].中国水利报社，2020-6-24.

第 2 章

2020 年欣佳酒店坍塌事故应急救援

【导读】 人类利用自己的奇思妙想创造了许多令人惊叹的建筑，但是由于偷工减料、违法施工以及一些不可抗力，导致建筑物在顷刻之间倒塌，造成人员伤亡和重大经济损失。建筑物坍塌具有突发性、不可预见性、人员逃生难、易发次生灾害、救援难度大等特点，坍塌事故的发生，严重危及人们的生命与财产安全，给我们带来了教训与警醒。2020 年 3 月 7 日晚，福建省泉州市新冠肺炎集中隔离点欣佳酒店发生坍塌事故，造成 29 人死亡、42 人受伤，直接经济损失 5794 万元，对社会造成恶劣影响。

一、事件回放

欣佳酒店位于福建省泉州市鲤城区，建设于 2013 年，于 2018 年改造为酒店，共有各类客房 66 间。新冠肺炎疫情发生后，欣佳酒店被用作医学观察点，对来自重点疫区或有相关旅居史的人员进行集中隔离观察[①]。

2020 年 3 月 7 日 17 时 40 分许，欣佳酒店一层大堂门口靠近餐饮店一侧顶部一块玻璃发生炸裂。18 时 40 分许，酒店一层大堂靠近餐饮店一侧的隔墙墙面扣板出现 2 至 3 毫米宽的裂缝。19 时 06 分许，酒店大堂与餐饮店之间钢柱外包木板开裂。19 时 09 分许，隔墙鼓起 5 毫米；2 至 3 分钟后，餐饮店传出爆裂声响。19 时 11 分许，建筑物一层东侧车行展厅隔墙发出声响，墙板和吊顶开裂，玻璃脱胶。19 时 14 分许，目击者听到幕墙玻璃爆裂发出巨响。19 时 14 分 17 秒，欣佳酒店建筑物瞬间坍塌，历时 3 秒。

① 海外网.泉州酒店楼体坍塌事故发布会召开，通报事故基本情况[EB/OL]，(2020-3-8)[2021-2-23]，https://baijiahao.baidu.com/s? id=1660575194090037044.

事发时楼内共有 71 人被困，其中外来集中隔离人员 58 人、工作人员 3 人(1 人为鲤城区干部、2 人为医务人员)、其他人员 10 人(2 人为欣佳酒店服务员、5 人为散客、3 人为欣佳酒店员工朋友)。

事故发生后，应急管理部有关负责人立即到部指挥中心视频连线现场，调度福建省应急管理厅、消防救援总队，全力组织力量展开救援、救治伤者。

3 月 7 日 19 时 30 分许，泉州市消防救援支队立即调派 7 个消防救援站共 200 余名指战员赶赴现场参与救援。福建省消防救援总队增调福州、厦门、漳州、莆田、龙岩等 9 个支队，共 5 支重型搜救队、6 支轻型搜救队、800 余名指战员进行跨区域增援①。

3 月 7 日 20 时 10 分，国家安全生产应急救援中心接到泉州欣佳酒店坍塌事故信息后，立即下令泉州石化队紧急出动参加救援②。

3 月 8 日 0 时 30 分，泉州欣佳酒店坍塌事故现场已救出 43 人。

3 月 8 日凌晨 2 时，由国务院安委办副主任会同住建部副部长率领的应急部与住建部联合工作组到达福建省泉州市欣佳酒店“3・7”房屋坍塌事故现场，指导地方全力开展抢险救援工作③。

3 月 8 日 16 时，应急管理部党组书记等部领导持续在部指挥中心视频调度，强调当前仍是抢救生命的关键期，要千方百计搜救失联者，同时将防疫、防护措施落实到位，确保救援安全，防范次生灾害，最大限度减少伤亡。国务院安委会办公室、应急管理部要求各地和各有关部门组织开展全国房屋安全风险排查，特别是对疫情隔离点、集中观察点等场所的房屋进行逐一排查；向全国应急管理部门和消防救援队伍发出紧急通知，要求强化疫情防控和复工复产期间安全监管服务，会同有关部门深入排查整治各类隐患，切实保障人民群众生命安全④。

3 月 9 日 14 时，现场已成功搜救出受困人员 50 人，正在搜救的还有 21 人。

3 月 9 日 23 时 07 分许，经过 50 多个小时连续奋战，消防救援力量在福建泉州“3・7”坍塌事故现场已救出 54 人(其中 13 人死亡)，仍有 17 人被困，搜救工作仍在紧张进行中。应急管理部要求抓住黄金 72 小时的有利时机，紧紧咬定最大限度减少人员伤亡的目标，对现场进行反复搜寻探测，不放弃任何生还希望，争分夺秒搜救被困人员；根据进展情况科学动态调整救援方案，加强全过程风险评估，在每个救援点设置安全哨和观

---

① 中华人民共和国应急管理部.消防救援队伍紧急调派力量救援泉州欣佳酒店坍塌事故[EB/OL]，(2020-3-7)[2021-2-6]，https://www.mem.gov.cn/xw/bndt/202003/t20200307_345188.sHtml.

② 国家危险化学品应急救援泉州石化队.闻令即动，危难时刻显担当—国家危险化学品应急救援泉州石化队紧急驰援泉州欣佳酒店坍塌事故救援[EB/OL]，(2020-3-12)[2021-3-4]，https://www.mem.gov.cn/xw/jyll/202003/t20200312_345441.shtml.

③ 新闻宣传司.应急部与住建部联合工作组抵达泉州欣佳酒店坍塌事故现场[EB/OL]，(2020-3-8)[2021-2-26]，https://www.mem.gov.cn/xw/bndt/202003/t20200308_345196.shtml.

④ 东南早报.快讯！泉州欣佳酒店坍塌事故最新通报[EB/OL]，(2020-3-10)[2021-3-16]，https://baijiahao.baidu.com/s? id=1660707340701196325.

察员，确保救援安全；协调有关部门综合采用多种手段切实核准人员信息，进一步核准事故发生时建筑物内所有人员；做好现场防疫、社会沟通、后勤保障等工作，并同步开展事故调查。

3月10日晚，福建省泉州市召开欣佳酒店楼体坍塌事故的第三场记者会。医疗组代表、泉州市第一医院院长介绍：3月10日，有10名伤员出院，还有39名伤员在院救治（包括搜救出的被困人员和自行逃生出的伤员）。其中重伤2名，生命体征平稳；其他37名伤员病情好转①。

3月11日17时50分，泉州市政府召开新闻发布会通报坍塌事故救援情况。发布会上，福建泉州常务副市长介绍，已有2000人投入事故救援。国家、省、市派出包括42名专家在内的821名医护人员全力救治伤员。此外，经初步调查，欣佳酒店在建设、改造和审批等方面存在严重问题。

3月12日11时15分，71名被困人员全部救出，死亡29人（其中27人救出时已无生命体征，2人送医院抢救无效死亡）②。

3月12日，搜救工作结束后，国务院决定成立福建省泉州市欣佳酒店"3·7"坍塌事故调查组并开展调查工作，由国务院安委会办公室副主任任组长③。

3月13日，国务院安委会办公室副主任、事故调查组组长在福建泉州主持召开欣佳酒店"3·7"坍塌事故调查组第一次全体会议④。

2020年7月14日，由国务院事故调查组认定，该坍塌事故是一起主要因违法违规建设、改建和加固施工导致建筑物坍塌的重大生产安全责任事故。福建省纪检监察机关按照干部管理权限，依据有关规定，对事故中涉嫌违纪、职务违法、职务犯罪的49名公职人员严肃追责问责⑤。

二、应急管理过程

坍塌事故发生后，应急管理部立即启动应急响应，全力组织力量参与救援，科学采

---

① 北京日报.泉州酒店坍塌事故最新通报：仍有9人被困，在院救治39人[EB/OL]，(2020-3-10)[2021-4-16]，https://news.sina.cn/gn/2020-03-11/detail-iimxxstf8009693.d.html.

② 观察者.泉州坍塌事故最后一名受困者被找到，共致29人遇难[EB/OL]，(2020-3-12)[2021-4-16]，https://www.guancha.cn/politics/2020_03_12_541252.shtml.

③ 人民日报.国务院成立福建泉州欣佳酒店坍塌事故调查组[EB/OL]，(2020-3-13)[2021-4-16]，http://politics.people.com.cn/n1/2020/0313/c1001-31629723.html.

④ 新华网.国务院福建省泉州市欣佳酒店"3·7"坍塌事故调查组第一次全体会议召开[EB/OL]，(202-3-13)[2021-4-20]，http://www.xinhuanet.com/politics/2020-03/13/c_1125706913.htm.

⑤ 福建省纪委监委.关于泉州市欣佳酒店"3·7"坍塌事故相关责任人员处理情况的通报[EB/OL]，(2020-7-14)[2021-4-16]，http://www.fjcdi.gov.cn/html/jdzrwz/20200714/1698427.html.

取救援措施，尽最大可能降低事故致死致残人数，防止二次事故；国家、省、市各级调派医疗专家救治伤者，同时做好防疫工作，保障救援安全；成立事故调查组，查明事故原因，依法依规追责；对伤患进行安置、心理疏导等工作，认真吸取此次事故的教训，全面排查复工复产过程中的安全生产问题，消除各类隐患。在紧急救援、医疗救治、事故调查、善后工作等方面都采取了较为有效的措施。

（一）紧急救援

1.反应迅速，组织救援

事故发生后，应急管理部迅速启动重大灾害事故响应机制，省、市、县（区）三级调动消防、武警、医疗、应急管理、公安、住建等救援力量 1000 多人，展开全方位搜救。应急管理部党组书记视频调度现场，派遣工作组连夜赶往现场指导救援。福建消防救援总队投入 9 个支队的重轻型搜救队合计 853 名指战员，携带 47 套生命探测仪、9 只搜救犬以及其他救援和洗消设备在现场全力开展救援。中国交通建设集团有限公司第二航务工程局调派的机械破拆、切割、吊装等工程力量，共 57 人、各型装备 15 台到达现场协助开展救援。社会应急力量共 24 支队伍 370 余人，在有关部门组织下有序参与现场救援。

2.多方合力，精准定位

在国务院安委会办公室副主任、消防救援局副局长以及救援专家组成的工作组的坚强领导和直接指挥下，本着“救人第一、科学施救”的原则，全力施救。一是会同公安、卫健部门对建筑内隔离人员、散客、工作人员统计核算，逐楼层、逐房间分析确认人员可能位置，画出被困人员分布图。二是会同公安技侦部门、手机运营商对救援现场手机进行搜寻定位。三是消防指战员成立搜救小组，利用搜救犬、雷达、蛇眼生命探测仪等搜救设备，全面搜寻，相互印证，反复侦察，确保精准度。

3.分片划区，全力施救

针对被困人员多、现场情况复杂的实际，迅速将现场划分为“核心作业、器材装备、作战指挥、备勤待命、人员休息、勤务保障、车辆停靠、外围警戒、人装洗消”等功能区域。将作业面分为多个作业区，密切配合，高效运转，全力救援。按照“由表及里、先易后难”的顺序，综合采用凿岩机破拆、气垫顶撑、液压剪扩等方式破拆大型厚重构件，采取无齿锯切割、破拆锤凿击、撬棍扩张等技术手段清理轻薄简易构件，多点作业、逐步推进、有序轮换，保持救援行动不间断。对救援难度大、需要长时间救助的被困人员，会同现场医护人员做好体征评估和生命支持，全力以赴营救。同时，前沿指挥部落实“明确信号发布、设定撤离路线、部署示警哨位、消除环境隐患”等安全措施，严防作战伤亡①。

---

① 央视网.应急管理部持续指导泉州“3・7”坍塌事故处置工作，成功搜救出 2 名生还者[EB/OL]，(2020-3-10)[2021-3-4]，http://news.cctv.com/2020/03/10/ARTIMFbYZIykbpkiwZriQx3F20 0310.shtml.

（二）医疗救治

1.应急响应

事故发生后，当地卫生健康部门第一时间启动应急响应，迅速开展伤员转运和医疗救治等工作。福建省人民政府调度医疗抢救组共750多人、20辆120急救车，全力做好受伤人员的救治和转移工作。

2.调派专家

国家卫健委高度重视，迅速调派两批国家级医疗卫生应急专家组共18人，支援当地开展伤员救治等卫生应急处置工作。第一批专家组7日晚从福州、厦门就近派出，由福建医科大学附属协和医院、附属第一医院和厦门大学附属医院的重症医学、创伤骨科、心理干预、院感防控等多专业14名专家组成。第二批专家组8日早从广州出发，由中山大学附属第一医院重症医学、神经外科、创伤骨科、胸外科专业4名专家组成。

3.心理疏导

泉州市卫健委抽调组成心理护理团队10人，与心理医生第一时间讨论并选择适宜的心理评估量表和访谈内容。心理评估组逐一对伤员进行访谈和心理评估，每日2次进行心理疏导，关注受难者的心理健康。

4.一人一策

国家、省、市专家组成联合医疗专家组，对伤员逐一会诊评估，实施一人一策，密切监测伤情变化，动态调整完善救治方案，全力救治，同时严格做好救治医务人员传染病防护和医院感染防控工作[①]。

（三）事故调查

1.控制相关责任人

2020年3月8日，泉州市委常委、常务副市长介绍，已经成立事故调查组，将实事求是查清原因，依法依规严肃追究责任人的责任，目前该楼房业主已被公安部门控制[②]。

2.初步探查

2020年3月10日10时，在国务院联防联控机制举行的新闻发布会上，应急管理

---

① 福建省纪委监委.关于泉州市欣佳酒店“3·7”坍塌事故相关责任人员处理情况的通报[EB/OL]，(2020-7-14)[2021-4-16]，http://www.fjcdi.gov.cn/html/jdzrwz/20200714/1698427.html.

② 环球时报.酒店坍塌事故最新：已有2人遇难[EB/OL]，(2020-3-8)[2021-4-16]，https://mil.sina.cn/2020-03-08/detail-iimxxstf7306549.d.html? pos=24.

部副部长、党组成员介绍，据初步了解，该事故是一起安全生产责任事故，暴露出地方有关方面安全生产责任不落实，造成安全隐患的漏洞和盲区。待救援基本结束后，将全面开展事故调查，迅速查明原因，严格依法依规追究事故责任人相关责任[①]。2020 年 3 月 11 日 17 点 50 分，泉州市政府召开新闻发布会，通报事故救援情况。在发布会上，泉州市政府常务副市长介绍，经初步调查，欣佳酒店在建设、改造和审批等方面存在严重问题。现已将相关证据收集固化，对相关责任人员采取强制措施、财产保全措施。初步调查情况将上交上级调查组[②]。

3.成立事故调查组

2020 年 3 月 12 日，为认真贯彻落实中央领导同志重要指示精神和批示要求，依据《生产安全事故报告和调查处理条例》(国务院令第 493 号)有关规定，国务院决定成立福建省泉州市欣佳酒店“3・7”坍塌事故调查组并开展调查工作。2020 年 3 月 13 日，国务院福建省泉州市欣佳酒店“3・7”坍塌事故调查组第一次全体会议在福建泉州召开，国务院安委会办公室副主任、事故调查组组长主持。会议指出，据初步调查，该项目未履行基本建设程序，无规划和施工许可，存在非法建设、违规改造等严重问题，特别是房屋业主发现房屋基础沉降和承重柱变形等重大事故前兆后，仍然心存侥幸，继续违规冒险经营；地方相关职能部门监管不到位、“打非治违”流于形式，导致安全关卡层层失效，最终酿成惨烈事故。

4.事件定性

2020 年 7 月 14 日，国务院批复福建省泉州市欣佳酒店“3・7”坍塌事故调查报告，认定福建省泉州市欣佳酒店“3・7”坍塌事故是一起主要因违法违规建设、改建和加固施工导致建筑物坍塌的重大生产安全责任事故。

5.事故处罚

泉州市新星机电工贸有限公司：对其事故责任罚款，依法吊销其工商营业执照，撤销消防设计备案、消防竣工验收备案。

欣佳酒店：吊销工商营业执照，吊销《特种行业许可证》，吊销《公众聚集场所投入使用、营业前消防安全检查合格证》，吊销《卫生许可证》，撤销消防设计备案、消防竣工验收备案。

福建省建筑工程质量检测中心有限公司：对福建省建筑工程质量检测中心有限公司予以罚款，吊销该公司建设工程质量检测机构综合类资质证书，并吊销相关责任人的

---

① 人民日报.泉州“3・7”酒店坍塌事故致 7 人身亡，事故调查组成立[EB/OL]，(2020-3-7)[2021-4-16]，https://news.sina.com.cn/zx/2020-03-08/doc-iimxyqvz8788489.shtml.

② 北京日报.应急管理部回应泉州酒店事故：酒店多次违规改建，地方存在安全隐患漏洞[EB/OL]，(2020-3-10)[2021-4-16]，http://news.jstv.com/a/20200310/1583808652486.shtml.

岗位证书,将该公司列入建筑市场主体“黑名单”①。

公职人员:福建省纪检监察机关按照干部管理权限,依据《中国共产党问责条例》《中国共产党纪律处分条例》《中华人民共和国监察法》《行政机关公务员处分条例》等有关规定,经福建省委批准、中央纪委国家监委同意,对事故中涉嫌违纪、职务违法、职务犯罪的49名公职人员严肃追责问责。

(四)善后工作

1.做细人员服务

对所有送医救治人员,抽调28名医务人员进驻四家定点医疗机构,实时掌握伤员治疗情况,开展“一对一”服务保障。对送医救治、亲属未来的轻伤人员,帮助拍摄小视频向家里报平安。对已出院的10名轻伤人员,由对应街道安排1名科级干部继续协调解决其生活、就业等问题。对情绪有一定波动的受伤人员及其亲属,成立心理咨询小组提供心理疏导服务。对遇难者,成立殡仪服务工作小组,负责做好遇难者遗体保存和殡葬服务工作。

2.沟通联系亲属

实行一户一组工作机制,对所有38户71名受困人员的家属继续开展联络、沟通、安抚工作。截至3月10日17时,有17户受困人员亲属63人来泉;经沟通亲属暂不来泉的受困人员,交由鲤城区做好全面服务;3名区属单位受困人员,由所在单位对家属进行沟通、安抚。

3.做好诉求处置

在沟通、协调过程中,部分受困人员或亲属要求补办证件、适当经济补偿;要求对直系亲属进行心理疏导。对能马上解决的,如提供生活便利、照顾病人;对分配在不同医院进行救治的家庭户安排同一医院救治等问题,第一时间安排解决。同时,协同有关方面继续积极会商补偿方案、补偿流程,第一时间与被困人员或其亲属对接,切实依法保障其权益。

4.落实后勤保障

有序做好现场救援物资、生活物资、特殊物资、防护物资的储存、发放等各项工作,包括现场救援人员防护物资,如口罩、防护服、护目镜等;现场工作人员防护物资、生活物资;被困人员及家属防护物资、生活物资等,全部做到充足保障。同时,社会各界也踊跃捐赠各类物资,有效补充了救援需求。

---

① 人民网.泉州酒店坍塌事故相关责任人员被采取强制措施[EB/OL],(2020-3-11)[2021-4-16],https://www.360kuai.com/pc/99ce2817b554116ef? cota=3&kuai_so=1&sign=360_57c3bbd1&refer_scene=so_1.

5.部署安全生产排查整治

福建省委、省政府召开省、市、县(区)三级视频会议后,区委就全区安全生产工作进行再强调、再部署,要求全区上下必须深刻反思反省,痛定思痛,正视存在的问题,真正吸取事故教训,时刻绷紧安全生产这根弦,采取一人(户)一专班,主动联系对接伤亡人员家属,似事故发生,同时统筹好疫情防控、复工复产与安全生产。各街道及各行业主管部门全面开展安全隐患排查整治,实施百日攻坚,以医学观察场所和定点医院隔离病区、房屋安全、危险化学品行业、建筑施工行业、交通运输行业、消防、燃气、渔业船舶等领域为重点,覆盖所有行业领域,对全区事故隐患进行“大抄底”,确保事故隐患动态“清零”,严防各类生产安全事故发生[①]。

三、事件分析与研究

国务院事故调查组通过现场勘查、取样检测、调查取证、调阅资料、人员问询、专家论证等,查明事故直接原因和性质,揭露了欣佳酒店坍塌事故背后所存在的问题。

(一)违法改建,违规加固

经调查,事故的直接原因是,事故责任单位泉州市新星机电工贸有限公司将欣佳酒店建筑物由原四层违法增加夹层改建成七层,达到极限承载能力并处于坍塌临界状态,加之事发前对底层支承钢柱违规加固焊接作业引发钢柱失稳破坏,导致建筑物整体坍塌。

(二)违规建设,弄虚作假

泉州市新星机电工贸有限公司、欣佳酒店及其实际控制人无视国家有关城乡规划、建设、安全生产以及行政许可等法律法规,违法违规建设施工,弄虚作假骗取行政许可,长期不落实安全生产责任。相关工程质量检测、建筑设计、消防检测、装饰设计等中介服务机构违规承接业务,出具虚假报告,制作虚假材料帮助事故企业通过行政审批。

---

① 经济日报.福建发布“泉州欣佳酒店坍塌事故调查报告”整改方案[EB/OL],(2020-9-5)[2021-4-16],,https://www.360kuai.com/pc/9e3f97c56ec3bc177? cota=3&kuai_so=1&sign=360_57c3bbd1&refer_scene=so_1.

(三)监管不力,层层失守

福建省泉州市鲤城区住房城乡建设部门没有认真履行建筑主管部门安全监管责任,对欣佳酒店建筑物等长期存在的违法建设行为没有制止和查处,组织开展违法建设整治、房屋安全隐患排查整治、住房和城乡建设领域"打非治违"工作不力,严重失职失察。

福建省泉州市国土规划部门,泉州市鲤城区城市管理部门、公安部门、消防机构履行监管职责不到位、执法不严格,行政审批把关失守,并对泉州市新星机电工贸公司、欣佳酒店违法建设、弄虚作假骗取行政许可等违法违规行为未及时发现查处。

泉州市鲤城区常泰街道对欣佳酒店建筑物违法违规建设、改建长期未予报告和查处,属地管理责任严重缺失;在违法建设专项治理和房屋安全隐患排查工作中不认真不负责,存在明显漏洞和严重的形式主义。

鲤城区超越权限研究出台并实施特殊情况建房政策,违规审批同意建设欣佳酒店建筑物等大量违法建设项目;在治理违法建设历次重大专项行动中工作不负责任,放任大量违法建筑长期存在;在设置集中隔离健康观察点时忽视房屋建筑质量安全,草率决策。

泉州市落实地方党政领导干部安全生产责任制规定不到位,对辖区内长期存在的违法违规审批建设项目情况失管失察,"打非治违"和房屋安全隐患排查工作不实不细,没有认真查处违建项目①。

四、经验启示

从应急救援角度来看,泉州欣佳酒店坍塌事故得到有效处置,应急管理部、福建省政府以及国家卫生健康委的相关部门都迅速采取救援措施,调派救援队伍、医疗卫生人员,组织参与救援,尽最大可能减少事故伤害,并实时公布救援情况,积极回应公众关注。公安、住建、卫健、疾控、电力、通信和武警等部门协同配合,为现场救援行动提供了有力保障。

然而,就事故发生的原因来看,这场坍塌事故本可以避免,却由于酒店业主存在侥幸心理、无视安全生产法规以及监管部门执法不严等问题,最终导致了悲剧的发生。近些年来,此类坍塌事故时有发生,例如广西百色楼顶坍塌事故、上海长宁"5·16"建筑坍塌事故、山西临汾聚仙饭店坍塌事故等。因此,要想抑制坍塌事故的发生,仅仅关注坍

① 新华社.福建省泉州市欣佳酒店"3·7"坍塌事故调查报告公布[EB/OL],(2020-7-14)[2021-4-16],http://www.gov.cn/xinwen/2020-07/14/content_5526783.htm.

塌事故的应急救援是远远不够的，应从根本上解决事故背后所反映的问题。针对泉州欣佳酒店坍塌事故发生的原因，总结出以下几条经验教训：

（一）引导企业遵守相关法律法规，树立企业责任意识

坍塌事故的发生，究其根本原因，是企业法律意识淡薄，无视法规，违法施工，埋下了事故隐患。有关部门应积极宣传城乡规划、建设、安全生产以及行政许可等相关法律法规，引导企业安全生产，遵纪守法；企业自身要树立责任意识，严守道德底线，不要为了眼前的利益，做出违法或违背道德的事情，从源头杜绝坍塌事故的发生。

（二）严格监管，杜绝形式主义

监管部门执法严重不负责任、安全隐患排查治理形式主义问题突出，放任违法建筑长期存在。监管部门要认真履行其安全监管责任，及时制止和查处违法建设行为，做好违法建设专项整治和房屋隐患排查治理工作。完善有关建筑法律法规和安全标准，健全部门间信息共享和协同配合工作机制，扎实开展城市建设安全等安全生产专项整治，从根本上消除事故隐患。

（三）强化法治思维，坚持依法行政

有关公职人员徇私舞弊，涉嫌腐败，依法行政意识淡薄，导致违法建筑大量存在。各级领导干部要牢固树立“生命至上、安全第一”的理念，强化法治思维，坚持依法行政，提高法治素养和法治能力；切实担负起防范化解安全风险的重大责任，把确保人民群众生命安全放在第一位落到实处。

思考题

1.什么是坍塌事故？坍塌事故的类型有哪些？

2.坍塌事故发生的原因有哪些？如何预防坍塌事故的发生？

3.坍塌事故发生后易引起哪些次生灾害？面对坍塌事故的发生应采取哪些应急救援措施？

坍塌事故小知识

我们的日常生活脱离不了建筑物，建筑物坍塌事故随时可能降临在我们身上，因此，了解一些关于建筑物坍塌的基本常识以及防范措施，对于我们的生命

安全是非常重要的。

1.坍塌事故是什么?

坍塌事故是指物体在外力和重力的双重作用下,超过自身极限强度,结构稳定失衡塌落而造成物体高处坠落、物体打击、挤压伤害及窒息的事故。这类事故因塌落物体重大,作用范围大,往往伤害人员多,后果严重。

2.坍塌事故的类型

坍塌事故主要分为土方坍塌、脚手架坍塌、模板坍塌、拆除工程坍塌、建筑物坍塌。前四种一般发生在施工作业中,而后一种一般发生在使用过程中。

3.建筑坍塌的特点

(1)突发性、不可预见性强,人员逃生难

建筑物坍塌受建筑结构、建筑质量、自然条件等因素影响,事故前兆不明显,允许人员逃生时间短。

(2)易引发次生灾害

突发性建筑物倒塌事故,可能造成建筑物内部燃气、供电等设施毁坏,导致火灾发生。

(3)救援难度大

建筑物坍塌往往会导致较大的人员伤亡及次生灾害,救援投入的力量较多,灾后救助需长时间连续作战。

4.建筑坍塌的原因

(1)建筑工程结构设计不合理,偷工减料,违规施工等,导致工程质量不达标;

(2)安全意识淡薄,急功近利,忽视安全规范;

(3)监管部门执法不严,未尽到自身的监管责任。

5.遇建筑物坍塌后如何避难?

(1)靠近体积大的物体,其周围会留下较大空隙,身体自然弯曲成胎儿的姿势;

(2)千万不要靠近楼梯,因为它是建筑物最容易被损坏的部分;

(3)尽量靠近建筑物外墙,逃生的可能性更大;

(4)木制品具有弹性,倒塌时会留出生存空间;

(5)砖制品会散落成碎块,易造成伤害。

6.被掩埋后如何获救?

(1)保持冷静,小心移动身体,以防更大的坍塌物砸到自己身上;

(2)护住口鼻以防粉尘污染；

(3)如果身边刚好有水管、煤气管道，那么，敲响这些管道，容易被救援人员发现；

(4)假使被困地与地面接近，等到救援人员通过时大声呼救。

参考文献

[1]泉州市欣佳酒店“3・7”坍塌事故[J].中国安全生产，2020，15(08)：60-61.

第 3 章

邮轮旅游公共卫生事件

——以“钻石公主”号为例

【导读】海上邮轮旅游已经逐渐被公众所喜爱，成为现代旅游业中最为活跃、发展最为迅猛的产业之一。但是邮轮具有体积庞大、航行持续时间长、人员密度高、环境相对封闭、部分场所微小气候滞浊、医疗条件有限等特点，如果防范不到位，容易导致空气传播疾病的扩散。2020 年的新冠肺炎疫情给整个邮轮行业带来严重影响，“钻石公主”号邮轮疫情暴发带来的“密闭空间恐惧”至今并未消散。现虽已进入后疫情时代，但全球疫情形势仍不容乐观，游客对邮轮旅游的信任感严重下降，市场信心大受打击，邮轮行业遭遇严重挑战。提高邮轮公共卫生事件应急能力，实现邮轮旅游经济复苏需要我们不断努力。

一、事件回放

2020 年 1 月 20 日，载有 2666 名乘客和 1045 名船员的“钻石公主”号邮轮由横滨出发，于 1 月 25 日抵达香港，在此停留一天、部分乘客上下船后，邮轮继续前往越南、中国台湾、日本冲绳等地，原计划于 2 月 4 日返回横滨。

2020 年 2 月 1 日，香港特区政府通报，一名此前下船的 80 岁香港男性乘客确诊感染新型冠状病毒。受此消息影响，“钻石公主”号邮轮提前返回横滨，并于 2 月 3 日晚间开始接受日本厚生劳动省的检疫。

2020 年 2 月 7 日，日本厚生劳动省发布“钻石公主”号上新确认感染新型冠状病毒的 41 人国籍，具体为 21 名日本人，8 名美国人，5 名澳大利亚人，5 名加拿大人，1 名阿根廷人，1 名英国人。

2020 年 2 月 8 日，“钻石公主”号邮轮上新确认 3 人感染新型冠状病毒。至此，已确诊 64 名邮轮感染者。

2020年2月10日,“钻石公主”号邮轮上新发现了60个确诊新型冠状病毒感染者,使一周以来被确诊的病例数达到130例。

2020年2月12日,“钻石公主”号邮轮新增39例新冠肺炎确诊病例,有10名日本人,此外还包含美国、中国等11个国家的人。至此船上累计确诊病例已达174例。

2020年2月13日,日本厚生劳动大臣加藤胜信表示,正在隔离的“钻石公主”号上又有221人接受了新型冠状病毒检测,其中44人确诊感染,这艘搭载了3711人的邮轮上共有218人确诊。

2020年2月13日,“钻石公主”号上有14名中国人感染新冠肺炎,其中来自中国香港的11人,来自中国台湾的1人。

2020年2月14日下午,停靠在日本横滨的“钻石公主”号邮轮上第一批新型冠状病毒检测呈阴性的乘客开始陆续下船,乘坐大巴离开,进行陆上隔离。负责开车的司机全副武装,身穿白色防护服并且佩戴护目镜和口罩。被允许下船的乘客包括年龄在80岁以上、身体状况不佳者,以及住在无窗客舱的乘客。一位日本政府官员称目前已经有11人离开,但拒绝透露今天是否还会有更多人下船或提供进一步的细节。

2020年2月15日,美国与日本多家媒体报道,美国国务院计划将“钻石公主”号邮轮上的美国公民,以及他们的家人转移回美国。同日,日本厚生劳动相加藤胜信在记者会上发布消息称,邮轮“钻石公主”号搭乘者中,新确诊67人感染新冠肺炎,邮轮上的确诊新冠肺炎感染者人数达到285人。

2020年2月16日,日本厚生劳动相加藤胜信表示,“钻石公主”号邮轮上新增70名新冠肺炎确诊病例,邮轮上的确诊新冠肺炎感染者人数达到355人。

2020年2月17日早上,两架美国撤侨航班用于撤离“钻石公主”号邮轮美籍乘客返美,从日本羽田机场相继出发前往美国。登机之前,现场相关工作人员均身着防护服,对乘客放置行李以及登机进行了引导。

2020年2月17日傍晚,日本厚生劳动省称,“钻石公主”号邮轮新增99名新冠肺炎病例,邮轮上的确诊新冠肺炎感染者人数达到454人。

2020年2月19日,日本厚生劳动省公布了“钻石公主”号上感染者年龄和国籍等信息。截至2020年2月19日,邮轮上共确诊了542例新冠肺炎病例,确诊病例来自25个国家。其中日本人最多,达到了247人。其次为美国人,共有77人。感染者年龄主要集中在50岁及以上,共有469人,占到总感染人数的86.5%。

2020年2月19日上午11时,“钻石公主”号邮轮滞留乘客正式开始下船。据日本厚生劳动省称,19日当天预计将会有500名乘客下船,乘客下船后将回到各自的家中正常生活。

2020年2月20日,两名感染新型冠状病毒的“钻石公主”号邮轮乘客在医院死亡,这是该邮轮确诊病例首次出现死亡情况。两名乘客均为80多岁,一男一女,日本国籍,均有基础疾病,被确诊感染后分别于2月11日和12日住院。同日,又有2名俄罗斯籍“钻石公主”号邮轮乘客确诊感染新冠病毒。

2020年2月24日，日本厚生劳动省发布通报称，截至当日，“钻石公主”号邮轮上已经确诊691名新型冠状病毒感染者。

2020年2月25日，据日本NHK电视台报道，日本“钻石公主”号邮轮一名80岁乘客在医院死亡，累计死亡病例达4例。

2020年2月26日，日本厚生劳动省通报说，“钻石公主”号邮轮新增新冠肺炎感染者14人，目前邮轮共计感染705人。其中乘客5人，乘务员9人。

2020年2月28日，日本厚生劳动省称，曾乘坐“钻石公主”号邮轮的1名英国籍男子当天死亡，该男子此前已被确诊感染新冠肺炎。这是“钻石公主”号邮轮上死亡的首个日本人之外的乘客。至此，“钻石公主”号邮轮上的乘客累计死亡6人。

2020年3月1日，日本厚生劳动大臣加藤胜信表示，“钻石公主”号上包括船长在内全员都已经下船。

2020年3月5日晚，“钻石公主”号上感染者人数经修改为696人。

2020年3月15日，日本厚生劳动省宣布，“钻石公主”号邮轮所有乘客和乘务人员的检疫工作结束，新增新冠肺炎确诊病例15例，船上确诊病例总数增至712例。

当地时间2020年5月16日下午，在停泊了3个多月后，“钻石公主”号邮轮驶离日本横滨港，前往下一站马来西亚。截至16日，在所有乘客和船员中，已累计确诊721人，死亡13人。

据了解，“钻石公主”号邮轮上共有2666名乘客和1045名船员，来自日本、美国、澳大利亚、中国(含香港、澳门、台湾)、俄罗斯等56个国家和地区。(见图3-1)

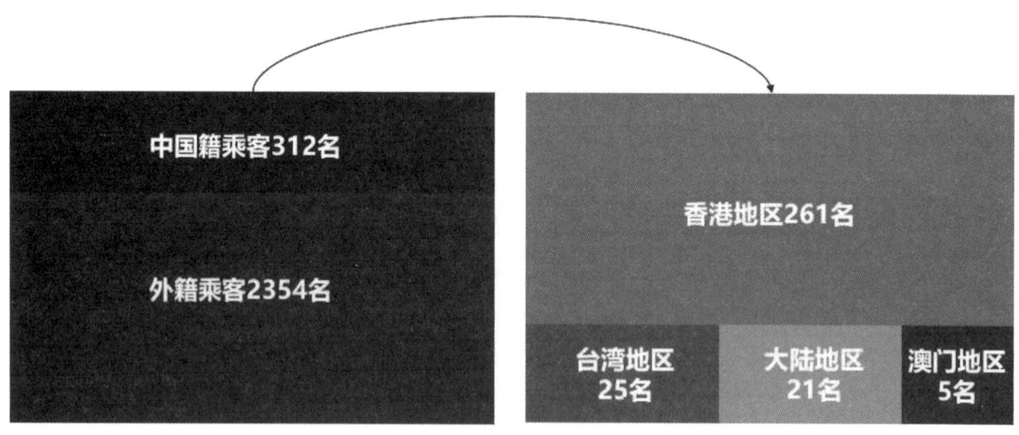

图3-1 “钻石公主”号邮轮乘客来源国分布[①]

以年龄层分类，“钻石公主”号总计2666名乘客中，60岁以上的乘客占比约为80%。其中，60至69岁的乘客910人，70至79岁的乘客1008人，80至89岁的乘客

① 凤凰网.31天确诊621例！一图看懂“钻石公主”号的黑色之旅[EB/OL]，(2020-2-19)[2021-4-3]，https://mp.weixin.qq.com/s/2fvEgxN922ngjqKZnbY6lw.

215 人，90 岁以上的乘客 11 人，不少老年乘客还患有高血压、糖尿病等慢性疾病。（见图 3-2）

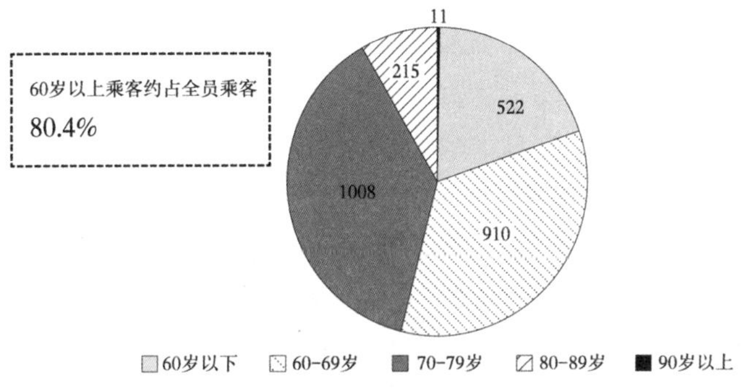

图 3-2　“钻石公主”号乘客年龄结构分布图

二、应急管理过程

1.邮轮公司

直到 2020 年 2 月 1 日，香港老人被确诊为新冠肺炎的消息传到“钻石公主”号，船长才决定提前返航。为避免恐慌，噩耗并未立即告知全体乘客，丰富多彩的船上演出依然继续。“钻石公主”号比预定时间提前一天返回横滨港，但所有乘客被通知不能下船。船长通过广播向全体乘客通报了疫情，并要求整艘船上的 3000 多人接受身体检测，对其中 273 名疑似患者实施新冠病毒检测。2 月 5 日开始，“钻石公主”号邮轮开始了为期 14 天的隔离，船员发放了口罩、橡胶手套与温度计。影院、餐厅统统关闭，乘客们只能待在房间看电视，不可在走廊和甲板等公共区域随意走动，保洁人员也不再打扫房间。吃饭时，有工作人员将打包的餐食放在房间门口，敲门提醒后离开。邮轮也向乘客开放了互联网，增加了舱内的娱乐节目如卫星电视和电影。

一些住在没有窗户的房间的乘客抱怨：只要不主动咨询，就得不到关于疫情的信息。内舱房的乘客每天有 90 分钟在甲板上“放风”的时间，不过全程必须戴着口罩和手套，且和其他乘客必须保持 1 米以上的距离。

随后，“钻石公主”号邮轮的母公司承诺将给因病毒暴发被困船上的所有乘客全额退款，包括之前所有的邮轮费用、上岸游览费用，以及隔离期间的所有费用。

2.日本政府

自 2020 年 2 月 5 日，“钻石公主”号邮轮确诊首例感染者后，日本政府迅速决定对该邮轮进行 14 天的隔离观察。日本政府也已加强了对“钻石公主”号上游客和船员的饮食、药物供应,并提供免费的无线网络和室内娱乐活动,帮助游客和船员消磨在邮轮上的无聊时光。2月16日,日本防卫省增派自卫队员,加强对“钻石公主”号邮轮的援助,为邮轮上发生的新冠肺炎聚集性感染提供医疗援助等。除了检疫等医疗援助,协助部分下船乘客转移,以及船内消毒等援助需求也十分迫切,防卫省为此已派遣了约150名队员开展援助工作。为此,防卫省与民间企业签约租用一艘民间客轮“白鸥”号在横滨港靠岸,作为自卫队员据点。日本防卫省为了让增派的队员拥有稳定据点,另租用了一艘名为“银色皇后”号的民间客轮。

但日本传染病医学家、神户大学教授岩田健太郎在社交媒体上分享自己登上钻石公主号协助检疫的经历,称船上的情况“一片混乱”,防疫工作“完全不合格”,存在管理混乱、区域分隔不严密、人员流动无序、应对迟缓,隔离环境中患者筛查和移送诊疗效率低下,缺乏对高龄者、有病者和残障者的照顾和考虑,船上生活环境差,信息公布不对等等问题,甚至有乘客漏检下船。

在面对类似的状况时,中国对“歌诗达赛琳娜”号的处理做法值得借鉴。早在“钻石公主”号出事以前,中国已经悄无声息地给日本提供了一份满分答卷。“歌诗达赛琳娜”号邮轮的经营公司是美国的,船主是意大利的,和“钻石公主”号一样属于国际邮轮,牵涉多国责任。当时船只停靠天津港,先后有15人出现发热症状,其中包括2名儿童和10位外籍船员,另外还有140多位湖北籍游客,疑似感染风险极高。人命关天,天津政府积极应对,4806人的“歌诗达赛琳娜”号邮轮,天津仅用24小时就完成检测疏散、安置,一夜之间解决了一场重则危及五千人生命的超级难题,中国人民积极的应对态度、完善的应急机制、高效的救援速度等都值得其他国家学习与借鉴。

3.国际表现

“钻石公主”号船籍属于英国,且为美国嘉年华集团所运营,英美两国都拥有对邮轮的管辖权。发现疫情后,日本政府曾与英美两国协商,英国始终没有表态,美国则于2月17日派出两架军用飞机撤走300多名本国公民,44名确诊新冠肺炎的美国公民被留在船上。中国香港、中国台湾和韩国方面也相继安排包机提前撤离。此外,因多名香港及澳门居民反映急需救援药物,中国驻日本大使馆及外交部全球领事热线很快便联络上日本有关部门,把各人所需药物送到船上。

2月15日,美国驻日本大使馆宣布将安排两架包机撤离船上剩余约380名美国乘客。美国大使馆15日下午通过电子邮件致信邮轮上的美国公民通知了这一决定。信中表示,包机将于当地时间16日晚上抵达日本。届时,邮轮上的美国公民将乘坐大巴从邮轮转移至机场。2月16日,美国国家过敏症与传染病研究所主任福奇透露,日本“钻石公主”号邮轮上,有40名美国乘客确诊感染新型冠状病毒。福奇称,美国将会包机接回“钻石公主”号上约400名美国公民,回国后他们还须接受14天的隔离观察。已出现症状的美国人将在日本的医院接受治疗,不会随美国包机回国。

2月15日晚,中国香港特别政府宣布,将派出包机前往日本,带回“钻石公主”号上搭乘的330名香港公民,在返回香港后,这些人将继续隔离14天。2月16日,香港特区保安局称，停靠在日本横滨的“钻石公主”号邮轮，新增 10 名感染新冠肺炎的香港居民，累计确诊病例升至 21 例。香港特区保安局表示安排免费包机，接回在日本横滨“钻石公主”号上接受检疫的香港居民，在获准登岸后尽快返港。

韩国政府也在考虑安排船上总计 14 名韩国人(9 名乘客和 5 名船员)转移至国内。韩国驻日本大使馆和横滨韩国总领事馆向船上的韩国人确认，如果政府派遣包机，是否愿意返回韩国。

三、事件原因分析与研究

(一)新冠肺炎疫情的传播特点

新冠肺炎病毒可以通过飞沫、接触、气溶胶以及“粪—口”传播，潜伏期最长可超过十四天。病毒传播速度较快，核酸检测机制并不完善，经过多次检验才能确诊，甚至有无症状感染者。“钻石公主”号采取传统的集中隔离措施，没有根据疫情传播特点设计分种类的隔离和分批转移，对大型密闭空间来说存在更多潜在感染风险。日本采用的检测方式比较单一，没有辅助其他检测方式，存在漏诊的可能，并且不得不纳入考虑范围的是，那些隔离十四天之后离船的人，仍然很有可能是处于潜伏期的病毒携带者。因此“钻石公主”号突发群体性疫情处置的难度要大于历次邮轮公共卫生事件。

(二)事件原因

1.邮轮环境因素

邮轮素有“海上移动社区”之称，“钻石公主”号是一艘大型邮轮，其船体内部就像一个“立体小城市”。船内大量房间，没有窗户。整个船上的空气流通只能靠中央空调维持。这也意味着，病毒有可能通过空调循环系统游走于各个角落，这大大增加传染的几率。私人客舱，不过是一间小卧室而已。新型冠状病毒直径在 60～140 纳米，“钻石公主”号邮轮的供热通风与空气调节系统(HVAC)的空气滤网并不能有效过滤随空气传播且附着新冠病毒的飞沫核或气溶胶。空间狭小、密闭，飞沫混合在空气中，非常容易形成气溶胶，人吸入后导致感染。室内有很多诸如餐厅、酒吧、剧场这样的公共空间，人员聚集，也是病毒传播的绝佳环境。再加上现代邮轮都是中央空调，不能保证新鲜卫生的空气供给，加剧了传染的概率，使疫情难以控制。而且邮轮的旅客以中老年人为主，患基础性疾病的概率相对较高，对疾病的抵抗力相对较差，因此对传染病的易感程度更高。“钻石公主”号邮轮空气调节系统见图 3-3。

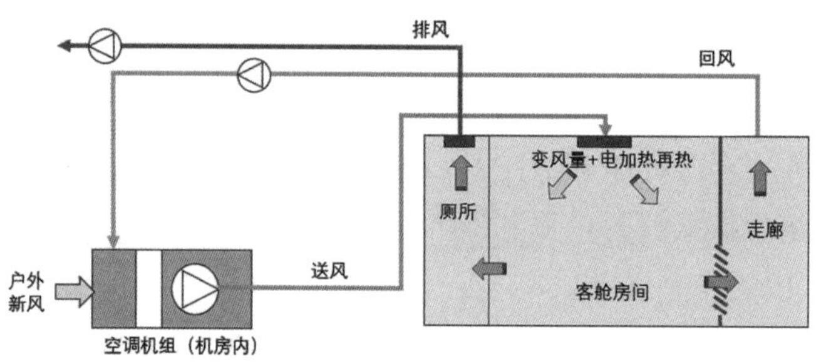

图 3-3 “钻石公主”号邮轮空气调节系统简图①

2.日本应急管理能力

“钻石公主”号邮轮隔离期间持续上升的确诊人数使人们对日本政府突发疫情应急管理的有效性和科学性提出了质疑。

(1)应急物资缺少。对于人员检测和已确诊人员的就近医疗收纳，港口地区位置较偏且医疗能力有限，资源缺少，转送病患又会增大感染风险，因此只好停滞在原地。此次邮轮公共卫生事件对靠泊港口的整体接纳能力进行了一次“大考”，显然结果不尽如人意。将船上 3000 多名乘客转移到陆上救治并进行隔离观察，是上佳之策。然而，现实是，日本的医疗条件或许还一下接待不了如此多的“潜在病患”。日本包含诊所在内，病床数在 16 万张左右，但专门为治疗感染症类疾病所配备的病床不足 1900 张，只占总数的 0.1%，且分布在全国各地，短时间内无法立即调用。对如此大规模的乘客进行隔离与看护，他们的食宿与检测、治疗成本也会是一笔数额不小的开支。

(2)传统检测技术不足。日本承担了对船上乘客进行检测的任务，不过限于技术原因，进展缓慢，船上近 4000 人，3 天仅检测了约 5%的乘客。日本本国对样本的检测能力是每日 1500 例，“钻石公主”号 3700 多人的检测耗时太长，分类隔离和分批转移做得不到位，导致携带病毒人员在船滞留时间延长，已确诊人员得不到及时转移与隔离治疗，增加了交叉感染的概率。

(3)隔离工作不到位。船上的隔离方式采用传统的隔离标准，只有出现发热症状的人才会被送到被消毒的空房间单独隔离。而与发热患者有过亲密接触的人则不会被单独隔离。包括单独隔离者在内，他们的生活保障都由船员负责，而这些船员中也有许多后来被确诊的人，他们作为隔离者与普通乘客之间互通的纽带，想必在接触隔离者时也没有做好自我保护措施。这种管理上的宽松，还体现在日常乘客身体状况的检测上。“钻石公主”号的船员每天会敲门给游客测体温，但这并非强制行为，船员会征求游客的意见，如果游客拒绝，船员也无法强求。除此之外，船上中央空调系统也始终未关闭；通风系统以及下水道系统也没有被严格地管控起来。隔离管理上的宽松，以及对船上传

① 谭洪卫. 从日本钻石公主号邮轮新冠病毒抗疫思考建筑设施的公共卫生紧急应对[J]. 建设科技，2020(6)：8-9+11.

染途径控制的不严格，导致病毒很有可能通过食物、接触、空气甚至“粪一口”进行了传播，这也导致传染比例在不断地扩大。

(4)国家应对重大事故的统一工作效能不足。应对重大公共卫生事件，日本方面没有相应的预案或准备措施。其原因涉及多方面，包括港口公共物品的基础建设、公共政策的明确与落实、各相关公共部门的协调与合作、公共保障的落实与补给等的缺失。

一方面，一旦大规模乘客转移到陆上，病毒不慎开始蔓延，这无疑会让全体国民为之承担生命安全风险。另一方面，日本近年来经济形势不佳，如果疫情传播到日本本土，导致日本成为疫区，这也可能会加剧经济困境。同时，日本方面担心疫情影响2020年东京奥运会的正常开幕，对他们来说，没有备选项，因为疫情而推迟奥运会开幕，会打乱太多原有的规划，而让他们陷入紧张和混乱。

3.国际因素

对公共卫生安全的处置是一国主权范围内的事务，但由于国际邮轮运营航线和靠泊港口分处不同国家，邮轮经营人、船员和乘客拥有不同国籍，这给传染病在国际的传播创造了条件，增加了各类公共卫生事件发生的风险。国际邮轮运营航线和靠泊港口分处不同国家，“钻石公主”号上约有一半的乘客是日本人，其余的人来自56个国家和地区。在剩余人员未检测完毕之前，各国对本国人的医疗救助及跨国转移行动受制于日本本国卫生主权的限制，属于政治外交事件，各国无法尽快采取救助措施。

“钻石公主”号停岸后，主要的隔离工作，基本上由日本接管。而根据相关法律，日本其实没有义务接纳外国船只，并照顾这些外国船只上的乘员。“钻石公主”号的船籍国是英国，其所属公司“嘉年华集团”注册地则是美国迈阿密，所以，日本方面“允许其进港并随后跟进已经是在尽人道主义义务”。这艘国际级邮轮上，日本之外的各国感染者甚多，日本方面不得不面临由此带来的国际压力。新冠病毒也在日本国内不断蔓延开来，日本政府面临着来自国际和国内的双重压力。

（三）事件影响

1.邮轮市场损失严重

受新冠肺炎疫情的影响，全球邮轮航线取消，邮轮公司面临巨大赔偿，此外，还要维持公司的正常经营与运行及邮轮维修费用，这些对邮轮运营公司的考验都是巨大的。随着新冠肺炎确诊病例持续增加，多家邮轮公司的股价持续下跌，全球的邮轮业一度陷入“停摆”危机，各大邮轮公司也相继发布停运公告。从邮轮公司发布停运公告来看，可以预见在相当长一段时间内，全球邮轮业务的复苏还很困难，何时恢复正常航行还无法确定。

随着疫情日益严重，多国发布了“禁入令”，让邮轮企业的运营风险陡增。截至2020年2月底，各邮轮公司预计约50个航次近20万游客的预订被取消。各大邮轮公司市值大幅缩水，使得邮轮行业陷入“冰封期”。2020年3月2日，日本神户夜光邮轮公司宣布破产，这是新冠肺炎疫情暴发以来，第一家宣布破产的邮轮企业。

2.消费者信心受到极大打击

邮轮的内部构造和体验特色使它成为传染病传播的温床。在邮轮上，人与人间隔距离小，活动范围窄，因此，一旦有病原体，便能迅速实现人传人，此时邮轮便成了病毒的“培养皿”，不管是游客还是船员其安全都难以保障。新冠肺炎疫情来势汹汹，对于船上的乘客而言，当被感染的恐惧心理扩散，势必会造成不可预测的结果，人们短时间内是无法抹除这种恐惧心理的，游客对邮轮旅游望而却步，其影响是广泛而深远的。因此，邮轮市场对于邮轮运营公司来说，消费者信心的恢复是最大的难题，“恐怖邮轮”的标签会伴随邮轮很长一段时间，重建消费者对邮轮市场的信心还有很长的路要走。

四、经验启示

在传统观念里，传染病防治只是一个医学问题，但是在社会治理领域，一旦上升到“公共”的范畴，传染病的防治、突发公共卫生事件的应对就与政府以及国家产生千丝万缕的关系。因此，在解决公共卫生问题时，一定要考虑多方面的社会因素，分清主次，理出轻重缓急，提高解决问题的效率，完善解决问题的机制，发挥公共部门的职能，进行恰当的政府干预与管控以便更好地保护国家，保护人民。

1.邮轮公司

(1)严防疫情，寻求支持。当“船内”发生疫情，船方应第一时间将疫情信息上报公司或相关部门，以争取及时的技术支持。船内疫情分两种情形：其一，因离岸设施公共卫生把关不严，暴发疫情，疫源产生于“船内”；其二，受“船外”疫情影响，在疫情源头外输入关口控制不力而导致“船内”产生疫情。针对不同情形，启动相应的应急预案：前者严防疫情内、外扩散，后者重点控制疫情外输入及船内疫情扩散。两种情形都应启用船用隔离设备，对人员进行分区隔离，与口岸检疫部门保持密切联系，获得必要的防护物资及必要的技术支持。

(2)提供充足物资，稳定人心。邮轮公司不仅要为乘客提供充足的生活必需品和防疫物资，进行高效快速的检疫，而且要在精神上给予他们支持和鼓励，让他们及时了解进程与情况；此外，疫情知识的普及和自我防御技巧的告知也很必要，这会大大加强乘客的安全感。

(3)完善应急机制，优化邮轮设计。邮轮公司应吸取教训，制定风险和应急管理机制，完善相关安全与防御设施。当年的泰坦尼克事件催生了SOLAS公约，对全球船只尤其是客轮的设计建造提高了要求，这次疫情也应促使邮轮的设计建造诞生新的防疫规范。在设计研发阶段，应加强对人员密集离岸设施的空气调节系统优化设计和船用空气环境干预、病毒消杀、防疫隔离等相关系统设备研究工作。有效的船舶通风系统设计将会减少气载污染物和传染病传播的危险。

(4)积极激活旅游市场，重塑旅游形象。邮轮公司应积极促使形成政府、企业、专家学者和新闻媒体的联动系统，把重塑的形象更有效地传达到旅游者心目中去，拉动旅游需求。同时，邮轮公司应研究新型旅游产品，创新旅游项目和旅游线路，尽最大努力满足旅游者新的消费需求。此外，可选择部分旅游对象，如对此次抗击疫情一线人员给予优惠旅游策略，重塑旅游形象。

2.国家政府

(1)疫情风险评估。开展疫情风险评估是构建科学有效的防疫措施的必要工作。首先应结合离岸设施的结构布置、人居环境等实际情况，对生物因素、行为因素、环境因素、社会因素等进行矩阵排序，采用文献法、危险因素评估法、德尔斐评价法等确定风险评估体系，然后运用综合风险指数模型评估法和风险矩阵法对可能发生于离岸设施的传染病进行风险识别，最后对不同风险级别采取相应的防疫措施。

(2)增加应急预案制定和应对紧急事件的物资供给，建立专业物资运输队和紧急救助团体组织，完善相关机制，健全邮轮的卫生防疫监管机制。在疫情发生第一时间须启动源头管控机制，地方政府、口岸联检单位、卫生健康部门和港口部门、邮轮客船等单位要建立联动协作和信息共享机制，形成从口岸排查、邮轮防控到岸上处置一套完整的防控体系和规范的处置方案。

(3)信息时代下大数据作用的发挥与个人隐私的保护问题。虽然日本传染病研究院公布了检疫现场的报告及相关的统计数据，然而对于感染扩散的流行病学分析并没有提供更多具有参考价值的信息。例如：感染者居住的客舱位置分布、船上行动轨迹、接触者信息链等。这些信息对流行病学研究、对分析感染传播机理及发展轨迹等具有重要意义。

(4)加强与口岸检疫部门联防联控机制。人员密集型离岸设施的公共卫生属于国家社会公共卫生的一部分。离岸设施暴发疫情必然会威胁到陆上的公共卫生安全。然而，由于离岸设施条件受限，“在船”人员对于未知的传染病或恶性的传染病的处置经验不足，专业性不强，缺乏应对“船内”公共卫生突发事件的能力，因此需要与邻近口岸检疫部门建立联动协作和信息共享机制，形成从口岸排查、“在船防疫”到岸上处置一套完整的防控体系和规范的处置方案，明确联防联控职责、措施、程序，实现“船内疫情”零输出、零输入以及零感染的目标。

3.国际合作

国际合作，构建命运共同体，建立完善的传染病防治的国际合作机制及国际协作医疗救助机制。在病人转运隔离治疗过程中，WHO和IMO等国际组织可以充分发挥协调、组织角色，对疫情的控制提供科学指导和专业医务支持，发挥人道主义救援的优势。

思考题

1.突发公共事件可以分为哪几类?

2.结合案例分析突发公共卫生事件的特征有哪些。

3.您认为旅游突发公共卫生事件的危机管理主体有哪些?主要职责是什么?

4.此次疫情给邮轮行业带来一定的影响,邮轮公司应如何应对?

知识点

(一)突发公共卫生事件概念、分级、特征

1.概念

指突然发生,造成或者可能造成社会公众健康严重损害的重大传染病疫情、群体性不明原因疾病、重大食物和职业中毒以及其他严重影响公众健康的事件。

3.分级

特别重大(Ⅰ级)、重大(Ⅱ级)、较大(Ⅲ级)和一般(Ⅳ级)四级,依次用红色、橙色、黄色和蓝色预警。

(1)特别重大事件(Ⅰ级)

①一次事件伤亡100人以上,且危重病人多,或核辐射事故、化学品泄漏事故导致大量人员伤亡,事发地人民政府请求给予医疗卫生救援支持的突发公共事件。

②2个及以上县(区)或邻国有特别严重人员伤亡的突发公共事件。

③国务院及其有关部门确定的其他需要开展医疗卫生救援工作的特别重大突发公共事件。

(2)重大事件(Ⅱ级)

①一次事件伤亡50~99人,其中死亡和危重病例超过5例(含5例)的突发公共事件。

②2个及以上县(区)有严重人员伤亡的突发公共事件。

③省人民政府及有关部门确定的其他需要开展医疗卫生救援工作的重大突发公共事件。

(3)较大事件(Ⅲ级)

①一次事件伤亡30~49人,其中死亡和危重病例超过3例(含3例)的突发公共事件。

②市人民政府及有关部门确定的其他需要开展医疗卫生救援工作的较大突发公共事件。

(4)一般事件Ⅳ级)

①一次事件伤亡10～29人,其中死亡和危重病例超过1例的突发公共事件。

②县级人民政府及有关部门确定的其他需要开展医疗卫生救援工作的一般突发公共事件。

4.特征

(1)突发性;(2)公共性;(3)严重性;(4)紧迫性;(5)复杂性;(6)易变性。

(二)应急处理工作原则:

①统一领导、分级响应的原则;

②及时报告的原则;

③调查与控制并举的原则;

④分工合作、联防联控原则;

⑤信息互通、及时发布原则。

(三)突发公共卫生事件的预防措施

1.一般性控制措施

①现场处置工作程序;②医疗救护工作程序;③伤病员运送工作程序;④消毒处置;⑤现场情况报告程序。

2.特殊性控制措施

根据突发公共卫生事件的社会危害程度,可分别采取以下特殊控制措施:

①紧急调集人员、储备的物资,征用交通工具以及相关设施设备。

②必要时,对人员进行疏散或者隔离,并可依法对传染病疫区实行封锁。

③根据突发事件应急处理需要,对食物和水源采取控制措施。

④限制大型公众聚会活动,停止公共娱乐活动。

⑤局部区域或全镇范围内停工、停课、停业。

(四)传染病事件应急处置要点

1.应急准备

开展镇、村干部及群众防控知识的健康教育,提高群体防控水平。加强医务人员防治知识的培训,提高早期发现病人的意识、能力和诊疗水平,做到传染病早发现、早诊断、早报告、早治疗,及时控制传染病的传播。做好各项技术及物资准备。

2.应急反应

医疗机构开展预检分诊工作,对病人进行区别,发现可疑病例按有关规定及时报告。重症病例立即转送县第一医院检诊,不滞留病人。传染性较强的应组织做好病人隔离与个人防护，做好密切接触者的医学观察。配合专业技术机构开展现场流行病学调查、密切接触者追踪和样品采集工作。适时在重点人群中推荐相应疫苗的预防接种，必要时开展预防性服药。做好疫点居住和聚集场所的消毒处理工作。

与卫生、畜牧、工商、质监等部门紧密协作，配合有关部门开展商情监测工作，防止受染产品输入。

认真开展防控措施落实情况的督导检查和指导，特别加强重点地区的督导和检查。

参考文献

[1]每日经济新闻.登上一艘下不了船的邮轮[EB/OL]，(2020-2-8)[2021-4-3]，https://baijiahao.baidu.com/s? id=1657944670653976545&wfr=spider&for=pc.

[2]中国日报网.停靠横滨的“钻石公主”号邮轮首批11名乘客已下船进行陆上隔离[EB/OL]，(2020-2-14)[2021-4-3]，https://ww w.thepaper.cn/newsDetail_forward_5979900.

[3]凤凰网.《自然》:“钻石公主”号无症状感染者占比18% 中国新冠死亡率远被高估[EB/OL]，(2020-3-27)[2021-4-3]，https://tech.ifeng.com/c/7vBAW3jzkea.

[4]新华网.“钻石公主”号邮轮两名新冠病毒感染者死亡[EB/OL]，(2020-2-20)[2021-4-3]，http://www.xinhuanet.com/ world/2020-02/20/c_1125601305.htm.

[5]海外网.“钻石公主”号邮轮新增14人感染新冠肺炎确诊者达705人[EB/OL]，(2020-2-26)[2021-4-3]，http://news. haiwainet.cn/n/2020/0226/c3541093-31728053.html? baike.

[6]海外网.“钻石公主”号邮轮所有人员检疫结束新增15例确诊[EB/OL]，(2020-3-16)[2021-4-3]，https://www.163.com/ news/article/F7QQQBVA00019B3E.html.

[7]凤凰网.历险“病毒邮轮”:“钻石公主”号621人感染始末[EB/OL]，(2020-2-20)[2021-4-3]，https://news.ifeng.com/c/7uE 7fEn12s6.

[8]澎湃新闻.美将包机接回“钻石公主”号上本国公民，回国后须隔离14天[EB/OL]，(2020-2-15)[2021-4-3]，https://www. thepaper.cn/newsDetail_forward_5999982.

[9]环球时报.港府将派包机接回“钻石公主”号香港居民，返港后再隔离14天[EB/OL]，(2020-2-19)[2021-4-3]，https://bai jiahao.baidu.com/s? id=1658949767319226446&wfr=spider&for=pc.

[10]丘妙银，邓炳林.“钻石公主”号邮轮新冠疫情事故分析及启示[J].江苏船舶，2020，37(5)：42-44.

[11]科学国学佛学论坛.“钻石公主”号的重大启示：意外的肺炎传染实验模型[EB/OL]，(2020-3-27)[2021-4-3]，http://www.yidianzixun. com/article/0OepdeZ3.

[12]颜靓.从“钻石公主”号事件看公共卫生问题的处理[J].大陆桥视野，2020(9)：118-119.

[13]刘晓菲，张晏瑲.论邮轮防疫应急机制的完善——以2019新冠肺炎疫情的防治为参照[J].中国海商法研究，2020，31(1)：11-19.

[14]谭洪卫. 从日本“钻石公主”号邮轮新冠病毒抗疫思考建筑设施的公共卫生紧急应对[J]. 建设科技，2020(6)：8-9+11.

第 4 章

2015 年"海洋量子"号霸船事件

【导读】邮轮旅游作为新业态，不同于传统的海上运输，游客登上邮轮之后可以进行海上观光、休闲、餐饮、娱乐，因此在邮轮上可能发生各种各样的情况。在航行中，有时会因气候等不可抗力原因致使邮轮变更航线和停靠港，根据国际惯例，邮轮公司对此是免责的。近年来，我国邮轮霸船事件时有发生，"霸船"本身带有浓重的贬义色彩，是对邮轮游客因为旅游过程的不顺畅并且不满意旅行社、邮轮公司的处理结果而强行不下船的事件描述，也是过度维权的行为。霸船事件严重影响邮轮旅游的发展，解决邮轮霸船已成为邮轮旅游的切实需要。皇家加勒比国际邮轮公司的"海洋量子号"邮轮因台风改道导致部分游客"霸船"抗议，引发社会各界的关注，是极具代表性的霸船事件。

一、事件回放

2015 年 8 月 15 日，当年第十五号台风"天鹅"自关岛偏东附近洋面一路向西登陆日本海。

2015 年 8 月 22 日，起航前夜十点半，皇家加勒比邮轮公司发布公告通知称，因台风"天鹅"的影响，23 日由上海出发的原计划途中停靠广岛、东京、神户三个港口的"海洋量子"号邮轮，改航韩国釜山和仁川。皇家加勒比公司在宣布航程变更的当晚提出补偿方案，包括：选择继续航程的游客，豪华套房及以上级别舱房，每间船舱发放 1600 美元的未来航程抵用券；阳台舱房发放每间 700 美元抵用券；海景房发放每间 550 美元抵用券；内舱房发放每间 450 美元抵用券。抵用券只适用于皇家加勒比营运的 2015 年 8 月 31 日之后和 2016 年香港、上海、天津出发航线。抵用券在该航次结束后的 30 天内递送至旅行社。除此之外，还提供全程免费无线网络（Wi-Fi）和龙虾大餐。不如期出发的宾客，除赠券外，全额退还港务税费。

2015年8月23日，从上海港出发，载有4672名游客的“海洋量子”号因台风“天鹅”影响，临时将本航次原定停靠港口广岛、东京(横滨)、神户，更改为韩国仁川、釜山。

2015年8月26日深夜开始，游客在船上不时进行维权行动，包括在公众区域进行维权签名活动等。一些游客通过网络结成联盟，坚持“维权”到底！部分游客聚集在邮轮公共区域，展示多张手书的“抗议书”“维权联名书”，写着“量子侵权，自改海航，霸王条款”等内容。尽管“海洋量子”号在开航前已经给出补偿方案，霸船游客对此并不接受，他们联名发出了《致船长的公开信》。

2015年8月30日晚上，数百名游客开始在邮轮大厅聚集，船方通过闭路电视反复安抚。

2015年8月31日凌晨，在结束9天的行程后，“海洋量子”号返回上海吴淞口国际邮轮码头，7点30分左右，绝大多数旅客选择下船并接受船方的安排。

2015年8月31日7时45分许，近300名游客拒绝下船，要求赔偿，多位游客表示，自己是冲着“日本线路”报名的，如今花了上万元只在韩国开展旅游活动，实在无法接受。

2015年8月31日13时15分，为了让旅客尽快下船，“海洋量子”号所属的皇家加勒比邮轮公司为旅客预订了酒店。所有旅客离开邮轮，前去酒店继续沟通协商。皇家加勒比邮轮公司表示，他们试图与仍有意见的客人面对面沟通。

此次霸船事件使“海洋量子”号邮轮在吴淞口码头滞留近6个小时，旅客滞留引发港口秩序混乱，同时也阻碍其他班次邮轮的正常航行。事件过后经过多方协商，最终采取的补偿方式是为游客几乎返还船票价格的40%。

二、应急管理过程

1.事前应急管理

皇家加勒比邮轮公司关注可能导致航线变更的各种信息，2015年8月15日，台风“天鹅”登陆日本海，让原定于8月23日起航于日本的皇家加勒比“海洋量子”号邮轮受到极大航行阻碍。皇家加勒比邮轮公司第一时间发出公告，告知游客相关信息，并制定应急方案，对于愿意选择继续航程的游客，给予升舱、抵用券的补偿，对于不愿意继续航程的游客，给予退还港务费和赠送抵用券的补偿措施，并协助不继续航程的游客办理相关业务。

2.事发应急管理

8月23日，“海洋量子”号如期起航，最终登船人数为4672人，很多旅客觉得如果不去损失更大才选择登船。然而在航程中，旅客们在船上就组织多次聚众抗议活动，有些旅客还以阻止其他旅客下船游玩等方式表达不满，并提出赔款的诉求。在此过程中，船方提出“心意补偿方案”，并积极与游客进行协商，安抚游客情绪。

3.事中应急管理

事件过后经过多方协商，此次霸船事件最终采取的补偿方案是为旅客几乎返还船票价格的 40%，为了让游客下船，皇家加勒比邮轮公司为游客预订酒店，并请求相关部门工作人员予以协助，在多方参与之下开启与游客的协商。在此次霸船事件中，皇家加勒比邮轮公司以国际惯例回应旅客的不满和诉求，无奈下旅客将矛头指向旅行社索要赔偿，旅行社因此遭受经济和商业信誉上的损失，对旅行社在行业内的生存和发展产生一定的不利影响。

4.事后应急管理

“海洋量子”号部分游客霸船事件引发各界关注，为了更好促进邮轮行业的发展，2015 年 9 月 1 日，上海市工商局和上海市旅游局公布了《上海市邮轮旅游合同示范文本(2015 版)》。该合同明确指出，游客不得霸船，否则应当就扩大的损失承担赔偿责任。

上海中旅国际旅行社，在此次事件中备受煎熬，上面是强势供应产品的船方，下面需要面对群情沸腾的游客，特别是作为与游客直接签约的责任方，其陷入两难境地。上海中旅国际旅行社为此专函“抗议”皇家加勒比，并进行交涉。专函也引起有关方面重视，有关人士表示上海的相关立法将更加注意平行保护邮轮旅游各参与方。

三、事件分析与研究

(一)霸船事件产生原因

1.天气等客观原因

主要是由于邮轮因客观的不可抗力因素导致邮轮延误、邮轮原计划航线变更，如减少或改变停靠港，甚至也会是其他原因，最终旅行社、船公司与游客未达成赔偿协议，导致出现“霸船”事件。目前在中国市场上导致“霸船”事件出现的主要原因是延误或航线变更，但邮轮的延误或航线改变大部分是由于国际关系变化、台风、大雾、暴雨、港口管制、海浪、邮轮故障等不可抗力因素，为了航行安全考虑，作为船上最高行政长官的船长有权力作出航行的决定，航行的安全保障绝对是第一位的，但处理不当也会导致“霸船”事件的发生。

2.邮轮公司原因

在邮轮旅游过程中，因发生纠纷和遭遇突发事件导致邮轮公司与乘客冲突的事件中，邮轮公司扮演着极为重要的角色。虽然在中国，邮轮公司不参与直接售票给游客，但是所有的服务都是由邮轮直接提供，所以，当遇到纠纷与突发事件时，邮轮公司所给出的第一对策给游客留下至关重要的印象。及时告知是邮轮公司的义务。在多次纠纷事件中，游客最为不满的，是旅行社和邮轮公司临时取消或改变行程而没有事先告知。游客既然与旅行社签订合同，邮轮在决定行程更改时，应该及时履行告知义务，这样才有可能通过及时沟通获得游客谅解。部分“滞船”航次邮轮公司与游客交流不畅，或主观地按照西方模式处理，给中国游客一种敷衍塞责的感觉，游客合理诉求得不到及时处理，进而酿成群体性突发事件。

3.旅行社原因

旅行社在向游客销售邮轮产品时，为了吸引到更多的游客，介绍的大部分内容是邮轮产品的优势与特色，较少介绍有关发生事件如何处理和赔偿的内容。而部分邮轮游产品低价低质，在处置一些不可抗力所造成的减少停靠、晚点等事故时，国内旅行社普遍缺乏此方面经验，在与游客签订合同时，并未向游客详细解释国际邮轮行业的规定以及其与中国国内社会认识的差别。游客对此方面的重视和防范意识较为薄弱，最终使得在紧急事件发生时不知所措，不了解该如何去维护自己的权益，维护自己权益的途径有哪些，向哪些部门去维护自己的权益，一旦出现事故就采取“不下船”的方式进行维权，因为“下了船再维权就难了”，这种心理会促使游客“霸船”。此外，在一些不可抗力所造成的减少停靠、晚点等事故后，现场导游及领队缺少相类似事件的处置经验，没有在第一时间安抚游客，为其解释相关的邮轮旅游条款。

4.游客认知原因

邮轮旅游整个行程中最重要的部分是邮轮，是船上活动，而非岸上目的地，但我国大部分游客依然将邮轮作为一种豪华的、具有高性价比的海上交通工具而已，达到岸上目的地旅游才是最为重要的部分。很多游客还是将邮轮定义为海上酒店，而非邮轮业界及学术界所提的“海上目的地”。这就使得在改变航线或停靠港，甚至取消停靠港口时会出现“霸船”事件，“没有岸上旅游、购物就不算去日韩旅游”“少一个港口停靠也不完整”。这是“霸船”事件在我国多有发生而在国际市场较为罕见的重要原因之一。

游客的心理因素是群体事件扩大的催化剂。邮轮游客绝大多数是临时聚合在一起的特殊人群，个体身份特征不明显。群体情绪感染作用，常常使人们做出缺乏理智的从众行为。航次不正常造成信息错误（误传或者谣言）、服务偏差等因素，激起在场游客某种情绪，游客间又彼此接受兴奋信息，这种情绪的交互感染很容易促使众人情绪的迅猛发展，使游客群体丧失理智。当前社会环境中，闹事被视为最有效的诉求方式，一些游客认为不闹不解决问题，甚至形成小闹小解决、大闹大解决的不正常心态，造成游客闹事常态化。

5.行业监管原因

我国在邮轮旅游上没有相应的特别法，造成旅行社与船公司之间相对脱节，之间的“中间地带”责任被各方互相推诿，使游客的疑问不能第一时间得到解答，造成心理上的恐慌，失去信任感和安全感，并由此引发“霸船”事件。游客群体事件大多数表现为扰乱公共秩序、危害公共安全、侵害其他公民权益，其行为已经违反国家的相关法律法规。但是，我国处理群体性事件有着严格的政策要求和限制，不能单纯依靠抓人处罚的简单处理，整个行业亦没有较为完善的具体处置实施办法，公安机关在处置中没有具体指令，囿于三个慎用原则(慎用警力、慎用强制措施、慎用警械武器)，在警力出动、调查取证、适用法律及裁决处理中无所适从，追究法律责任困难。这在客观上造成一些游客形成法不责众，不闹事不解决问题，不闹白不闹的心态。

（二）事件影响

1.严重影响中国邮轮市场的国际声誉

邮轮旅游是一种高度国际化的旅游方式，参与邮轮旅游的人尤其是船上的人员大部分为外国工作人员，面对中国游客的“无理取闹”，国外对中国游客的评价将会有所下降。

2.严重影响旅游市场品牌的发展

在现代通信系统十分发达的情况下，媒体的大肆宣传也会对邮轮旅游的评价有所减低，对“邮轮”这一高品质旅游方式的吸引力和品牌力造成不良的影响，影响市场的渗透与开发。

3.造成“霸船”事件的持续发生

对于“霸船”事件，邮轮公司及旅行社最后都是给予一定的补偿，如果每一次都是在游客的强大压力下给予补偿，势必导致以后在邮轮出现一些“航线变更”或其他事件时造成游客“霸船”情绪的高涨，目的就是“不霸不赔”，“越闹赔的越多”。

四、经验启示

1.加强法制建设和宣传

完善“霸船”事件的法律法规，在遇到“霸船”事件时采取相应的标准，恶性“霸船”的处理等都会得到有效地解决。由于邮轮在我国属于新兴事物，现有的法律法规缺乏有关规定，即使在邮轮游客“霸船”的过程中，我国执法人员也无法可依，在没有外方船长的邀请下无法登轮执法。因此,我国应该逐步完善邮轮运营安全保障方面的法律法规,从而更好地提升霸船事件解决的可行性和效率。各级政府管理部门加大宣传力度,加强媒体正面报道,倡导做文明、守法游客。要让乘客知道,“霸船”行为不仅违法,而且可能因无法出示有效签证和旅行文件而触犯中华人民共和国出入境法律法规,遭到出入境管理机关的处罚;还有可能会面临船方的侵权起诉与巨额索赔,使有理变无理,得不偿失。

2.加强旅行社自身管理

旅行社要不断加强自身管理,调整邮轮旅游产品的宣传方式,从宣传停靠港观光回归到邮轮旅游的本质,引导中国消费者对邮轮旅游这种新兴旅游形式的正确认知,使其从观念上与国际邮轮旅游接轨。在销售邮轮船票的时候,也要重点为游客解释相关的邮轮旅游条款,以及不可抗力出现时的解决方案。培训旅行社工作人员对出境游业务的管理能力,包括对游客的全面服务能力、纠纷时的处理能力以及维护游客权益的能力,要完善相应的管理机制和应急机制。

3.构建旅行社、邮轮公司和旅游者三方沟通机制

在销售邮轮产品时,与游客进行风险的充分沟通,保障游客充分的知情权、求偿权,在遇到风险时进行航线变更时双方应该承担的权利和义务。旅行社作为与邮轮公司和游客都有合同关系的中间方,应该构建一套有效的三方沟通机制,应该把维护游客权益放在重要位置。旅行社可以委托第三方或者邮轮公司培训邮轮领队构建沟通处理机制,从而当纠纷发生时,通过领队为邮轮公司和游客架起一座有效沟通的桥梁,做好风险防范,从根源处避免极端维权事件的发生。

4.完善邮轮保险体系

完善邮轮保险的发展,使得在邮轮发生风险时有相应的赔偿方案体系,而不是邮轮公司、旅行社与游客的三方博弈。旅行社可与保险公司长期合作,为游客办理邮轮旅游险,并为邮轮上可能发生的不同情况的意外纠纷建立完善的赔偿方案体系。理赔范围包括旅客人身财产安全以及旅游服务履行方面,即引发旅客“霸船”的最主要因素——航线变更、人身损害意外等,游客可以凭借这份保险向保险公司索赔。旅行社要在合同签订前与消费者解释说明邮轮旅游保险的内容以及可以进行理赔的情况,告知游客在邮轮途中发生的任何意外事件,都会有完善的赔偿制度维护其权益,让旅客在心理上有一定的安全感,不必选择“霸船”这条维权道路。

5.加强行业监管

在解决“霸船”问题上,一方面可借鉴航空旅客黑名单制度,构建邮轮游客诚信档案制度,将此记录与个人征信记录相关联,加强社会公众的监督;另一方面,中交协邮轮游艇分会(CCYIA)做好邮轮企业的行业自律工作,诚信经营。另外,消费者协会与中交协邮轮游艇分会应共同打造信息披露制度。充分发挥行业协会的引导促进作用,强化对邮轮游客满意度的调研,为将开展邮轮旅游的游客提供更好的指导,应加强诚信体系建设，对邮轮公司、旅行社及相关服务机构建立诚信评级，使游客在服务选择方面可以得到更好的指引。

思考题

1.“霸船”事件发生的原因是什么？其发生有何影响？

2.应急管理过程包含哪几部分？对应的应急管理措施有哪些？

3.航程中因航线变更引发投诉、纠纷、邮轮滞留等事件该如何处理？

4.您认为应如何避免“霸船”的事件发生？

知识点

（一）台风应急安全知识

邮轮在出发时天气预报良好，但在航程中遇到新生台风快速移动，会影响原预定航行路线上，身为领队，需要注意哪些安全知识？

1.出发前台风应急安全知识准备

（1）遇到台风来袭，基本上邮轮公司会在气象局发布海上、陆上警报时，做好应变原则并通知旅行社，旅行社会联系游客告知注意事项及行程是否调整。游客也可自己联系参团旅行社确认行程。

（2）有些邮轮会直接取消航行，有些邮轮还是会照样出发，但会选择特定地点停靠码头，像宫古岛太小就不停靠，只停靠冲绳。

（3）身为旅行社员工或领队，可事先联系游客，提醒注意气象预报及邮轮是否如期出发的通知，并建议出发前可自愿加买邮轮意外保险，并告知邮轮意外保险的内容。

（4）领队应事先多准备晕船药，可对自己的团员特别照顾。

2.行程中台风应急安全知识准备

（1）时刻与船方管理阶层保持联系，第一时间获得台风动态与确定船方的相应方案讯息。

（2）查询团客资料表，联系各家庭、小团队成员，确保无落单人员，确保无单独遗漏的旅客，若有单独出游者，领队应特别关注。

（3）查询确认游客所参保的邮轮保险方案内容，确认因台风造成“旅程取消/中断”“邮轮返程抵港延误”“港口停靠取消”时，投保方案的理赔条件与内容，及理赔申请材料。

（4）若台风致使邮轮加速前进时，应要求团员不得前往甲板层活动，尽量待在室内。

(5)应关注团员是否因为邮轮加速前进,有晕船或其他身体不适,需要时联络船医专业协助。

3.行程后台风应急安全知识准备

(1)告知游客台风过后的邮轮航线走向。

(2)协助团员申请保险理赔工作,包含申请资料搜集与保险金转汇。

(二)航程变更引发投诉纠纷及邮轮滞留事件的应急知识

1.出发前发生的航程变更引发投诉纠纷及邮轮滞留事件的应急知识

(1)积极沟通

邮轮公司和相关旅行社,都要积极地和旅游者沟通,引导旅游者要依法维权,告知旅游者,如果当时确实无法达成一致,事后可以通过正常途径继续和邮轮公司、旅行社协商沟通,也可以通过向第三方投诉来解决争议,如向旅游服务质量监督所、消费者保护委员会等投诉,由第三方参与共同协商解决争议。也可以通过司法诉讼解决争议。要积极宣传相关法律、法规和港口相关管理规定,要依据相关法律法规和合同约定解决争议,控制事态发展。

(2)及时汇报

邮轮公司和旅行社要及时报告旅游行政管理部门、港口管理部门、港口所在地的行政管理部门,争取相关部门提前介入,一起对群体聚集的投诉人员做好宣传解释安抚工作,港口管理方在可能的情况下,要提供相应的场所,便于邮轮公司、旅行社、相关行政管理人员和投诉的旅游者沟通,促使投诉和群体聚集事件快速解决。

(3)依法处理

码头发生群体聚集的投诉人拒绝取消合同且不愿意按时登船事件,拖延了邮轮正常起航,将严重影响港口正常的运作秩序,影响邮轮的正常经营秩序,也严重损害了其他按时登船旅游者的合法权益,是不被法律所允许和支持的行为。

(4)解除合同

邮轮公司、旅行社对拒绝取消合同且不愿意按时登船的投诉人进行反复劝阻告知后仍不能制止的,依法单方面解除邮轮旅游合同。

《旅游法》第六十六条　旅游者有下列情形之一的,旅行社可以解除合同:

①患有传染病等疾病,可能危害其他旅游者健康和安全的;

②携带危害公共安全的物品且不同意交有关部门处理的;

③从事违法或者违反社会公德的活动的;

④从事严重影响其他旅游者权益的活动,且不听劝阻、不能制止的;

⑤法律规定的其他情形。

因前款规定情形解除合同的,组团社应当在扣除必要的费用后,将余款退还旅游者；给旅行社造成损失的，旅游者应当依法承担赔偿责任。

个别旅游者采取过激行为拒绝解释调解，拖延登船时间的，属于上述条款中第四款“从事严重影响其他旅游者权益的活动，且不听劝阻、不能制止的”，邮轮公司、旅行社应当告知旅游者，邮轮公司、旅行社可以单方面与旅游者解除合同。在扣除必要的费用后，将余款退还旅游者；给邮轮公司、旅行社造成损失的，旅游者应当依法承担赔偿责任。旅游法对于旅游者的罚则并不清晰，实际情况可分别按照《海商法》和《治安管理处罚法》进行处罚。

2.航程中发生的航程变更引发投诉纠纷及邮轮滞留事件的应急知识

(1)积极沟通

邮轮公司和相关旅行社，要及时和旅游者沟通，要积极宣传相关法律法规和邮轮经营管理的相关规定，要依据相关法律法规和合同约定解决争议，努力控制事态发展。引导旅游者要依法维权。告知旅游者，如果当时确实无法达成一致，事后可以通过正常途径继续和邮轮公司、旅行社协商沟通，也可以通过向第三方投诉来解决争议，如向旅游服务质量监督所、消费者保护委员会等投诉，由第三方参与共同协商解决争议。也可以通过司法诉讼解决争议。采取滞留邮轮等过激的方式维权将造成扩大的损失，也是法律、法规所禁止的行为。

(2)提前预警

邮轮公司和旅行社要评估投诉事件可能产生的不良后果，要将滞留邮轮事件尽可能消灭在萌芽状态。及时将船上发生的情况报告给上级旅游行政管理部门、终点港口的管理部门、港口所在区的行政管理部门，如上海市旅游局、上海市交港局、上海市公安局(水上公安局、宝山区公安分局)、上海海关(吴淞海关)、上海出入境检验检疫局(吴淞出入境检验检疫局)、上海出入境边防检查总站(吴淞出入境边防检查站、浦江出入境边防检查站)、长航公安局、上海海事局(宝山海事局)、宝山区政府、宝山区旅游局、宝山区滨江委、邮轮港公司等。请求相关部门提前介入，一起对投诉、聚集人员做好宣传、解释、安抚工作。

(3)妥善解决

一旦发生滞留邮轮事件，相关行政管理部门要协调公安部门及时通过各种途径和滞留邮轮的旅游者进行沟通，要告知旅游者，相关行政管理部门和邮轮公司、旅行社都支持旅游者通过正当、合理、合法的途径提出诉求甚至进行维权，合法解决争议。要宣传相关法律法规，积极劝阻滞留邮轮的旅游者必须停止滞留行为，依法全部下船。

(4)制止滞留邮轮行为

当劝阻无效且必要时，相关行政管理部门和公安部门可依法采取必要的措施，制止滞留邮轮的行为。

《旅游法》第六十七条　因不可抗力或者旅行社、履行辅助人已尽合理注意义务仍不能避免的事件，影响旅游行程的，按照下列情形处理：

①合同不能继续履行的，旅行社和旅游者均可以解除合同。合同不能完全履行的，旅行社经向旅游者作出说明，可以在合理范围内变更合同；旅游者不同意变更的，可以解除合同。

②合同解除的，组团社应当在扣除已向地接社或者履行辅助人支付且不可退还的费用后，将余款退还旅游者；合同变更的，因此增加的费用由旅游者承担，减少的费用退还旅游者。

③危及旅游者人身、财产安全的，旅行社应当采取相应的安全措施，因此支出的费用，由旅行社与旅游者分担。

④造成旅游者滞留的，旅行社应当采取相应的安置措施。因此增加的食宿费用，由旅游者承担；增加的返程费用，由旅行社与旅游者分担。

《旅游法》第十四条　旅游者在旅游活动中或者在解决纠纷时，不得损害当地居民的合法权益，不得干扰他人的旅游活动，不得损害旅游经营者和旅游从业人员的合法权益。

《旅游法》第十五条第二款　旅游者对国家应对重大突发事件暂时限制旅游活动的措施以及有关部门、机构或者旅游经营者采取的安全防范和应急处置措施，应当予以配合。

《旅游法》第十五条第三款　旅游者违反安全警示规定，或者对国家应对重大突发事件暂时限制旅游活动的措施、安全防范和应急处置措施不予配合的，依法承担相应责任。

《合同法》第一百一十九条的规定指出，当事人一方违约后，对方应当采取适当措施防止损失的扩大。

邮轮公司、旅行社要明确告知旅游者，邮轮因不可抗力等安全因素对航程进行变更，是旅游经营者采取的安全防范和应急处置措施，旅游者依法应当予以配合。邮轮公司、旅行社要告知旅游者，以滞留邮轮的方式迫使邮轮公司、旅行社满足自己诉求的行为得不到法律的支持，滞留邮轮将会造成邮轮的下一个航次不能按时起航，将干扰下个航次旅游者的旅游活动，损害其他旅游者、邮轮方的合法利益，也是违反旅游法的行为。

“霸船”行为客观上导致船舶无法继续运营，其实质是一种非法留置船舶的行为，根据《最高人民法院关于海事法院受理案件范围的规定》法释[2016]4号第一条第8款规定“非法留置或者扣留船舶、船载货物和船舶物料、燃油、备品的责任纠纷案件”，“滞船”行为属于海事侵权行为的一种，属于海事法院的受案范围。同时，根据《中华人民共和国治安管理处罚法》第二十三条“有下列行为之一的，处警告或者 200 元以下罚款；情节较重的，处 5 日以上 10 日以下拘留，可以并处 500 元以下罚款”，第(二)款“扰乱车站、港口、码头、机场、商场、公园、展览馆或者其他公共场所秩序的”。

参考文献

[1]中国旅游报.霸船现象频发？年内或将出台邮轮旅游经营规范[EB/OL]，(2015-9-8)[2021-4-6]，https://www.sohu.com/a/30963668_116453.

[2]环球网.皇家加勒比旗下邮轮“改道”引发“海上维权”[EB/OL]，(2015-9-11)[2021-4-6]，https://m.huanqiu.com/article/9CaKrnJPjla.

[3]央广网.邮轮公司称游客拒下船为“霸船行为”多方启动对话机制[EB/OL]，(2015-9-1)[2021-4-6]，http://china.cnr.cn/xwwgf/20150901/t20150901_519739409.shtml.

[4]彭卫东.“霸船”现象剖析、预防与对策[J].中国水运，2014(4)：28-30.

[5]叶欣梁，李涛涛. 基于利益相关方责任的邮轮“霸船”事件思考[C].2015 中国旅游科学年会论文集.中国旅游研究院，2015：162-173.

[6]吕方园，郭萍.邮轮霸船之法律考量——以《旅游法》为分析进路[J].旅游学刊，2014，29(10)：108-115.

[7]吕方园，康丹宁.中旅社在承包国际邮轮经营中出现“旅客霸船”事件的风险思考[J].对外经贸实务，2018(3)：70-73.

[8]朱长青.关于运用法治思维化解“霸船”事件的思考[J].交通运输部管理干部学院学报，2015，25(4)：12-15.

第 5 章

2014 年天津“8·25”船舶碰撞事故

【导读】2014 年 8 月 25 日,天津大沽口锚地东 10 海里处,货船“港泰台州”轮与“桃园”轮相撞,“桃园”轮右舷破损船舱严重进水,船上共计 22 人弃船乘救生筏逃生。“北海救 199”第一时间赶到事故海域,22 名遇险船员已被途经船舶救起。

一、事故简况

(一)事故概述

2014 年 8 月 25 日 1042 时 57 秒,上海鸿盛港泰海运有限公司所有的集装箱船“港泰台州”轮由泉州装载 1802 个 TEU 驶往天津途中,在天津港 VTS(Vessel Traffic Service 船舶交通服务)报告线以东 0.5 海里、1 号浮东北约 1.3 海里处(38°53′.62N/118°12′.80E)与锚泊的上海仁川国际渡运有限公司所有的集装箱船“桃园”轮发生碰撞事故。事故造成“港泰台州”轮球鼻艏凹陷变形,“桃园”轮进水沉没,22 名船员全部被救起,没有人员伤亡,直接经济损失达到重大等级。

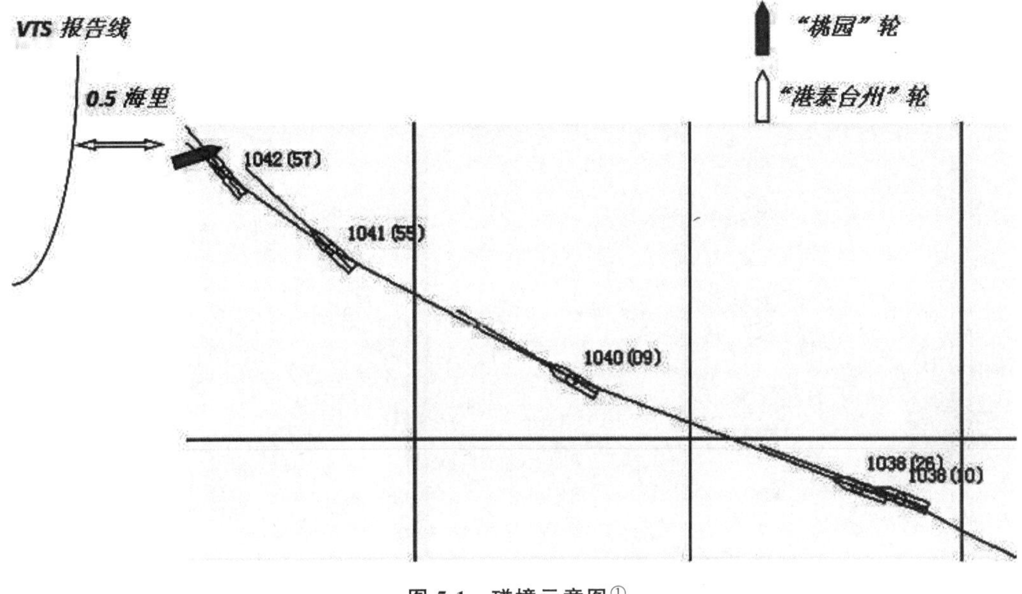

图 5-1　碰撞示意图①

(二)天气海况及通航环境情况

根据事发现场天气实际情况和“港泰台州”轮航海日志记载及两船船长事故报告,结合潮汐表,事发水域当时天气海况为:晴天,气温 28℃,东北风 5 级,涨潮,流向西南,流速 1 节,能见度 8～10 海里。

事发区域位于天津港 VTS 报告线以东 0.5 海里、1 号浮东北约 1.3 海里处,该水域及其附近水域为商船进出天津港区的必经水域,船舶交通密度较大。根据扫测报告,该处水域水深为 17 米左右。天津 VTS 视频回放资料显示,事发时该水域锚泊船舶及进港船舶较多,船舶交通密度较大。

① 航运在线.港泰台州轮与桃园轮相撞桃园轮沉没[EB/OL],(201408-27)[2022-8-1],http://news.sol.com.cn/html/2014-08-27/ADD379C670D03F952.shtml.

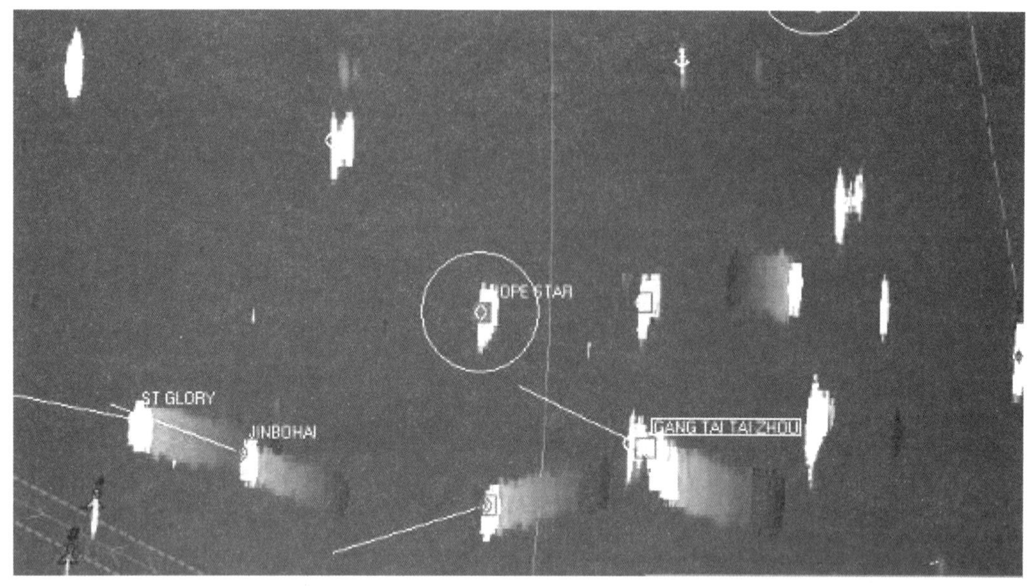

图 5-2 天津 VTS 视频回放资料①

（三）损失情况

1.“港泰台州”轮

2014 年 8 月 25 日，“港泰台州”轮靠泊天津港 G32 泊位后，天津海事局执法人员搭乘拖轮对该轮船体外观进行了现场勘查，发现：“港泰台州”轮球鼻艏右舷侧船壳凹陷变形，变形面积约为 2 米×1.5 米，未破损。

2014 年 8 月 28 日，应船东申请，中国船级社（CCS）验船师对“港泰台州”轮进行了附加检验，发现：“港泰台州”轮球鼻艏右舷侧船壳凹陷变形，凹陷最深处约 20 厘米，并且船体内部部分肋板撕裂变形，焊缝开裂。

2.“桃园”轮

“桃园”轮沉没。船上存有重油 112.2 吨，轻油 48 吨，其中左舷 1 号重油舱存油 20 吨，左舷 2 号舱存油 36 吨，右舷 1 号重油舱存油 1.2 吨，右舷 2 号重油舱存油 37 吨，重油沉淀柜存油 10 吨，重油日用柜存油 8 吨；左舷柴油舱存油 26.5 吨，右舷柴油舱存油 15 吨，轻油沉淀柜存油 5 吨，轻油日用柜存油 1.5 吨。船上装载 270 个 20 英尺集装箱（箱内装载货物为卷钢，约 6277.5 吨）全部坠入海底。

---

① 天津海事局.天津“8·25”“港泰台州”轮与“桃园”碰撞事故报告（MAIR020000201403）[R/OL].

二、应急管理过程

（一）应急处理程序

事故发生后，天津海事局迅速成立了事故调查组，开展事故调查取证工作。调查取证工作包括：对“港泰台州”轮进行现场勘查，对两船当事船员进行调查询问，提取有关航海文书和 VDR（Voyage Data Recorder，航行数据记录仪）、AIS（Automatic Identification System 船舶自动识别系统）等电子数据记录，走访船公司，对船舶、船公司的安全管理体系进行检查等。通过以上途径，获取证据如下：

1.获取“港泰台州”轮航海日志、轮机日志、车钟记录、机舱报警记录及船舶证书等相关资料。

2.调取“港泰台州”轮 VDR 数据、AIS 历史数据和 VTS 视频回放数据。

3.获取“桃园”轮船舶证书等相关资料，调取 AIS 历史数据和 VTS 视频回放数据。

4.对“港泰台州”轮当事船员和船公司管理人员制作询问笔录 28 份，对“桃园”轮当事船员制作询问笔录 14 份。

5.获取“港泰台州”轮船员资料 7 份，“桃园”轮船员资料 8 份。

6.获取事故报告书 2 份。

7.制作勘查记录 1 份。

8.取得中国船级社（CCS）出具的“港泰台州”轮附加检验报告 1 份。

9.取得天津海事测绘中心出具的《应急扫测成果报告单》1 份。

10.通过对“港泰台州”轮模拟事发当天船舶失电情景，制作试验报告 1 份。

11.通过对“港泰台州”轮船公司及船舶安全管理体系进行检查，制作体系检查报告 1 份。

（二）基本事实认定

碰撞时间：根据事故报告书、相关人员笔录，碰撞时间约为 10 时 48 分。核对 AIS 数据、VTS 视频回放，结合 SVDR 录音资料对比分析，碰撞发生时间为 10 时 42 分 57 秒。综上所述，确定碰撞发生时间为 2014 年 8 月 25 日 10 时 42 分 57 秒。

碰撞地点：根据“港泰台州”轮事故报告书、相关人员笔录，碰撞地点约为38°53′.91N/118°12′.00E。“桃园”轮二副现场记录两船碰撞时船位为 38°53′.90N/118°12′.50E，登上救助船“粤神州 7”轮后二副用电子海图测得的船位为 38°53′.90N/118°12′.40E。经 AIS

数据和 VTS 录像回放，结合 SVDR 录音资料，两船碰撞地点为 38°53′.62N/118°12′.80E。综上所述，确定两船碰撞地点为 38°53′.62N/118°12′.80E。

碰撞角度：根据 AIS 回放和当事船员询问笔录，碰撞时两船船首夹角约为 80°。

“港泰台州”轮失电时间：根据“港泰台州”轮当事船员描述，失电时间约为 10 时 40 分，核查 SVDR 录音资料和机舱报警记录，失电时间为 10 时 38 分 10 秒。综上所述，确定“港泰台州”轮失电时间为 2014 年 8 月 25 日 10 时 38 分 10 秒。

“港泰台州”轮恢复供电时间：根据“港泰台州”轮 SVDR 录音资料和机舱报警记录，2014 年 8 月 25 日 10 时 43 分 57 秒，“港泰台州”轮三管轮启动应急发电机，应急发电机为应急设备恢复供电。2014 年 8 月 25 日 10 时 46 分 15 秒，“港泰台州”轮二管轮启动 2 号副机成功，“港泰台州”轮恢复供电。

“港泰台州”轮失电时两轮距离：根据当事船员描述及当时船速进行计算，确定“港泰台州”轮失电时两船距离约为 0.8 海里。

“桃园”轮沉没时间：根据当事船员描述和 VTS 录像回放，8 月 25 日 10 时 42 分 57 秒“港泰台州”轮与“桃园”轮发生碰撞，约 11 时 05 分，“桃园”轮船头快速向右横倾 15°，约 11 时 20 分“桃园”轮向右横倾 20°。约 12 时 20 分，“桃园”轮右舷主甲板没入水中，水位高度到达舱口围。约 14 时 30 分“桃园”轮沉没。

沉船位置：根据天津海事测绘中心 2014 年 8 月 26 日的扫测报告，确定“桃园”轮沉没位置为：船艏 38°53′54. 942″N/118°12′21. 486″E，船中 38°53′53. 058″N/118°12′22.380″E，船艉 38°53′51. 690″N/118°12′23. 082″E。

沉没态势：根据天津海事测绘中心 2014 年 8 月 26 日的扫测报告，“桃园”轮沉没方向为 338°～158°方向，船头位于北偏西，船尾位于南偏东；该船侧翻于海底；低潮时船体部分露出，高潮时淹没。

三、事故原因分析

事故发生后，事故调查组就“港泰台州”轮 1 号副机停车原因进行了调查，排除了燃油日用柜存油不足，1 号副机轻重油转换阀（V9）手柄转换不到位，1 号副机轻重油转换阀（V9）阀杆动作阀芯不动作三种情况。

（一）直接原因

“港泰台州”轮操作错误导致发电原动机停车，全船失电，导致主机停车，船舶失去动力，而应急发电机转换开关放在手动启动位置，未能自动启动，没有及时向应急舵机供电，最终导致船舶失控。

1.值班机工未按照操作规程进行换油操作

通过调查人员现场核查，“港泰台州”轮主、副机燃用同一种重油，共用轻、重油日用柜，共用燃油输送泵、循环泵、雾化加热器和混合油柜等设备，即副机由主机供油系统提供燃油，其循环燃料油也流入主机回油管路，此为主燃油供给系统。另外，副机还有一套独立的轻油供油回油系统，此为副燃油供给系统。副机的这两套供回油系统转换通过两个轻重油转换阀（V9、V10）实现，该阀为进出油转换一体阀。海上航行时，主、副机同时燃用重油，船舶在进港需要换轻油时，只需关闭雾化加热器，温度降至许可范围后，将主燃油供给系统中转换阀（V3）转至轻油一侧即可实现主、副机同时换轻油。另外，当主、副机燃用重油或靠港后主机停车时，需要将副机单独换轻油时，可将副燃油供给系统中的轻重油转换阀（V9、V10）转换至副燃油供给系统一侧，打开轻重油转换阀两侧的进油阀（V6、V5）和回油调压阀（V22、V23），然后启动燃油供给泵，即可实现副机单独换轻油。

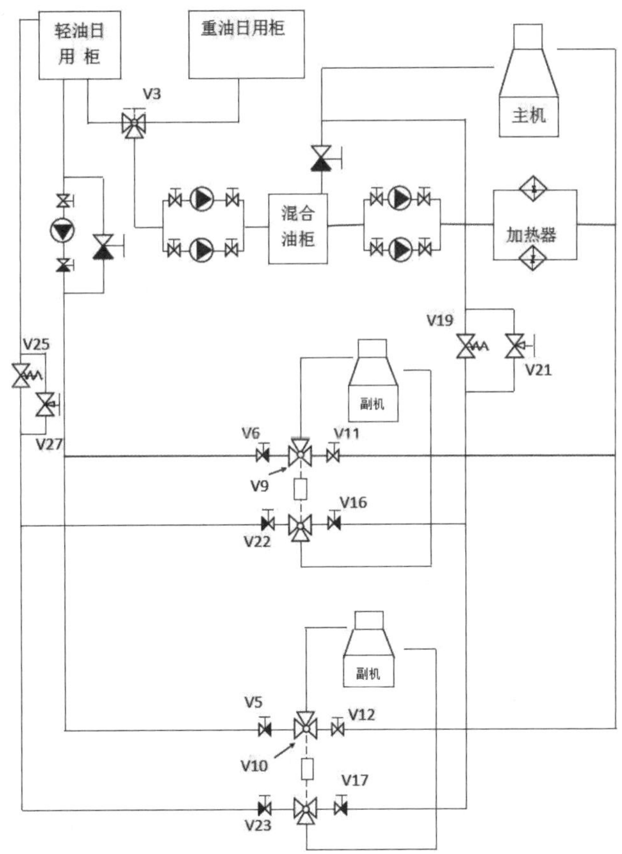

图 5-3　主副机燃油供油系统①

① “港泰台州”轮船图资料(内部资料).

事发时,“港泰台州”轮轮机长在接到船长的换油命令后,令值班机工通知三管轮将主、副机由重油换轻油,机工在未找到三管轮的情况下,擅自进行换油操作。先是在未关闭加热器的情况下,直接将主燃油供给系统中转换阀(V3)转至轻油侧,然后又错误地先启动轻油供给泵后,将副燃油供给系统中的轻重油转换阀(V9)转换至副燃油供给系统一侧,再打开进油阀(V6),未打开回油调压阀(V22)即认为换油完成。据值班机工讲述,其之前从未亲自操作过主、副机换油。值班机工操作错误,最终导致副机停车。

2.副机轻油回油管路中背压阀被旁通

失电前,三管轮在听机工口述已将主燃油供给系统中重轻油转换阀(V3)转至轻油侧,却未关闭加热器后,令机工将转换阀重新转至重油侧,然后将加热器关闭,等待系统温度下降。当温度下降至换油许可范围后,三管轮去换油时,发现副机副燃油供给系统中的燃油供给泵已经开启,询问值班机工后,发现机工已经通过副机副燃油供给系统对副机进行换油,但未打开回油调压阀(V22)。三管轮立即打开回油调压阀,随后副机停车,全船失电。事后,调查人员发现,副机副燃油供给系统中回油管路上的背压阀(V25)处于关闭状态,旁通阀(V27)处于开启状态,而副机及其燃油系统由二管轮负责管理和维护。

通过分析以上操作,机舱失电原因为:三管轮打开副机回油调压阀,因回油管路背压阀被旁通,背压过低,高温高压的燃油瞬间泄放至回油管路,致使高压油泵进出口燃油突然被泄放掉,高压油泵进口失压导致供油不足,使喷油压力降低,喷油时间推迟,导致副机停车。

3.应急发电机启动转换开关放在手动位置

“港泰台州”轮副机跳电时,应急发电机启动转换开关放在手动位置。据轮机长讲述,8 月 19 日,轮机长和大管轮在检查应急发电机时,其转换开关处于自动启动位置。据二管轮讲述,8 月 20 日,其在开航前试验应急发电机,该轮应急发电机操作屏上均为英文,因为不懂英文,所以在试验完应急发电机后,误将应急发电机启动转换开关放在了手动位置。应急发电机启动转换开关放在手动位置,导致副机跳电时应急发电机无法在规定时间内启动,致使船舶失去动力,最终造成事故发生。

(二)间接原因

1.“港泰台州”轮轮机长在进港期间延误换油时机

事发当天 10 时 01 分,三副按照船长指令通知机舱将主、副机由重油换轻油,轮机长与船长协商先试验燃油供应管路新加装的电加热器,若电加热器不能使用,则换油,船长同意。然后,轮机长经过试验,新加装的电加热器不能使用,到 10 时 24 分,轮机长与船长协商换油。从船长通知到准备换油,过了 20 多分钟。轮机长在不恰当的时间试验电加热器,延误了最佳换油时机,在当时进港船及锚泊船较多、船舶交通密度较大的情况下才选择换油。轮机长对在复杂通航环境中换油的后果没有足够重视，间接导致事故发生。

2.“港泰台州”轮三管轮对机工换油操作错误处置不当

失电前，三管轮发现副机副燃油供给系统中的燃油供给泵已经开启，询问值班机工后，发现机工已经通过副机副燃油供给系统对副机进行换油，但未打开回油调压阀(V22)。三管轮未仔细查看当时 1 号副机工况，没有对值班机工操作过程及副机系统整体运行情况进行深入了解，就盲目地打开回油调压阀，随后副机停车，全船失电。三管轮的处置不当，间接导致了事故发生。

3.“港泰台州”轮机舱人员不熟悉设备状况

1 号副机跳电后，三管轮与机工立即去重新启动 1 号副机，启动失败后，又试图启动 2 号副机，也没有成功。过了 2～3 分钟，轮机长与二管轮下到机舱，二管轮启动 2 号副机两次，均未启动成功，直到应急发电机恢复供电后，在开启轻油供给泵后才成功启动 2 号副机。从 1 号副机跳电到 2 号副机恢复供电，共用去 8 分钟时间，此时两船已经发生碰撞。由于上船时间短，机舱人员对设备操作不熟练，加上船舶失电后机舱没有灯光照明，心理紧张，没有及时启动副机恢复供电，最终导致两船发生碰撞。

4.“港泰台州”轮船长对通航环境估计不足，在进港前未及时备锚

在进港前，船长未充分考虑事发水域的船舶密度，对通航环境估计不足，没有及时备锚，未采取安全航速行驶，导致在出现险情时无法紧急抛锚，最终导致事故发生。

5.“港泰台州”轮船公司未能有效履行安全管理职责

“港泰台州”轮管理公司台州市港泰海运有限公司安全管理体系《新聘及转岗人员职责熟悉程序》中规定，船员应了解公司的 SMS(Safety Management System 安全管理体系)，熟悉本岗位的职责，熟悉船舶环境、使用的设备及其操作。通过该起事故发现，值班机工不熟悉自身岗位职责，违反操作规程进行换油操作，二管轮对其所负责的设备不熟悉，将应急发电机打在手动位置，副机轻油供给系统回油管路中背压阀被旁通。在调查中发现，船公司虽然按照要求填写了安全管理体系中规定的各种记录表格，但是流于形式，并没有真正地履行安全管理职责。例如，体系文件《新聘及转岗人员职责熟悉程序》中规定对新聘及转岗人员职责熟悉“通过口头提问或书面测试等方法进行验证”，而公司和船舶全部采取口头提问进行验证，而且，并无充分的证据证明验证效果如何。

“港泰台州”轮由德国制造，船舶说明书和操作文件均为英文，只有部分内容由前任船东翻译为中文，而大部分船员无法阅读英文资料，且船上工作语言为中文，对此公司未采取相应措施和计划解决问题。台州市港泰海运有限公司所管船舶副机均燃用轻油，“港泰台州”轮为该公司第一艘副机可以燃用重油的船舶，公司针对该船制定的操作规程过于简单，对于副机重油换轻油的关键性操作缺乏指导意义。

综上所述，台州市港泰海运有限公司对于船舶的管理松散，未能有效履行其对于船舶安全营运和防污染的管理职责。

四、事故启示与建议

“港泰台州”轮操作错误导致发电原动机停车，全船失电，导致主机停车，船舶失去动力，而应急发电机转换开关放在手动启动位置，未能自动启动，没有及时向应急舵机供电，船舶失控导致事故发生。因此，“港泰台州”轮对本次碰撞负全部责任。

台州市港泰海运有限公司应认真吸取本次事故教训，进一步完善安全管理体系文件。建议为主、副机重轻油转换制定详细的操作规程或须知，将英文船舶说明书和操作文件翻译为工作语言。加强对新聘或转岗船员职责熟悉情况的监督和管理，做好船员上岗前和上岗后熟悉岗位职责的培训和考核工作，确保新聘或转岗人员适岗、适任。建议当地海事管理机构对台州市港泰海运有限公司安全管理体系进行附加审核。

建议台州市港泰海运有限公司召开企业内部事故分析会，认真分析“港泰台州”轮在本次事故中的过失，查找公司、船舶在管理方面的不足，并做好相关整改记录。

“港泰台州”轮主机供油系统中电加热器为新加装，2 号副机无机带泵，这两项均与图纸不符。建议“港泰台州”轮向中国船级社申请附加检验，由船级社对其认可后修改图纸。

“港泰台州”轮应吸取本次事故教训，加强对船舶设备的日常维护保养，定期对设备进行检查、试验和应急演习。船舶应严格按照公司安全管理体系的要求加强船舶设备管理和应急演习，提高设备的可靠性和船舶应急处置能力。

思考题

1.在应急事故处理上，船舶安全管理体系的价值体现在哪些方面？

2.面临船舶发生碰撞的情况时，有哪些主要的应急管理措施？

3.什么是事故链？事故链理论如何在船舶安全生产管理中应用？

4.船舶风险管理的主要内容与基本程序有哪些？

5.如何更好地运用智能化等新兴技术，有效预防船舶碰撞事故的发生？

船舶碰撞应急须知

1.目的和范围

1.1 本须知规定了船舶在发生碰撞事故时(包括公司船舶在海上或港口与其他船舶、码头设施等之间的碰撞,也包括本公司船舶之间的相互碰撞),船上所应采取的应急措施。

1.2 本须知适用于公司船舶发生碰撞时的应对措施。

2.总则

船舶在航行或停泊时,当碰撞事故的发生已不可避免时,则应遵循以下原则:

(1)保护人命安全,防止伤亡扩大。

(2)保护海洋环境,避免造成污染或扩大。

(3)避免财产损失不断扩大。

3.职责

3.1 船长是船舶碰撞事故的应急总指挥。

3.2 大副是碰撞现场的现场指挥。

3.3 全体船员按应变部署表的规定负责各自的工作。

4.船舶应急工作

4.1 船舶发生碰撞,船长应立即赶赴驾驶台。当碰撞危及本船安全时,应立即发出警报,全体船员迅速进入应急工作岗位,开始实施本须知。

4.2 迅速确定碰撞部位、碰撞发生的时间与地点、双方大概的危险程度与人员伤亡情况、是否发生污染等,尽可能了解对方的船名、呼号、船籍港、始发港与目的港、载货情况、船东名称及地址。记录当时的海况与能见度等情况。

4.3 将上述情况以最快捷和有效的通讯途径报告公司调度室、港口当局和代理。

4.4 按公司及海事局指定的频道保持连续的收听。

4.5 针对碰撞损失的情况迅速组织自救,或根据公司指示采取相应措施,防止损失的进一步扩大,防止污染扩大。

4.6 全力抢救落水及伤亡人员。并在现场附近守候和搜巡,直到双方人员及船舶已脱离危险或无此种必要,并要在接到海事局或船东指示后方可离开现场。

4.7 如实慎重记录《航海日志》等法律文件,保管好原始资料如海图、航向记录纸、车钟记录簿、VHF 通话录音等。

4.8 争取登上对方船舶以查实对方损失程度，并做好记录拍照。船长应向对方提交“被碰撞通知书”，一式两份，一份由对方船长签署后收回。对于对方要求我方签字的类似通知书，仅可作“收到”等避免对碰撞责任认可的签注，除船长外，任何人不得向对方船员介绍我方在碰撞后所采取的任何行动。

4.9 当碰撞导致船舶搁浅、触礁、进水下沉、污染、倾覆等紧急情况时，应转入相应的应急操作。

4.10 拟写海事报告送海事局或公证机构签证，并做好接受海事局调查的准备工作。

4.11 将 4.7 项、4.8 项文件尽快寄达公司。

第 6 章

2016 年“莫兰蒂”台风灾害应急处理

【导读】 台风会给广大地区带来充足的雨水，成为与人类生活和生产关系密切的降雨系统。但是，台风也总是带来各种破坏，它具有突发性强、破坏力大的特点，是世界上最严重的自然灾害之一。人们生活在这个世界上最希望的就是幸福平安，但是有时候天灾人祸是无法避免的，比如台风就是我们一直关注的话题，很多人因为台风而失去性命。2020 年第 9 号超强台风“美莎克”是迄今为止世界范围内最大的一次台风，达到了 17 级，让无数人失去自己的家庭。台风“莫兰蒂”(英语：Typhoon Meranti；国际编号：1614；联合台风警报中心：16W；菲律宾大气地球物理和天文服务管理局：Ferdie)为 2016 年太平洋台风季第 14 个被命名的风暴。

一、事件回放

2016 年 9 月 10 日 14 时，“莫兰蒂”台风在西北太平洋上生成，其强度为热带风暴级，中心位于中国台湾省花莲县东偏南方向 2090 千米的洋面上，也就是北纬 14.9°、东经 139.1°，最大风力为 8 级(18 米/秒)，中心气压 998 百帕，七级风圈半径为东北方向 120 千米，东南方向 120 千米，西南方向 80 千米，西北方向 80 千米。

2016 年 9 月 11 日 14 时，加强为强热带风暴级，17 时中心位于中国台湾省花莲县东偏南约 1480 千米的洋面上，风力 10 级(25 米/秒)，中心气压 985 百帕。

2016 年 9 月 12 日凌晨加强为台风级，早晨 8 时继续加强为强台风级，其中心位于中国台湾省花莲县东偏南方大约 1130 千米的西北太平洋洋面上，中心附近最大风力 14 级(42 米/秒)，中心最低气压为 955 百帕。11 时已经加强为超强台风级，14 时其中心位于中国台湾省花莲县东南方向大约 1020 千米的西北太平洋洋面上，就是北纬 18.3°、东经 129.4°，中心附近最大风力 17 级(58 米/秒)，中心最低气压 925 百帕，七级风圈半径 220～240 千米，十级风圈半径 100 千米，十二级风圈半径 60 千米。

2016年9月13日5时，位于中国台湾省花莲县东南方约690千米的西北太平洋洋面上，就是北纬19.4°、东经126.1°，中心附近最大风力17级以上(65米/秒)，中心最低气压910百帕，七级风圈半径250～300千米，十级风圈半径120千米，十二级风圈半径80千米。

上午10时位于中国台湾省花莲县东南方大约600千米的西北太平洋洋面上，就是北纬19.7°、东经125.2°，中心附近最大风力17级以上(68米/秒)，中心最低气压905百帕，七级风圈半径250～300千米，十级风圈半径120千米，十二级风圈半径80千米。

2016年9月14日10时，位于中国福建省漳浦县东南大约405千米的台湾以南海面上，就是北纬21.7°、东经120.6°，中心附近最大风力17级(60米/秒)，中心最低气压915百帕，七级风圈半径280～350千米，十级风圈半径120～180千米，十二级风圈半径80～100千米。

2016年9月15日3时15分，以强台风级(15级，50米/秒)登陆厦门市翔安区，之后继续以每小时20千米左右的速度向西北方向移动，随后转向偏北方向移动，17时在江西境内减弱为热带低压。18时，中央气象台解除台风黄色预警信号。随后，其以每小时15千米左右的速度向偏北方向移动，15日夜间逐渐减弱消失。9月16日凌晨在中国黄海海域消散。

二、应急处理过程

(一)坚持科学防台，早部署早准备早行动

厦门市委、市政府要求各部门各项工作都做到适当的提前量，在部署范围、防御措施、时间节点上留出足够的余地，确保做到全面到位、不留死角，及早落实各项管制措施。2016年9月13日18时起全市所有景区陆续关闭，14日10时起建筑工地全部停工。全市中小学、职业学校、幼儿园14日中午起停课半天，校外培训机构停止上课。14日17时起长途客运班车全部停运，22时前BRT、进出岛公交线路全部停运。共取消飞机航班187架次，14日20时前所有航班停航；厦门列车共停运149趟，其中厦门站34趟，厦门北站115趟。14日0时起厦金航线全部停航，厦鼓航线13日11时起停航。14日12时起全市码头停止作业。15日1时起，海沧、集美、杏林、厦门等11座跨海大桥以及疏港路、仙岳路等高架桥关闭。

“莫兰蒂”台风一生成，温州市委、市政府就密切关注、高度警惕，做到早部署、早准备、早行动。市委书记多次强调，当前正值中秋节日，尽管台风可能不在温州登陆，但非登陆地点有时受灾未必就轻，要充分估计这次台风对温州造成的严重破坏性，务必克服

麻痹思想，从最坏处打算，做最好、最充分的准备，特别要注重防范强降雨及次生灾害，确保安全。市长及时就做好防御工作作出部署、提出要求。市防汛指挥部从 9 月 13 日开始，先后 6 次组织防台会商，并于 13 日 9 时启动防台风 4 级应急响应，于 14 日 12 时提升为 3 级应急响应，专门发出紧急通知，要求市防汛指挥部成员单位加强 24 小时值班，单位领导进岗带班，县、乡、村与防汛防台相关单位人员取消中秋假期，坚守一线岗位。①

（二）坚持靠前指挥，各级领导第一时间投入防台抗台抢险救灾之中

福建省委常委、政法委书记 14 日晚到厦门市防汛指挥部检查防御台风情况，并提出具体要求；福建省省长 15 日赶赴厦门市灾区察看灾情；副省长代表省防汛指挥部召开视频会议，详细部署防御工作；启动一级响应以来，市长先后于 14 日 10 时、20 时、22 时 20 分 3 次召开视频会议部署防台风工作，明确要求各区、镇（街）干部要下到每一个村居，对危旧房、工棚、沿海大排档、城乡接合部家庭旅馆、低洼易涝地点等安全隐患点进行再次排查并及时转移滞留人员，迅速展开抢险准备工作，备好救生 衣、蜡烛、手电筒，抢险队伍集结待命，做好水电路讯保障，全力开展救援工作。15 日 13 时，温州市政府主要领导到市防汛指挥部了解汛情、连线泰顺，下达抢险命令。15 日 14 时，市委、市政府主要领导在市防汛指挥部主持召开汇报会，连线泰顺、文成、平阳、乐清、永嘉等地，听取汇报，作出进一步部署，并要求全市上下全面行动起来，全力做好防强降雨及次生灾害的各项工作，同时又指派副市长赶赴泰顺，检查指导抢险救灾工作。温州市委在世界温州人大会开幕后先赶赴泰顺、鹿城受灾一线。16 日中午，市政府领导在世界温州人大会后立即赶往泰顺、鹿城等灾区，深入一线指导指挥抢险救灾工作，慰问安抚受灾群众。

（三）坚持以人为本，一切防御工作围绕人的安全开展

在防台抗台和抢险救灾全过程，温州市委、市政府坚持把力争“不死人、少伤人”作为立足点和出发点，围绕人的安全开展工作。高度重视做好所有隐患点和危险地带人员的安全转移工作，宁听骂声、不听哭声，及时安全转移了地质灾害隐患点、危旧房屋、病险山塘水库下游、低洼地带、沿海养殖场、涉海工程、海洋旅游服务场所、建设工棚等区域内的各类人员。全市共转移人员 9.23 万人，全市 8237 艘渔船在台风影响前全部归港避风，解救洪水围困群众 521 人，最大限度减少了人员伤亡。

---

① 温州人民政府网站.众志成城 抗台救灾——抗击台风“莫兰蒂”纪实[EB/OL].(2016-9-19)[2021-3-3]https://www.sohu.com/a/114601672_467875.

厦门市立即启动应急预案，按照权责一致、重心下移原则，将“预警到镇(街)、预案到村(居)”落实到位。把防抗台风的每个环节、每个细节迅速分解到相关责任单位和具体人员，确保任务到岗、责任到人。及时组织转移危险区域人员，及时转移建筑工棚、地质灾害点、危旧房、低洼地带、高边坡等危险区域人员。14 日 9 时 20 分前全市在册渔船 1761 艘全部回港避风，10 时前避风坞里的渔船人员和无动力船舶上 4044 人全部撤离上岸，685 艘商船进入锚地避风。及时发放饮用水、面包、棉被等物品，确保受灾群众有饭吃、有衣穿、有干净水喝、有临时安全住所、有病能及时就医。

(四)警方扎根一线，全力统筹协调各方抢险力量抢险救灾

厦门市公安局集结全市公安民警、武警、消防、边防部队官兵，以及辅警等力量投入抗台工作，统筹协调各方抢险力量，全面投入应急抢险救援、交管疏堵保畅、治安秩序维护等各项防抗工作。共组织 463 支抢险队伍 1.3 万人集结待命。积极落实各类抢险救灾物资，其中较大型排水设备 90 台(套)，抢险冲锋舟 32 艘，编织袋 55 万条，救生衣 6800 件，编织布近 5 万平方米，工作灯 2300 盏，蜡烛 13000 支，夏凉被 1 万床，帐篷 1 千余顶。开放体育馆、学校等场所供市民和游客避险。全市公安民警、武警和公安现役部队官兵、辅警人员奋战在抗台抢险救援和灾后重建工作第一线，各项工作有力有序进行。调剂 10 套应急房源，用于岛内危房住户紧急撤离的临时过渡安置。结合辖区实际和警种职能，加强险路、险桥和易出现滑坡、塌方路段，隧道、涵洞和地势低洼路段的巡查警示和值守疏导，适时对“四桥一隧”等实施交通管制、全面封闭，全力配合党委政府及相关职能部门做好危险地区和部位的隐患排查、群众转移。福建省军区、31 集团军、武警总队、武警 8710 部队、武警水电、武警交通、武警森林和公安边防、消防部队主动请缨，及时派员进驻省防汛指挥部，提前向重点防区预置抢险救灾兵力 29045 名；根据台风发展态势，又紧急向登陆地厦门增派 1500 名兵力。全省各类专业抢险队伍、群防群测队伍和水电路讯抢修队伍进入抗洪抢险状态，其中电力应急抢修队伍 939 支 1.46 万人，行道树清理队伍 230 名，携带油锯 100 套。9 月 14 日 12 时至 15 日 7 时 30 分，市公安局 110 报警服务台共接报警情 9034 起，调遣出警 2.5 万人次，救助、转移、劝离受灾和相关群众 1.97 万人，全力确保人民群众生命财产安全。①

(五)宣传引导有力有效，市民防御意识明显增强

台风来临前，充分利用各种宣传媒体，滚动播发台风信息和防范措施，增强市民防范意识。特别是台风登陆前夕，宣传部门组织市属媒体和境内外媒体对此次台风的危

---

① 厦门公安.抗击台风“莫兰蒂”！厦门警方在行动～[EB/OL]，(2016-9-15)[2021-3-3]，https://xw.qq.com/cmsid/20210120A0862J00.

害性作了充分宣传报道，全过程做好台风灾害宣传工作，滚动播放台风宣传片，密集、全面地进行播报，提醒大家注意防范。特别是许多记者不辞劳苦，深入一线及时报道，及时采写抗灾过程中涌现的好人好事，进一步鼓舞斗志，凝聚全社会正能量。14 日 9 时提升至一级响应后，厦门电视台、厦门广播电台、厦门日报等媒体进驻指挥部，实时连线报道，通过“两微一端”新媒体广泛宣传。14 日 14 时 40 分，向全市市民发出《厦门市防台风防汛动员令》，从 9 月 14 日 15 时 30 分时开始到防台风防汛一级应急响应结束之前，在全市范围内实行“三停一休”，即停工（业）、停产、停课、休市。同时，市防汛指挥部共下发指令 50 份，向广大市民发送手机短信 560 多万条，及时把台风实况和防范措施传播到每家每户。①

（六）军民同心，共同做好灾后重建工作

厦门市思明区作为中心城区，受灾严重。思明区民政局第一时间多举措参与灾后重建。严格做好灾情信息收集上报工作，第一时间确保灾情信息畅通，为救灾应急救援及灾后重建提供翔实依据。全面开放全区 137 处避险救灾场所及 109 个救灾物资储备仓库，积极协助转移安置避灾群众。厦门市博爱社工积极响应市民政局的号召，投入灾后救援中，先后走访湖里区殿前街道神山社区，禾山街道坂尚、围里等社区中孤寡长者和残障人士，了解受灾情况，开展灾后记录与评估，安抚受灾者的情绪，并积极链接救助资源。充分发挥社工的优势，深入了解受灾群众的心理状况，对其进行疏导与安抚。市民们也纷纷走上街头，参与灾后恢复和重建。许多社区居民和保安都自发拿着扫帚、簸箕等工具清扫树枝、清理垃圾。台风过后，一抹国防绿刷爆了厦门市民的朋友圈。“暴风雨中的逆行者”“最可爱的人”“你们是城市的守护神”……在救灾中，不少群众自发慰问子弟兵，许多人用手机拍下官兵救灾的场景，一条条对驻厦部队子弟兵的点赞信息在微信、微博和其他网络平台上广泛传播。厦门市在福建省委、省政府的坚强领导下，按照市委、市政府统一指挥，全面动员、众志成城、顽强奋战，全力推进抢险救灾和恢复重建，实现了当天岛内外主干道基本抢通，3 天城市干道、高速公路恢复通行，5 天停水户正常供水，6 天停电户恢复供电，10 天倒伏树木清理、植活，创造了灾后重建的厦门速度。②

---

①　厦门网.“莫兰蒂”为 1949 年以来最大台风 重创厦门 1 人死亡[EB/OL]，(2019-9-16)[2021-3-3]，http://mn.sina.com.cn/news/b/2016-09-16/detail-ifxvyqvy6497304.shtml.

②　中国文明网.暖心互助共担风雨 厦门防抗台风“莫兰蒂”和灾后重建纪实[EB/OL]，(2016-11-16)[2021-3-3]，http://www.wenming.cn/syjj/dfcz/fj/201611/t20161116_3886642.shtml.

三、事件分析与研究

(一)“莫兰蒂” 台风特点

1.强度极大

从热力条件来看,台风“莫兰蒂”增加为超强台风级的海域暖海水厚度厚,海表温度达到了 30℃,热力条件非常有利于台风的增强。从动力条件来看,高层的辐散抽吸作用强,低层又有源源不断的充沛水汽输入,这就导致台风增强的速度加快。此外,台风具有很好的对称性,这种条件也有利于台风强度的增强。台风“莫兰蒂”巅峰时期的风速之大仅次于号称西北太平洋最强热带气旋的台风“海燕”,其气压之低也是 2010 年台风“鲇鱼”以来首次;日本气象厅也认为“莫兰蒂”比同年的“尼伯特”“暹芭”“海马”等更强,认定其为 2016 年全球海域的最强风暴。台风“莫兰蒂”登陆福建厦门时的强度一度达到超强台风级,是 1949 年以来登陆福建省的最强台风。

2.快速加强

台风“莫兰蒂”生成之后,尽管垂直风切变较大,这在一定程度上抑制了它的发展,但尽管如此,它还是 36 小时内在高风切海域加强为台风并成功打开风眼,尔后开始了爆发式增强的过程。36 小时内加强至巅峰强度,其加强速度之快在往年同期的秋台风当中尤为少见。

3.移动路径相对比较稳定

台风“莫兰蒂”从 2016 年 9 月 10 日生成后,主体上一直以每小时 20 千米左右的速度稳定地向西偏北方向移动,在生成后的 5 天内路径变化不大,具有 2 个转折点,即进入台湾海峡右折,进入内陆北上。由于副高脊线的位置较为偏南,“莫兰蒂”的路径北折的转向点也较为偏南,总体上稳定向西北移动。

4.水汽充沛,易形成暴雨

在环流形势场上,“莫兰蒂”先受副热带高压西南侧的偏东南气流的影响,通过副高脊线之后逐渐转为偏西南风的引导,在台风登陆后路径先是向西北随后北折。随着台风中心向着西北方向移动,水汽通量的大值区也跟着朝西北方向移动,且水汽通量逐渐增大,沿海一带来自海峡及南海北部和台湾地区以东洋面上源源不断的水汽输送,低层的水汽通量辐合不断加强,为暴雨的形成提供了丰富的水汽条件。“莫兰蒂”台风北折前后分别带来了两次强降水。在强降水过程中,由南向北输送的水汽通量由辐合逐渐转为辐散,在台风登陆的初期,强大的水汽通量辐合带来了丰沛的降水,随着台风的减弱，水汽通量逐渐由辐合转为辐散，降水量随之减少。“莫兰蒂”在急剧增强的过程当中，台风中心周围低层维持一个辐合中心，高层则维持一个辐散中心，其有利于对流的发展，为暴雨的产生提供了有利的动力条件。

5.影响范围广

台风“莫兰蒂”登陆厦门后，一路向西北方向挺进，其风雨云系波及华东福建、广东、江西、浙江、上海、江苏等 11 个省市，多地狂风大作，暴雨成灾。

图 6-1　2016 年第 14 号台风“莫兰蒂”卫星云图①

（二）影响

1.福建省

截至 2016 年 9 月 16 日 21 时，福建省 9 个设区市和平潭综合实验区、86 个县（市、区）179.58 万人受灾，紧急转移 65.55 万人；农作物受灾 86.7 千公顷、成灾 40 千公顷、绝收 10 千公顷；倒损房屋 18323 间；厦门、漳州、泉州市内大部分道路受堵，公交路线一度全面瘫痪；工业企业全面停工停产，电力供应基本瘫痪；损坏堤防 54.05 千米，损坏水利设施 1087 座（处），65 万棵行道树倒伏。受灾面广，各地发生人员因灾死亡 18 人、失踪 11 人，其中受灾严重的泉州市死亡 9 人、失踪 8 人。

2.广东省

广东多地停课，停业；汕头、汕尾、揭阳和潮州等市县气象部门先后升级为台风黄色预警信号。根据《广东省气象灾害防御条例》规定，该市辖区内所有托儿所、幼儿园、中小学校停课；部分汕头航班取消；厦深高铁于 15 日停运，南铁停售 166 列动车车票。

① 百度词条.2016 年第 14 号超强台风[EB/OL]，[2021-3-3]，https://baike.baidu.com/item/台风莫兰蒂/19884320? fr=aladdin.

3.浙江省

2016年9月15日8时～13时，浙江省温州市泰顺县面雨量240.6毫米，最高达390.1毫米，该县紧急转移安置12943人，死亡1人、失踪1人。受台风“莫兰蒂”带来的强暴雨影响，泰顺县4座廊桥被冲毁，其中3座是国家级文保单位，一座是省级文保单位。

4.台湾省

2016年9月13日8时至14日8时，台湾地区以东洋面，台湾海峡有7～8级大风，阵风9～10级，台湾东部等地的部分地区有大雨或暴雨，台湾东南部局地有大暴雨（100～110毫米）。2016年9月14日14时至15日14时，台湾东部和南部等地的局地有大暴雨或特大暴雨（250～350毫米），造成2人死亡。

四、经验启示

（一）完善台风灾害应急管理体系建设，应急管理重心由救灾转变为防灾

把防灾放在更加突出的位置上，把台风灾害的应急管理重心从灾后救援变为灾前预防，减少气象灾害的发生，降低灾害的损失。此次在气象部门发布台风预警信息后，政府部门按应急预案逐级进行防灾动员，布置防灾工作。通过多种渠道向社会各界发布台风预警信息，通过网络系统向社区每一位居民发布防灾通知，并对个别行动不便的居民进行了临时转移。同时也对台风灾后必要的生活物资、救援物资做了充分的储备。在台风来临前对各类文化遗产要素实施了一系列风险防范措施，清理收纳各类不稳定的临时设施，对部分大树枝叶进行修剪，对个别尚待维修且有结构隐患的历史建筑进行临时支护，对正在维修中的历史建筑屋面进行防风遮护，对历史建筑屋面排水系统检修梳理，在历史建筑出入口布防阻水沙袋，对建筑门窗玻璃进行防护等。台风来临前半天由专人巡查确认上述防范工作落实情况。由于台风于夜间登陆，因此对作为公共功能使用的历史建筑，还设定专人值守，保障对可能灾情的及时应对。灾前预防，使“莫兰蒂”台风对厦门市造成的灾情远远小于1917年、1959年和1999年三次正面登陆厦门的台风曾经造成的损害。建立高效的协调联动机制，由政府负责统筹协调，各有关部门则按其职能各负其责，协同配合，气象、交通、通信、宣传等部门是突发气象灾害的主要责任单位，一旦出现突发气象灾害，就要求它们与灾害发生辖区政府形成信息共享、分工协作的高效统一的联动机制，有效地应对各种突发气象灾害及其次生、衍生灾害。建

立应急快速响应机制。应急管理工作的关键是应急快速响应机制，因为，突发气象灾害有速度快、范围广、影响大的特点，如果不能及时控制，就会造成严重的后果。我国要建立应急快速响应机制，要构建高效的应急管理指挥中心和预警防御协调体系。灾情发生后，政府要在第一时间做出反应，迅速采取正确应对措施，各有关部门要快速联动起来。建立及时、准确、公开、透明的信息发布机制。政府有责任让公众及时准确知道突发气象灾害的真相。有一个及时、准确、公开、透明的信息发布机制是危机处理中的关键点。及时准确向公众发布灾难信息，可以提高政府的公信力，稳定人心，避免恐慌，让公众准确判断及应对气象灾害，从而减少灾害造成的损失。

（二）建设综合台风监测与预警系统，为防灾救灾提供技术支撑

1.完善台风综合监测系统

完善的台风综合监测系统是台风灾害应急管理的基础。加强灾害监测网络建设，提高山区、海洋等偏远地区的台风灾害监测能力；在台风灾害发生频繁的地区，以及农村、山乡等防御台风灾害脆弱的地方，增加台风探测设备；在经济开发区、主要交通枢纽和旅游景点布设台风监测点。完善台风次生、衍生灾害综合监测网络建设，在江河、水库、森林、高山、海洋等台风次生、衍生灾害多发区，建设自动监测仪器，及时发现致灾要素和灾害线索，提高灾害防御能力。完善综合台风观测系统，提高对中小尺度灾害性天气的监测能力。加强由天气雷达、地面观测、高空探测和自动站网组成的以地球表面为观测对象的地基探测系统；加强农业、交通、电力等高影响行业特种台风观测；加强山区、水域、城市、偏远村镇、灾害脆弱区和易发频发区台风监测，建设台风多灾种综合监测平台，充分发挥综合观测网的效益。政府要充分调动各有关部门共同建设台风监测网，及时、高效地收集、传送、储存和分析台风灾害监测数据；建设各个相关部门互通共享的台风资料共享平台，实现各类台风基础数据、台风服务产品、预报预警信息的交流应用。

2.完善台风灾害预报系统

完善的台风灾害预报系统是台风灾害应急管理的关键。目前，厦门市气象部门对突发台风灾害已经能够提前作出预警，预报准确率也已经有了很大的提高。要加快台风科研的业务转化能力，重点提升台风灾害的预报预测能力。以数据融合为基础，以定时定点定量为目标，发展精细化数值预报技术。以省级台风预报为指导，提升市、县台风订正预报技术，及时、主动、科学、准确、高效地做好重大台风灾害的预报服务。

第一，发展精细化天气预报。随着社会的发展，政府和社会公众不仅要求气象部门提供准确的日常天气预报，更希望及时获取高精度、高质量、连续滚动的天气信息和灾害性天气警报。厦门市的天气、地理位置特点，要求天气预报业务必须继续把重点放在提高预报准确率上，以 10～100 千米中尺度灾害性天气监测为重点，完善天气、气候立

体监测网，开展立体、动态、高分辨率的实时监测。健全台风预报预测体系，提高预测准确率和预报精细化水平。以精细化数值模式的研究应用为抓手，全面推进，努力实现天气预报的“定时、定点、定量”“精细化、可视化”目标。

第二，综合运用多种观测资料，优化临近预报、短时预报、中期预报、短期气候预测业务系统；加强数值天气预报及其解释应用；强化延伸期预报和区域气候模式的本地化应用工作；建立强对流天气中小尺度综合分析系统；进一步提高灾害性、关键性、转折性重大天气的预报水平，加强高敏感、高影响行业台风灾害预测预报，实现对多种灾害预警防御的统一协调、指挥和调度，提高防御重大台风灾害的前瞻性、针对性和科学性，为政府科学地组织防灾减灾、群众有效地自救互救赢得宝贵时间。

第三，加强对灾害性天气气候事件的分析，做好突发性、转折性、关键性重大天气过程的预报和预测，实现对灾害性天气气候事件的实时动态诊断分析、风险分析和预警预测。建立部门合作机制，建立和完善台风灾害预警业务平台，开展有针对性的专业台风服务，不断增强对经济社会发展以及各部门、各行业的专业台风预警、服务能力。

第四，实现天气预报“可视化”。在完善高质量台风综合探测系统、建立高效能数值预报业务系统的同时，加快虚拟现实可视化业务平台建设，利用可视化模型显示网格和不规则台风数据，将台风综合探测资料、数值预报模式运算结果，模拟不同尺度大气运动变化的状态过程，形成直观、生动、形象的天气演变视像，在重大突发性、灾害性、转折性天气过程及中期天气趋势预报和短期气候预测中，通过台风影视、台风网站、领导决策汇报材料等形式，为领导、部门及公众提供一目了然、浅显易懂的预报、预测分析和服务。

3.健全台风信息发布系统

健全的台风信息发布系统是台风灾害应急管理的前提。建立健全台风信息发布系统应从以下几方面着手：第一，完善台风灾害信息网络。利用公共信息网络资源，对台风通信网络进行改造升级，提高台风观测数据的采集、传送速度，实现台风观测资料一分钟内到达预报员桌面；发挥各部门现有网络资源的优势，建立部门合作机制，构建台风信息交换共享平台，实现台风信息的快速交换和服务产品的实时共享。

第二，加强台风灾害（预警）信息员队伍建设。建立全市所有乡镇、行政村、社区、厂矿企业、中小学校、旅游服务等单位台风责任人、台风灾害信息员、志愿者以及应急联系人队伍，扩大台风协管员队伍并切实加强培训、演练工作。充分发挥其在台风预警信息的接受、传播和台风灾情信息的收集整理和报告等方面的作用，使台风灾害（预警）信息员队伍成为台风信息进村入户“最后一公里”的重要途径之一。

第三，强化台风灾害预警信息发布。以公益性台风灾害预警信息发布制度为基础，不断健全台风灾害预警信息发布体系。利用现代社会发达的传媒和通信资源，建立台风灾害预警信息发布平台，通过报纸、广播、电视、网络、电话、短信等多种渠道广泛发布预警信息。制定移动通信在网用户免费发布制度；加快台风灾害预警终端显示屏系统建设；台风预警发布系统与村级广播系统结合；电视插播、直播、飞播字幕相结合；充分利用无线电广播；制作微型天气预报预警装置；建立覆盖城乡的立体化预警信息发布系统……充分利用多种方式，通过多种渠道，广泛、及时、高效地向社会，特别是人口众多的公共地方发布预警信息，扩大预警信息覆盖范围。通过台风现代化建设，建立自然灾害和突发公共事件预警信息发布系统，完善预警信息发布平台，综合运用多种手段，实现预警信息“第一时间、权威发布”，进一步扩大台风信息服务的受众面。

（三）加固工程建筑，减少次生灾害的发生

台风破坏力惊人，对受灾区建筑工程造成巨大破坏，在台风的摧毁下，建筑物坍塌、支架散落都会对群众生命安全造成巨大威胁。对于台风灾害频发的地区，建筑工程在建时要着重考虑抗台风，在台风来临之前做好加固防护工作。检查其临边防护是否到位并固定牢固；楼层内一些易飞扬的建筑垃圾应及时清理。如果楼层内有大片的板材原材料等，比如门、胶合板、窗户及玻璃等易被风刮动的材料都应固定牢固，并将其网在一处，增加重量。板、钢管等材料应将其放置在室内，防止其坠落造成人员伤害；检查外脚手架是否有摇晃、变形情况，是否存在倾斜、下沉情况。检查连墙件数量是否符合方案及规范要求，是否有松脱、柱节点连接位移等现象。落地式钢管脚手架架体基础周围是否硬化到位，排水措施是否有按实际情况设置。悬挑架的悬挑梁锚固是否符合要求，螺栓数量是否满足要求。同时应将其安全网解开，防止其水平风压过大造成倾覆。钢管脚手架架体上的物体应立即清理，防止落物造成周围损失及人身伤害，脚手板绑扎牢固。清除坡顶及边坡虚土，防止虚土变成泥浆流下。对基顶、沟槽、沟边坡和支撑结构进行检查，并派专人对深基坑边坡、基坑支护进行测量，观察边坡情况，如发现边坡有裂缝、疏松、支撑结构折断、走动等危险征兆，立即报告地质勘查部门采取措施解决。加强监控，设置观察岗并配备足够数量的潜水泵等排水设施，对基底积水严密观察，确保排水及时，防止基坑坍塌。

（四）增强公众防灾减灾意识，动员公众投入到灾后重建的工作中

增强公众气象灾害的防灾减灾意识，增强救灾、自救能力。要加大突发气象灾害防灾减灾知识的宣传力度，通过科普宣传、专家讲座、公益广告等形式多样的宣传活动，形成良好的舆论氛围，增强全社会的防灾减灾意识。同时，要增加培训、演练等活动，提高公众对台风灾害的应对能力。各职能部门要增加抗灾救灾的业务培训，增强抗灾队伍素质，提高抗灾救灾能力。学校和电影院、商场等大型公众场所要定期进行应对突发气象灾害的演习，提高公众救灾、自救能力。增强气象灾害的防灾减灾意识，增强救灾、自救能力可以使公众在面对突发气象灾害时，做到快速反应，保护自己，还可以投入到救援工作中，有效减轻灾害造成的损失。建立政府主导，社会力量广泛参与的应急管理机制。除了政府的主导作用外，让更多的社会力量参与到抗灾救灾中，使应急救援更加高效，同时也能减轻政府的负担。要积极引导慈善组织、义工团体等社会力量参与到灾后

重建工作中，提高社会公众的参与度，提高应急救援的效率，减少政府的压力。9月15日6时台风风力减退之后，鼓浪屿管委会立刻启动了灾后紧急响应和恢复工作。这些工作以恢复鼓浪屿社区生活和抢救受灾害影响的遗产资源为首要目标，并在安全和环境条件允许的情况下逐步恢复旅游功能。在厦门市的大力支持、鼓浪屿管委会和全体社区民众的共同努力下，鼓浪屿奇迹般地在一个月内完成了救灾、清理的主要工作，岛上社区生活和景区游览的正常秩序也基本恢复了。

思考题

1.什么是台风？台风的种类有哪些？

2.台风的破坏力主要由哪些因素引起？其危害性主要表现在哪些方面？

3.台风如何防范？面对台风有哪些应急管理措施？

台风小知识

台风来得快去得也快，从我国沿海地区登陆，但其影响范围特别广，包括不少内陆地区。因此，如何正确认识台风，并了解必要的防灾减灾知识，尤其重要。

1.台风是什么?

台风(英语:Typhoon)是赤道以北，日界线以西，亚洲太平洋国家或地区对热带气旋的一个分级。在气象学上，按世界气象组织定义，热带气旋中心持续风速达到12级(即64节或以上、每秒32.7米或以上，又或者每小时118千米或以上)称为飓风或其他在地近义字。西北太平洋地区采用之近义字乃台风。

世界气象组织及日本气象厅均以此为热带气旋的最高级别，但部分气象部门会按需要而设立更高级别，如中国中央气象台及香港天文台之强台风、超强台风，中国台湾气象局之强烈台风，以及美国联合台风警报中心的超级台风。广义上而言，“台风”这个词并非一种热带气旋强度。在中国台湾、日本等地，将中心持续风速每秒17.2米或以上的热带气旋(包括世界气象组织定义中的热带风暴、强热带风暴和台风)均称台风。在非正式场合，“台风”甚至直接泛指热带气旋本身。当西北太平洋的热带气旋达到热带风暴的强度，区域专责气象中心(RSMC)日本气象厅会对其编号及命名，名称由世界气象组织台风委员会的14个国家和地区提供。

中文名:台风英文名:Typhoon

地 点:热带或副热带洋面上

特 点:强劲而极具破坏力

分 类:热带低压、热带风暴、强热带风暴

台风的成因是什么？

热带海面温度高，大量的海水被蒸发到了空中，形成一个低气压中心。随着气压的变化和地球自身的运动，流入的空气也旋转起来，形成一个逆时针旋转的空气旋涡，这就是热带气旋。只要气温不下降，这个热带气旋就会越来越强大，最后形成了台风。

台风会有什么表现？

台风过境常伴随着大风和暴雨或特大暴雨等强对流天气。

台风给我们带来什么？

由于破坏性强，我们对台风的印象多数停留在它会给我们带来灾难上，实际上台风给我们带来的不仅仅是灾难。

(1)随着台风而来的丰沛降水为沿海地区带来大量的淡水，改善当地淡水供应和生态环境。

(2)驱散热带、亚热带的热量，没了台风，热带更热，寒带更冷，而宜居的温带也将消失。

(3)巨大的热能量流动使地球保持了热平衡。

(4)从江海底部卷起大量营养物质，利于农业和渔业的发展。

台风来临前的准备

(1)随时收听收看广播、电视、报纸、网络平台等媒体播报刊载的有关台风的最新动态。

(2)气象台发出台风警报后，不要到台风经过的地区旅游或到海滩游泳，更不要驾船出海。

(3)提前准备好手电筒、蜡烛、食物、饮用水及常用药品，检查门窗是否坚固，关紧门窗，将阳台上的花盆搬进室内，将晾衣竿或其他户外悬挂物拆除取下。

(4)如果是危房旧房，应马上转移避险，防止房屋倒塌造成人员伤亡。

(5)外出的人员应尽快回家，停止露天集体活动。

台风来袭时的避险

(1)尽量不要外出，以防发生被砸、被压及触电事故，尤其是老人和小孩应留在家中最安全的地方，并有专人守护。

(2)在外来不及回家的人员，途中遇上台风暴雨，应及时寻找安全地带，不要在大树下、临时建筑物内、广告牌下避风避雨。

(3)如遇打雷，应停止看电视玩电脑，切断各类电器电源，防止雷击或触电事故。

(4)台风袭来时，不要站在窗口或靠近迎风窗户，以免被强风吹破的窗玻璃片弄伤。

(5)强风刚过的短时间内可能风小雨停，此时不要急于到室外工作活动，应继续留在家中，确认台风已过后再出门。

2.台风的四个预警信号

按照台风强度，分为：蓝色、黄色、橙色和红色。

台风蓝色预警信号

含义：24小时内可能或者已经受热带气旋影响，沿海或者陆地平均风力达6级以上，或者阵风8级以上并可能持续。

防御指南：

1.政府及相关部门按照职责做好防台风准备工作；

2.停止露天集体活动和高空等户外危险作业；

3.相关水域水上作业和过往船舶采取积极的应对措施，如回港避风或者绕道航行等；

4.加固门窗、围板、棚架、广告牌等易被风吹动的搭建物，切断危险的室外电源。

台风黄色预警信号

含义：24小时内可能或者已经受热带气旋影响，沿海或者陆地平均风力达8级以上，或者阵风10级以上并可能持续。

防御指南：

1.政府及相关部门按照职责做好防台风应急准备工作；

2.停止室内外大型集会和高空等户外危险作业；

3.相关水域水上作业和过往船舶采取积极的应对措施，加固港口设施，防止船舶走锚、搁浅和碰撞；

4.加固或者拆除易被风吹动的搭建物，人员切勿随意外出，确保老人小孩留在家中最安全的地方，危房人员及时转移。

台风橙色预警信号

含义：12小时内可能或者已经受热带气旋影响，沿海或者陆地平均风力达10级以上，或者阵风12级以上并可能持续。

防御指南：

1.政府及相关部门按照职责做好防台风抢险应急工作；

2.停止室内外大型集会、停课、停业(除特殊行业外)；

3.相关水域水上作业和过往船舶应当回港避风，加固港口设施，防止船舶走锚、搁浅和碰撞；

4.加固或者拆除易被风吹动的搭建物，人员应当尽可能待在防风安全的地方，当台风中心经过时风力会减小或者静止一段时间，切记强风将会突然吹袭，应当继续留在安全处避风，危房人员及时转移；

5.相关地区应当注意防范强降水可能引发的山洪、地质灾害。

台风红色预警信号

含义：6 小时内可能或者已经受热带气旋影响，沿海或者陆地平均风力达 12 级以上，或者阵风达 14 级以上并可能持续。

防御指南：

1.政府及相关部门按照职责做好防台风应急和抢险工作；

2.停止集会、停课、停业(除特殊行业外)；

3.回港避风的船舶要视情况采取积极措施，妥善安排人员留守或者转移到安全地带；

4.加固或者拆除易被风吹动的搭建物，人员应当待在防风安全的地方，当台风中心经过时风力会减小或者静止一段时间，切记强风将会突然吹袭，应当继续留在安全处避风，危房人员及时转移；

5.相关地区应当注意防范强降水可能引发的山洪、地质灾害。

第 7 章

津冀渗坑污染事件应急处置

【导读】近年来,随着我国经济社会的快速发展和人民生活水平的不断提高,生态环境愈加为政府和公众所重视。环境污染是社会共同关注的焦点,水污染、空气污染、土壤污染、垃圾围城、农村环境污染、危废处置等各类污染事件时有发生,无不牵制着政府与公众的敏感神经。许多地方污染多年积累、体量巨大,受技术与财力限制,地方政府一般难以投入巨资进行根治,需要进行长期的持续治理。由于发展理念问题,忽视环境污染和边治理边污染的事情时有发生,环境污染治理任重道远。2017 年由重庆两江志愿服务发展中心(以下简称两江环保)发布的《华北地区发现 17 万平方米超级工业污水渗坑》图文引发公众关注。事件发生后,从环保部(现生态环境部,下同)到河北省、天津市政府都采取了及时、快速的应急响应措施,迅速展开调查,积极回应舆情,很快制定出方案对渗坑进行治理,并在全域开展污染渗坑排查和整治工作,在应对处置方面的表现值得肯定。然而渗坑污染事件不同于一般环境突发事件,其污染形成并不是突发性的,而是长期的、不断积累的结果。因此,对渗坑污染的治理,仅靠事件发现之后的应急处置远远不够,更为重要的是建立长效机制,加强污染风险防范,提升环境安全监管和治理能力,控制污染、避免污染,才可从根本上解决环境污染问题。

一、事件回放

2017 年 3 月,民间环保组织两江环保前往华北地区进行生态环境考察期间,发现河北大城县附近与天津市境内存在有巨大的渗坑群落。

4 月 17 日,两江环保向环保部、河北省环保厅、天津市环保局、廊坊市大城县环保局,以及天津市静海县环保局寄出举报信,希望告知相关政府职能部门这一污染情况。

4 月 18 日下午,两江环保又在其微信公众号上对外发布文章《华北地区发现 17 万平方米超级工业污水渗坑》,披露了三处工业废水渗坑的情况。文章发出后,迅速引发关注，截至 4 月 19 日上午，该文章的阅读数已超过 8 万，点赞数超过 1300[①]。该报道主要内容如下：

两江在华北地区开展工业污染调查期间，在河北、天津等地发现超大规模的工业污水渗坑，这批渗坑面积大，存续时间长，或已对当地的地下水安全造成严重的威胁。其中，位置：河北省廊坊市大城县南赵扶镇；面积：约 170000 平方米；状态：废水呈锈红色、酸性；见图 7-1。位置：河北省廊坊市大城县南赵扶镇；面积：约 30000 平方米；状态：废水呈锈红色、酸性，由于存放时间长，已大量渗出；见图 7-2。位置：天津市静海区西翟庄镇佟家庄村；面积：约 150000 平方米；状态：渗坑废水呈锈红色，酸性，废水 pH 值约为 1；见图 7-3。

图 7-1　河北省廊坊市大城县南赵扶镇渗坑污染[②]

图 7-2　河北省廊坊市大城县南赵扶镇渗坑[③]

① 华夏时报网.马维辉.华北渗坑污染治理样本 从公众监督到企业施治[EB/OL]，(2017-7-29)[2021-2-22]，http://huanbao.bjx.com.cn/news/20170729/840173.shtml.

② 网易新闻.华北地区发现 17 万平方米超级工业污水渗坑[EB/OL]，(2017-9-20)[2021-2-22]，https://news.163.com/photoview/00AP0001/2250854.html#p=CID74R3K00AP0001.

③ 网易新闻.华北地区发现 17 万平方米超级工业污水渗坑[EB/OL]，(2017-9-20)[2021-2-22]，https://news.163.com/photoview/00AP0001/2250854.html#p=CID74R3K00AP0001.

图 7-3 天津市静海区西翟庄镇佟家庄村渗坑①

4 月 19 日,《新京报》记者赴廊坊市大城县南赵扶镇进行实地调查,航拍渗坑污染区域,并发表题为《廊坊大城县污水渗坑探访:彩色污水相互“拼接”最大渗坑近 20 万平方米》的报道。报道称,在河北省廊坊市大城县南赵扶镇津保路南北两侧有两大一小三个污水坑,其中路北两个,路南一个。路南污水坑位于八方工业园内,有一个约三个篮球场大小的池塘,池塘北侧有大量新鲜的湿泥堆积,池塘西北角,淤泥表面呈白色,用棍子拨开外表后,可发现散发着臭味的黑色淤泥。池塘几米外的地方,有一个直径约 20 厘米的水泥管道,管口外的池水为白色,面积约有一二百平方米,稍远处,白色、黑色、绿色的污水相互“拼接”。在津保路以北约 300 米处,有一个面积为 1.85 万平方米污水渗坑,水体呈黑色,水中的植物亦腐烂成黑色,靠近该污水坑可以闻到刺鼻的异味。该污水坑的南边多为小型家具生产企业,坑北侧是大片农田。在该污水坑往北约 500 米处,还有一处面积更大的污水坑,约上述污水坑的 10 倍大。靠近察看,水深约 20 厘米,水体呈红褐色。用塑料瓶取出一瓶水样,水呈黄色①。

4 月 19 日 14 时,环保部发布公告称,针对媒体报道的河北等地发现多处污水渗坑问题,环保部会同河北省政府立即组成联合调查组,赶赴现场进行调查,有关调查情况将及时向社会公开。

4 月 19 日 18 时,环保部再次发布消息称,经过联合现场调查,已经初步查明媒体报道的河北廊坊市大城县渗坑污染问题基本属实。据大城县政府反映,两处水坑均为多年挖土、雨后积水形成,2013 年曾发生废酸违法倾倒事件,导致坑内存水及土壤受到污染。环保部表示将对相关渗坑污染问题挂牌督办。同时还称,环保部和天津市政府

① 赵力,陈奕凯,尹亚飞.廊坊大城县污水渗坑探访:彩色污水相互“拼接”最大渗坑近 20 万平方米[EB/OL],(2017-04-19)[2020-2-22],https://www.bjnews.com.cn/news/2017/04/19/440535.html?from=timeline.

成立联合调查组，对媒体反映的天津市静海区西翟庄镇污水渗坑问题开展现场调查。

4 月 19 日 21 时，大城县人民政府发布《关于南赵扶渗坑治理工作情况的说明》。内容显示，大城县委、县政府已于 18 日晚组织县环保、公安等部门对渗坑情况进行详细调查。经调查，两渗坑均位于大城县南赵扶镇，系由旺村镇村民李某某叔侄将废酸倾倒进坑塘所致。2014 年 3 月，大城县人民政府曾经选定两家环保公司对渗坑进行治理，但治理结果未达到要求。

4 月 19 日 22 时，环保部第三次发布消息，通报了环保部和天津市政府联合调查组对静海区渗坑污染问题进行的现场调查。据天津市环保局 2013 年摸底排查情况，静海区有 18 个类似渗坑，多为废酸倾倒或偷排所致。环保部表示，将对相关渗坑污染问题挂牌督办。

4 月 20 日，河北省委、省政府高度重视，河北省委书记要求认真调查、认真整改、严肃问责，并举一反三在全省开展大排查、大整治行动，切实做好全省渗坑排查整治工作。省市环境保护部门要加强监督，对偷排企业依法处理，对相关人员问责追责。

4 月 20 日，天津市委、市政府组织召开全市环境保护自查自纠大检查动员会。天津市委副书记、市长进行部署，要求以静海区渗坑污染问题为鉴，举一反三，在全市范围开展排查整治行动。全市组成 16 个局级干部为组长的专项督查组，全面排查大气、水、土壤污染和生态保护等问题，同时组织 17 个专项环保执法检查组对各区开展交叉互查。

4 月 21 日至 22 日，河北省副省长多次批示，并代表省委、省政府到廊坊市大城县，现场调度污水渗坑处置问题，要求廊坊市、大城县认真调查、整改、问责，尽快治理到位，确保水环境安全。

4 月 21 日，河北省政府办公厅下发紧急通知，要求各地各部门按照《河北省渗坑污染排查整治专项行动方案》要求，结合本地本部门实际，认真组织开展大排查、大整治。按照该方案，专项行动将全面排查河北省行政区域内的渗坑水质及纳污情况，严肃查处渗坑排污造成的土壤和地下水污染环境违法行为，依法处置、科学修复监测超标的渗坑。本次排查的渗坑包括正在或曾经排放、倾倒、输送或者存贮含有毒污染物的废水，经监测超标的有积水且无防渗漏措施、封闭或半封闭坑、池、塘、井、沟、渠等。

4 月 22 日，河北省廊坊市纪委通报，通过实地查看、查阅资料、谈话了解、走访群众等方式发现，在此事件中，大城县政府、南赵扶镇及县环保局未正确履行职责，致使两个被严重污染的渗坑多年来没有得到有效治理，造成不良社会影响。经廊坊市纪委常委会研究决定，给予相关责任人党纪处分和通报批评。大城县委常委、县委办公室主任党内警告处分。现大城县人大常委会副主任、原任南赵扶镇党委书记，对此负有主要领导责任。南赵扶镇党委副书记、镇长是渗坑治理责任主体单位的主要负责人，对此负有主要领导责任。给予、党内警告处分。原县环保局局长因犯贪污罪于 2016 年 8 月 22 日被开除党籍、开除公职，鉴于其已因严重违法违纪被“双开”，不再给予其处分。

4 月 23 日，廊坊市南三县(市)生态环境综合治理大会在大城县召开。要求做好渗坑的专项治理工作，全面排查，在全市范围开展渗坑污染排查整治专项行动；明确目标，强化责任，做好“小散乱污”企业的排查整治，严厉打击偷排偷放等污染环境违法犯罪行为；建立台账，建档立卡，签订责任状，做好涉酸企业的专项整治；建立机制，形成办法，做好农村乡镇垃圾专项治理工作，大力提升城乡环境面貌；做好宣传工作，大力宣传环保法。

4月23日，廊坊市大城县邀请清华大学、中国环境科学研究院、环保部环境规划院、河北省地球物理勘察院等单位，水、土壤和污泥治理领域多位权威专家组成渗坑治理修复技术组、地质勘查组、工业流程组和工程实施组，迅速开展渗坑水质、底泥，周边地下水质以及土壤的取样检测工作。

4月25日，环保部分别发布对“河北省大城县渗坑污染问题”和“天津市静海区渗坑污染问题”进行挂牌督办的通知文件，责成两地政府立即制定科学的治理方案，切实做好渗坑治理工作；加强对地下水、底泥和周边土壤的检测，确保治理不留死角、不留隐患；及时公布检测结果和治理进度，接受媒体和社会监督；依法追究有关人员责任等，并要求7月31日前完成督办事项。

6月14日，河北省政府采购网发布的《大城县南赵扶镇渗坑污染应急治理预中标公告》显示，博天环境集团以竞争性磋商(政府采购方式)，取得了河北省廊坊市大城县南赵扶镇渗坑污染应急治理项目。要求7月31日前完成低浓度废水治理，9月10日前完成高浓度废水治理，9月20日前完成土壤底泥及废水处理后产生的污泥的治理。

二、事件中的应急处置

此次渗坑污染事件的应急处置，环保部的迅速回应和果断行动值得肯定，从总体上看是比较成功的。在应对过程中，各级地方政府和环境保护部门都采取及时、快速的响应措施，迅速开展排查治理工作。具体来看，主要包括以下几个方面的工作。

（一）快速响应，调查督办

反应迅速是决定突发事件能否得到妥善处置的关键因素。津冀渗坑事件被民间组织和媒体曝光之后，从环保部到河北省、天津市各级地方政府，都高度重视，迅速采取应急措施应对事件，积极开展一系列调查工作。

环保部：第一时间对事件做出回应并采取措施。事件于4月18日被民间组织和媒体曝光后，19日上午环保部会同河北省政府和天津市政府组成联合调查组，赶赴事件相关现场，进行调查。当天下午，就初步查明媒体报道的河北省廊坊市大城县和天津市静海区西翟庄镇污水渗坑污染问题基本属实，并将调查到的污染原因进行通报和公布。

针对河北、天津的污染渗坑问题，19 日一天之内，环保部连发三份公告，力度罕见。此外，环保部迅速委托清华大学、中国环境科学研究院、环境保护部环境规划院、河北省地球物理勘察院等单位，水、土壤和污泥治理领域多位权威专家组成渗坑治理修复技术组、地质勘查组、工业流程组和工程实施组，迅速开展渗坑水质、底泥，周边地下水质以及土壤的取样检测工作。25 日，环保部分别发布对“河北省大城县渗坑污染问题”和“天津市静海区渗坑污染问题”进行挂牌督办的通知文件，要求 7 月 31 日前完成督办事项。从事件曝光到环保部采取行动与应对措施，6 天时间的快速响应，足见环境部门对该事件的高度重视。

河北省：大城县政府在事件发生后立即启动污染事件应急机制，于 4 月 18 日晚组织县环保、公安部门对渗坑情况进行详细调查。19 日 21 时，县政府发布《关于南赵扶渗坑治理工作情况的说明》，调查结果表明：两渗坑均位于大城县南赵扶镇，系由旺村镇村民李某某叔侄将废酸倾倒进坑塘所致。2014 年 3 月，大城县人民政府曾经选定两家环保公司对渗坑进行治理，但治理结果未达到要求。同时，廊坊市政府也成立了由市政府领导为组长的联合调查组，连夜赶赴大城县开展调查，启动问责程序。事件发生后，河北省主要领导多次做出重要批示，省委书记批示要求高度重视，摸清底数，建档立卡，坚决治理。省长两次作出批示，要求组织专项检查，立即整治，绝不允许视而不见、瞒报漏报，各地发现“纳污坑”必须立即采取措施，并严厉打击偷排乱倒行为，依法依规严惩。

天津市：天津市静海区委、区政府也于 4 月 18 日晚组织环保、公安、水务等部门对渗坑污染情况进行详细调查，并于 19 日晚间公布调查结果：静海的渗坑多为废酸倾倒或偷排所致。事件发生后，天津市委书记、市长立即做出批示，要求坚决彻查、依法治理、严格问责，同时要求在全市范围开展自查自纠大检查。联合调查组开展深入调查，对静海区及相关部门人员进行人员责任认定，依纪依法追责。

（二）信息公开，积极回应

信息公开、舆论引导是事件成功处置的重要手段。在此次渗坑事件应对处置过程中，环保部与津冀地方相关政府部门及时发布公告和情况通报，公布事件处理进展情况，回应公众的关注，有效控制舆情的发展，为该事件的处置创造有利的舆论环境。

环保部：在组织联合调查组对大城县的渗坑污染问题进行调查后，第一时间通过官方网站和微信公众号向社会公布调查结果。在整个事件中，环保部多次回应公众和媒体对渗坑事件的关注，澄清事实、引导舆论。

针对该事件，环保部环境监察局副局长于 4 月 20 日指出，窑坑由于多年积水连成一片，雨季时面积很大，但目前是华北最干旱的季节，水位最低。同时，他还表示天津当时共排查出 92 个渗坑，其中静海区有 18 个，这次曝光的就在其中，河北大城的渗坑情况当地也很清楚，而且正在治理。前些年，河北大城附近有不少小电镀企业，水体里的电镀废液来自这些企业的非法倾倒。天津、河北霸州等地还聚集着不少钢铁加工企业，在废旧钢铁加工过程中，酸洗是不可或缺的工序。废酸被偷排至此，黄褐色水体大多是三氧化二铁和四氧化三铁的颜色，而含铁离子更高的水体则呈现黑色。环保部将对相关渗坑污染问题挂牌督办，要求天津、河北相关地方限期制定整治方案，加快治理进度，减轻对周边环境的影响，同时做好信息发布工作，及时公开监测及治理信息。

环保部环境监察局局长在21日举行的4月例行新闻发布会上表示，天津和河北这两起渗坑事件，现在正在全面调查中，但是至少两个方面的违法行为。第一，用渗坑渗井等逃避监管的方式排污。不管渗坑是怎么形成的，历经多少年形成的，都是在非法排放污染物。第二，非法倾倒排放危险废物。从立法来看，渗坑、渗井的问题，早在2008年修订的《水污染防治法》中，"渗坑、渗井"类违法行为已经有明确规定。2013年，"两高"司法解释把它作为入刑的一种。2015年新《环境保护法》实施以后，新环保法的五种新武器(按日连续处罚，查封、扣押，限产、停产，移送行政拘留，移送涉嫌环境污染犯罪)都可以适用这种问题。他还表示环保部高度重视此事，正在组织全国详查，结果会向大家公布。在此环保部表态，对此类问题发现一起严肃处理一起，绝不姑息。欢迎广大媒体和公众对这类问题进行举报，如通过12369微信举报，来投诉、关心、支持环保工作，使违法犯罪的行为无处可藏。①

环保部要求河北、天津两地政府及时公布检测结果和治理进度，接受媒体与社会的监督。对地方政府及其相关部门履职情况开展调查，并依法追究有关人员责任。

河北省：大城县政府在4月19日针对渗坑问题做出回应：第一，两渗坑均位于大城县南赵扶镇，分别为原南赵扶砖厂渗坑和原化肥厂渗坑。渗坑污染系由旺村镇村民李某某叔侄将废酸倾倒进坑塘所致。2013年5月28日，县公安局对该案立案，后将犯罪嫌疑人抓获。第二，公布期渗坑治理的情况。2014年，已选定龙森公司和碧水源公司分别对砖厂渗坑和化肥厂渗坑进行治理，但治理效果不明显。第三，发布当前和下一步治理举措。包括成立渗坑治理领导小组，将聘请国内先进的治理公司，按照水样、土样检测结果，有针对性地大力开展水体、土壤修复工作，将污染渗坑治理到位。②

天津市：天津静海区委书记指出，静海将开展环境治理工程"回头看"，对2014年以来治理完成的渗坑进行排查，同时对全区涉及环境治理和保护的所有工程进行排查，发现问题，及时整改。

(三)专项整治，全面排查

环保部在渗坑问题属实之后，于4月21日发布《关于对河北省大城县渗坑污染问

① 环保部.环保部例行新闻发布会记者问答实录：回答关于华北渗坑、VOCs治理等问题[EB/OL]，(2017-4-24)[2021-2-22]，https://www.solidwaste.com.cn/news/257094.html.

② 廊坊发布.河北大城官方回应渗坑污染：系不法人员倾倒废酸所致[EB/OL]，(2017-4-19)[2021-2-22]，http://www.kankanews.com/a/2017-04-19/0037959538.shtml.

题挂牌督办的通知》环办环监〔2017〕35号，督促河北省大城县政府和天津市静海区政府立即制定科学的治理方案，切实做好渗坑治理工作，在解决媒体反映渗坑问题的基础上，举一反三，在全县（区）范围内开展排查，强化污染治理，严厉打击违法倾倒行为；加强对地下水、底泥和周边土壤的检测，并根据检测结果细化治理措施，确保治理不留死角、不留隐患；及时公布检测结果和治理进度，接受媒体和社会监督；对当地人民政府及其相关部门履职情况开展调查，并依法追究有关人员责任。①

按照环保部的意见和要求，河北、天津在各自行政区域内针对渗坑污染问题开展了全面排查。

河北省：河北省政府办公厅下发《河北省渗坑污染排查整治专项行动方案》（下称《行动方案》）要求，按照《行动方案》，专项行动将全面排查河北省行政区域内的渗坑水质及纳污情况，严肃查处渗坑排污造成的土壤和地下水污染环境违法行为，依法处置、科学修复监测超标的渗坑。排查的渗坑包括正在或曾经排放、倾倒、输送或者存贮含有毒污染物的废水，经监测超标的有积水且无防渗漏措施、封闭或半封闭坑、池、塘、井、沟、渠等。排查整治的重点：一是对2013年已经排查整治过的渗坑开展"回头看"行动，对治理未到位、存在反弹现象的，纳入整治范围；二是涉及"十五小""新六小""散乱污"企业的水排放去向及达标情况；三是涉重金属企业排放情况；四是取缔、关闭企业是否到位；五是涉及有毒污染物企业废水排放情况；六是涉及居民区等环境敏感点用水情况。《行动方案》要求，各市政府要认真组织督导检查，指导所辖县（市、区）渗坑专项整治工作。及时发现和纠正动作迟缓、打击非法排污不力、修复进程缓慢等问题，严禁排查整治走过场，确保取得扎扎实实的效果。省环保厅要结合环境信访、日常监督检查等情况，对各地工作开展情况进行督导检查，对经当地排查后仍发现存在渗坑的县（市、区），将严肃追责问责，对存在工作不力、包庇纵容违法企业、隐瞒不报等严重问题的，要依法依纪追究责任，情节严重的移交移送纪检监察、司法机关，并采取挂牌督办、区域限批等措施。

天津市：天津市于4月20日组织召开全市环境保护自查自纠大检查动员会，要求以静海区渗坑污染问题为鉴，在全市范围开展排查整治。全市组成16个局级干部为组长的专项督查组，全面排查大气、水、土壤污染和生态保护等问题。此外，还将组织17个专项环保执法检查组对各区交叉互查。天津市环保局组织开展工业渗坑治理后督查工作，对全市2015年治理完成的92个渗坑逐一检查，坚决避免类似问题发生。

（四）制定方案，迅速治理

在开展渗坑污染排查整治专项行动的同时，河北省、天津市结合当地渗坑污染情

① 生态环境部.《关于对河北省大城县渗坑污染问题挂牌督办的通知》环办环监〔2017〕35号[R/OL]，（2017-4-21）[2021-2-22]，http://www.mee.gov.cn/gkml/hbb/bgt/201704/t20170425_412882.htm.

况，进一步制定治理方案，明确治理时间表。

河北省环保厅按照省委、省政府的部署要求，在环保部具体指导下，公布渗坑治理的任务安排：河北省各级环保部门全面排查全省行政区域内的渗坑水质及纳污情况，严肃查处渗坑排污造成的土壤和地下水污染环境违法行为，依法处置、科学修复监测超标的渗坑。河北省环保厅要求各市环保局对辖区内排查发现的渗坑，立即组织进行水质监测，对水质超标的要监测底泥和周边土壤，对底泥和土壤超标的要监测地下水。对监测数据异常的，要认真分析原因，查找问题根源，配合当地政府及相关部门制定修复整改方案。要求各市环保局要采取集中执法、联合执法、措施执法等方式，严厉打击利用渗坑排污、恶意倾倒工业废水和危险废物的违法问题。要求加强信息公开，及时公布相关工作落实情况，接受社会监督。公开内容包括渗坑名单及责任单位、责任人，监测数据结果、修复方案、修复结果等。

河北省政府制定《河北省渗坑污染排查整治专项行动方案》，要求各地各部门确保在 2017 年 9 月底之前完成治理任务。副省长在 5 月 23 日主持召开省政府专题会议时，对做好渗坑污染排查整治进行再调度、再部署，提出明确要求。之后，省政府办公厅印发《关于切实做好全省渗坑污染排查整治工作的通知》，对渗坑污染排查整治工作进行安排部署。

按照省政府的要求和指示，大城县委、县政府已迅速展开治理行动：一是大城县政府成立县长为组长，分管副县长为副组长，环保、公安和有关乡镇为成员的渗坑治理领导小组，加快推进渗坑治理工作。二是由环保、国土部门对渗坑水样、土样进一步检测，查清污染物主要构成，为制定治理方案提供依据。三是积极联系国内顶尖治理公司对污染水体进行研究，制定切实有效的治理方案。四是由县财政局和有关乡镇负责，对已列入 2017 年重点工程的渗坑治理项目，尽快开展治理招标有关工作。五是举一反三，由县环保局牵头，各乡镇配合，迅速在全县范围内继续开展工业污水渗坑治理回头看、新工业污水渗坑摸排、生活垃圾坑以及生活垃圾堆摸排工作，形成台账，制定治理方案，迅速治理。

三、事件分析与研究

渗坑污染事件并不是突发的环境污染事件，而是长期存在的污染问题，被媒体爆料引发社会公众广泛关注而形成的突发舆情事件。从应急处置来看，面对突发舆情，环境保护部、河北省、天津市及相关地区、县政府积极回应，迅速开展排查，通报事件进展，启动全城渗坑排查、建立台账、明确渗坑治理时间表、制定污染治理行动方案等具体操作措施。环境保护部就涉及的渗坑污染治理挂牌督办，河北省廊坊市纪委监察局快速问责。上述应急处置过程公开透明、实事求是，应对处置值得肯定，是突发舆情处置的较好案例。

但是，从污染的形成和治理角度来看，渗坑污染是一个长期存在的事情，对于渗坑污染治理，仅靠对该事件的应急处置是远远不够的。此次渗坑污染暴露出诸多亟待解决的问题。只有正视研究这些问题，建立有效的防控和治理机制，才能从根本上实现对环境污染的有效治理。

（一）事件舆情

津冀渗坑污染事件自 2017 年 4 月 18 日在两江环保微信公众号公开报道之后，开始引发舆论关注。随后，19 日被新京报等媒体报道后，才被迅速大量关注，尤其微博平台热度骤升、达到峰值，当天“@人民日报”“@头条新闻”“@财经网”“@云财经”等微博大 V 均关注此事，转发评论均为上千，其中“@云财经”19 日 12 时 40 分发布的微博目前已被转发 29107 次、评论 4982 次；20 日，微信公众号“深一度”发布的相关文章获得大量关注和传播，当天相关新闻及微信量达到最高峰值，微博热度也居高不下。随后几日舆情量渐次回落，至 24 日又掀起一波小高峰，当天人民日报发布的《施工已开始 土壤待详查(一追到底华北渗坑污染)》转载过百，央视新闻客户端发布的《天津要求彻查问责渗坑问题 将详查 92 处已治理渗坑》备受关注，此外，当天中国新闻网发布的《山西两化工企业涉偷排废水 发现大面积渗坑》也较受关注。随后舆情逐渐走低，到 26 日基本结束。19～20 日舆情走势如图 7-4 所示。

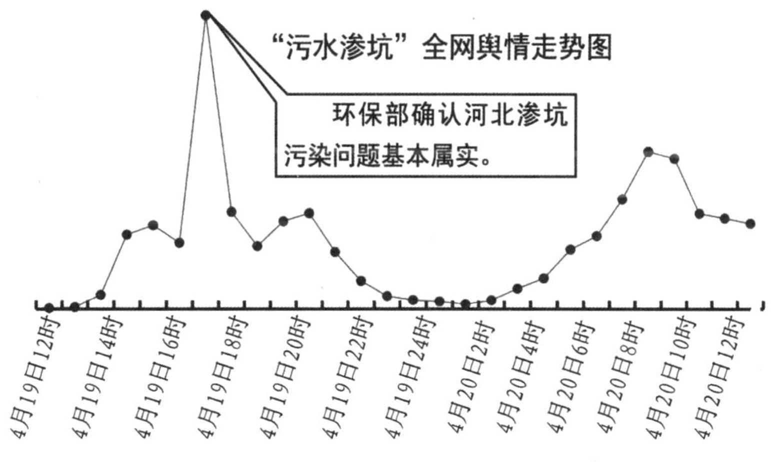

图 7-4　津冀渗坑污染事件相关舆情走势[①]

从舆情内容来看，此事件引发的舆情主要集中在政府的责任和环境治理等方面，舆论倾向如下。

---

① IUD 中国政务舆情监测中心. 华北渗坑警示：舆情焦点从谴责肇事企业转到批评地方政府[J]. 领导决策信息，2017(17)：24-25.

1.明确政府是治理的责任主体

新京报评论认为，渗坑作为隐藏在农田之中的“工业余毒”，其危害是显而易见的，早一天治理，这些渗坑就早一天不再向地下水“排毒”，早一天不再向周边地区和民众输出污染危害。有的渗坑或污染来源复杂，或历史久远，所以找出责任方，责令其出资进行治理非常困难。但是，这些困难不能成为地方政府拖延治理的理由，正如天津市所要求的，“历史遗留且不能明确工业企业责任的渗坑，各区县政府是治理的责任主体”。[①]

东北新闻网评论认为要解决当前渗坑污染问题，第一，在治理方面，当地环保组织一定要冲在前面，立下治理“军令状”，并适时向媒体、向群众公开治理情况，让治污的每一个环节都透明公开。第二，相关部门尽快组建联合调查组，核查当地政府及环保部门是否存在失职、渎职情况，以事实为依据，以法律为准绳，尽快查出真相，并对外公开，给人民群众一个说法，要设置法律“高压线”，对发生重大污染事故的当地主要领导、分管领导坚决追责问责，并严肃处理不作为部门。第三，全国各地都应该进行污染现象排查。要齐抓共管、形成合力，要动真碰硬、严肃问责。一旦发现污染要立即整治，采取积极有效的措施，以高度政治自觉打好环境治理战役。[②]

人民网评论认为对能够查实的违规企业或个人，必须加以严惩，对其没有支付的治污欠账，一定要加倍补上。但更为重要的是，即使一时间不能明确“坑主”，当地政府和环保部门也应该担负起责任，尽快展开深度治理，把污染造成的环境伤害降到最低。地政府必须改变过去的治污“慢动作”，按照环保部的要求，按下“快进键”，立即对渗坑水体、土壤及周边地下水开展监测，抓紧制定整治方案，加快治理进度；同时，做好信息发布工作，及时向社会公开监测及治理信息，给自己上紧弦、加重压，尽快把这些危害生态环境和公众健康的“余毒”排干净、治彻底，给社会一个满意的交代。[③]

钱江晚报在《超级污水渗坑，板子该打谁》一文中指出，前任环保部副部长在回答有关水污染治理问题时，提出了“治河先治污，治污先治官，治官先治人”的铁腕治污措施。治污先治官，就要看当地官员拿出多少诚意来治理污染。环保部门负有监管职责，却睁一只眼闭一只眼，才导致渗坑几年不变。如果当地政府、环保部门缺乏守土有责的意识，尸位素餐，治污就是一句空话。[④] 希望各级政府部门都重视起来，利用高科技手段做好环境保护的监管和执法工作。环保部门要重点加强监管和严格执法。环境的改善需要加强日常的监管和呼吁更多人的参与，保护地球是我们人类共同的呼声，也是每个

---

① 新京报.华北渗坑排污 治理不能慢吞吞[EB/OL]，(2017-4-20)[2021-2-22]，http://opinion.china.com.cn/opinion_24_163424.html.

② 东北新闻网.华北工业污水渗坑解决 “污染渗坑”必须“利剑出鞘”[EB/OL]，(2017-4-21)[2021-2-22]，http://news.nen.com.cn/system/2017/04/21/019810246.shtml.

③ 人民网评.华北污水渗坑，治理不能再拖了！[EB/OL]，(2017-4-20)[2021-2-22]，，http://opinion.people.com.cn/n1/2017/0420/c1003-29225086.html.

④ 钱江晚报.超级污水渗坑，板子该打谁[EB/OL]，(2017-4-20)[2021-2-22]，，https://m.sohu.com/a/135175195_119038/.

人应尽的责任和义务。

凤凰网评论指出，以污水肆虐的农村及城乡接合部而言，这些地方为什么会成为污染的重灾区？很简单，地方环保部门要么有心无力，缺乏足够的执法支持，往往在地方政府的威力面前败下阵来；要么与污染企业同流合污，甚至成为污染企业的保护伞，共同对付上级的检查、督查。这也预示了未来的环保督查方向，即必须从督查企业转向督查官员，从督查具体的污染行为转向督查官员的行政行为。

人民日报评论认为，环保压力层层传导，治理责任级级压实，唯有调动中央和地方两个积极性，实现政府体系内部的条块互动、上下联动，才能理顺机制、形成合力。地方政府部门应该认识到，环境监管不能仅仅依靠上级环保部门的督查，而应该树立起主体责任，让每一级政府都成为环境治理的主人翁，才能最大限度防止污染的发生、降低事故的影响。

2.“先污染，后治理”路子行不通

中国网评论认为，空气、水源等环境污染问题，谁都不能独善其身。“先污染，后治理”的发展路子是行不通的。此次“渗坑污染”就是一个警示，地方政府和环保部门只要发现了污染行为，必须在第一时间进行制止和治理，一刻都不能放松。

新京报援引环保专家的话说：治理河北 17 万平方米污水渗坑至少需要 2 亿元——无论砖厂化肥厂还是“两个农民”，恐怕前世今生都挣不到这么多钱；地方或国家财政也无力填饱这样的“无底洞”——先污染后治理，已被证明死路一条。唯有动用“长出牙齿”的新环保法乃至刑法最新环保修正案，真正“咬痛”危废偷排实施者及其幕后策划人，震慑行政不作为和乱作为，切实提高违法排污的经济成本和政治成本，才能避免生态环境陷入万劫不复的深渊。①

《人民日报》微博称：经年累月的污染到今天才被揭开盖子，背后是环保责任的严重缺失。唯 GDP 的时代已经过去，但一些地方轻视环保的惯性却刹不住车。先污染再治理的老路代价高昂，莫敷衍，要亮出环境保护的“钢牙利齿”，为人民谋健康，为子孙谋福祉。

（二）事件暴露的问题

通过民间环保组织的“偶然发现”，使得存在多年的华北工业污水渗坑进入公众视野，事件暴露了我国几十年工业快速发展过程中产生和遗留的环境污染问题，以及政府在监管和治理方面的不足与盲点，值得深刻反思。

渗坑，也叫渗水坑，指的是排除少量雨水或污水的土坑。渗坑坑壁用礓或石块堆砌，底部铺碎石，坑顶加盖，并在污水进口处装拦网以拦截较大固体杂质。导入坑中的

① 新京报.“渗坑治污”给新《环保法》出了道难题[EB/OL]，(2017-4-22)[2021-2-22]，http://epaper.bjnews.com.cn/html/2017-04/21/content_678831.htm? div=－1.

水通过坑底与坑壁渗入土壤，适用于地下水位低的地点。污水渗坑是一种低成本的污水处理方式，就是在地上挖一个大坑或者打口井，把污水注入其中，利用土壤中的微生物过滤和降解污染物。企业在通过渗坑方式排放工业污水时，如果没有经过一定的前期净化预处理，大量污水远超土壤有限的降解能力，将会造成严重的水污染，安全隐患极大。在华北的一些地区，比渗坑更隐秘、危害更大的是将污水排入废弃深井，这会直接污染地下水。

渗坑问题在我国由来已久，很多地区尤其是农村偏远地区有许多排污渗坑，存量较大，这种情况在华北地区尤为严重。这些渗坑长期未得到有效治理。一是对于渗坑治理，一般工业废水比生活污水要难治理，而渗坑的治理则难上加难，耗资也更巨大，对土地的修复很难。二是渗坑治理技术复杂，要彻底治理土壤意味着要将原先的土做移出处理，若是暂时性防止进一步恶化则要对渗坑加不透水保护膜，防止雨水渗透进一步污染。具体治理流程则要根据污染程度对废水进行实验，或者采用生活污水对已污染水质提供营养，进一步则要用生物降解、化学处理或者物理处理方法。而其中物理吸附，耗资最多。此事件中的河北大城县和天津市静海区渗坑污染就是典型的例子。

1.渗坑治理低效，污染时有发生

此渗坑污染事件，从有关地方政府的回应来看，当地政府还是采取了一些措施的。但治理的速度，还有待提升。早在2013年之前，环保部曾开展过华北平原排污企业地下水污染专项排查，发现河北、天津等多地通过渗坑、渗井偷排污水等非法行为。2013年，河北省开展对污水渗坑的专项整治行动，同年，天津市也开始筹划对渗坑污染的治理工作。2014年，天津市环保局曾将渗坑进行分类，制定不同的技术方案，指导各区县进行治理修复。天津也将90多个存储工业废水渗坑塘列为治理重点，通过“关、停、迁、治”方法解决污染问题。然而，几年过去，渗坑污染问题依然存在，治理低效，无法根除。

据调查，此次渗坑污染事件中的河北省两处渗坑于2013年曾发生废酸违法倾倒事件，导致坑内存水及土壤受到污染。2013年3月，大城县政府部门接到群众举报，经公安、环保部门调查，渗坑污染系旺村镇两村民于2011年至2012年将从外地拉来的废酸倾倒进坑塘所致。2014年3月，大城县政府经过调查比较，选定两家公司分别对砖厂渗坑和化肥厂渗坑进行治理，但治理工作一直未完成。治理公司经理表示，由于经验不足，无论政府还是公司，当时对渗坑的污染情况进行的评估不够准确，导致治理后期出现多次反复。2016年底，大城县政府将两个渗坑治理工程列入2017年县政府重点工程，预算3848万元。天津市静海区渗坑实际位于天津市静海区唐官屯镇佟家庄村，为上世纪70年代初砖瓦厂取土形成。由于历史原因，静海区的产业以黑色、有色金属加工为主，部分坑塘被污染，多为倾倒废酸或偷排污水所致，而佟家庄村坑塘为其中一个。静海区对水污染问题早有关注。2013年，静海区制定了《静海区水污染治理实施方案》，以“水清岸绿”为目标，坚持源头治理，配套推进环境保护基础设施建设，加大执法力度，强力做好水污染防治工作。先后投入6亿元，治理渗坑18个、坑塘450个，治理规模化养殖场99个，清淤河道263千米；已建成污水处理厂11座，建制镇污水处理站

18 座;依法取缔污染企业 467 家、售酸企业 26 家。2013 年以来已打击处理 115 人,判刑 23 人。佟家庄渗坑的治理工作于 2014 年启动,工程总投资 1072 万元,对渗坑污水进行治理,11 月竣工并通过验收。2016 年下半年,静海区环保局巡查发现,该渗坑污染反复出现。同年 7 月,静海区政府决定对该渗坑污水及底泥进行深度治理,并于 12 月完成渗坑治理项目的立项、招标等工作。2017 年 4 月,该渗坑污泥治理全部办完前期手续,施工单位已入场加紧施工。

渗坑污染反复治理又多次反复出现,反映了我国在环境治理方面的低效率。从经济学角度来看,环境污染是一种外在不经济性的表现,是对资源的破坏。外在不经济性是指经济系统中由于一个单位的生产导致其他单位无偿支付成本,使个人利益和社会利益与个人成本和社会成本之间出现不匹配的现象。排污企业以牺牲社会成员的利益为代价获取利益,使排污造成的社会边际成本大于边际收益,而环境治理需要付出巨大的社会成本,当治理成本无法获得相应补偿时,必然会造成环境治理效率的损失,即表现为环境治理的低效率。我国的环境治理单靠市场机制无法调节,需要政府采取强制手段,环境治理的低效率更加明显。

2.基层政府环境治理能力不足和治理态度不坚决

渗坑污染问题由来已久,不免让人产生这样的疑问:为何治污总等大曝光政府才重视?2015 年 1 月 1 日正式实施的《环境保护法》修订案第四十二条、第六十三条明令禁止渗坑、渗井排污,违法者承担刑事责任。这两年,是否有企业或个人继续向这些渗坑倾倒、排放废水?据环境保护相关法律法规,产生污染的工业企业,都应当配套相应的污染治理设施,使污染物排放符合环境标准。如果中小企业缺乏自行处理污水的能力,或者分散处理成本较高,可以将中小企业搬迁入配备污水处理厂的工业园区,集中管理。

根据廊坊市大城县和天津市静海区政府网站资料,大城县建有现代制造业工业园,静海区更拥有包括大邱庄工业区在内的多个产业园和工业园,两地也都同时建设有污水处理厂,虽然未必完全与工业园配套。也就是说,在渗坑形成的过程中,两地政府在工业污染治理方面,既可能存在集中整治不足,也可能存在点源监管不力的问题。与此同时,河北省大城县两处被曝光的渗坑均在 2013 年 5 月就已抓获犯罪嫌疑人,渗坑也“正在治理”,但直到 2016 年底,两个渗坑才列入 2017 年县政府重点工程;而静海区的环保负责人也表示,当地的渗坑已纳入治理计划,“正在想办法处理”。至少 4 年前就存在的巨大渗坑,地方政府早已知情,治理进程却如此缓慢,这可能存在基层政府面对严重污染时治理能力不足的客观事实,也可能存在治理态度不坚决的主观认识问题。

3.环境执法力度有待提高

现有的法律规定中对渗坑污染的涉污企业处罚力度较低,威慑作用还很有限。虽然目前《环境保护法》和《水污染防治法》均有明确规定,严禁通过渗井、渗坑、裂隙和溶洞排放、倾倒含有毒污染物的废水、含病原体的污水和其他废弃物,但处罚仅限于五日以上十五日以下拘留，限期治理、罚款等措施。《水污染防治法》第76条规定，利用渗坑排放、倾倒含有毒污染物的废水、含病原体的污水或者其他废弃物的，处5万元以上50万元以下罚款。《放射性污染防治法》第42条也明确规定，利用渗井排放放射性废液的处10万元以上20万元以下罚款。然而，从近年的关于渗坑污染违法查处案件来看，罚款金额超过5万元的案例很少。此外，法律对污染的治理责任、治理期限规定不够明确，导致一些地方政府怠于治理污染，问题一拖再拖，成为“历史问题”。因此，追责力度不够，处罚成本低下，企业的违法成本很小，使得渗坑污染问题日益突出，正如此次事件一样触目惊心。

四、反思与建议

首先，要加大对基层的支持力度，不能一味地提要求、派任务，而应该致力于解决问题。比如，这些渗坑往往是无主渗坑或者难以找到主责者的渗坑，需要基层政府兜底处理，而基层政府基本无力承担，对此需要加大财力支持。但是，对于客观具备解决条件，但主观不作为的，必须严肃问责。

其次，强化国家层面的督查，帮助地方发现问题，指导地方解决问题。相比而言，国家层面的督查在能力上有保证，可以调动多方面的资源和技术力量，确保问题无处可藏；在态度上有保证，可以最大限度地规避“人情网”的束缚，确保发现的问题不被隐瞒；在处理上有保证，可以调度各有关部门及时有效地解决问题。

最后，要重视媒体的监督作用，及时曝光久拖未决、性质恶劣的问题。一方面，媒体监督能够引起社会公众的关注，形成有利的舆论氛围；另一方面，媒体监督也比较容易引起地方政府重视，有利于加快解决速度。此次污水渗坑曝光，就充分说明了这一点。

思考题

1.什么是渗坑？它是如何形成的？

2.渗坑污染会造成哪些环境影响？

3.渗坑污染如何处理？

15个绿色环保小常识

随着社会的不断发展，科学技术在不断取得新成果的同时，环境污染越来越成为大家关注的热点，低碳、环保都是社会所倡导的，那么在生活中我们应该如何做？

1.节约用水

随时关上水龙头，别让水白流；看见漏水的龙头一定要拧紧它。尽量使用二次水。例如，淘米或洗菜的水可以浇花；洗脸、洗衣后的水可以留下来擦地、冲厕所。如果您家冲水马桶的容量较大，可以在水箱里放一个装满水的可乐瓶，您的这一小小行动每次可节约1.25升水。

2.少用洗洁精

大部分洗涤剂是化学产品，会污染水源。洗餐具时如果油腻过多，可先将残余的油腻倒掉，再用热面汤或热肥皂水等清洗，这样就不会让油污过多地排入水道了。有重油污的厨房用具也可以用苏打加热水来清洗。

3.节约用电

随手关灯、少用电器、少用空调，为减缓地球温暖化出一把力。不要让电视机长时间处于待机状态，只用遥控关闭，实际并没有完全切断电源。每台彩电待机状态耗电约1.2瓦/小时。使用节能灯，节能灯虽然价格贵，但比普通灯要省电。用温水、热水煮饭，可省电30%。

4.交通工具

出行尽量选择公交车、地铁、自行车，少开私家车，减少尾气排放；有私家车的人尽量使用无铅汽油，因为铅会严重损害人的健康和智力。

5.节约森林

少用快餐盒、纸杯、纸盘等，尤其要少用一次性筷子。一次性筷子是日本人发明的。日本的森林覆盖率高达65%，但他们的一次性筷子全靠进口；我国的森林覆盖率不到14%，却是一次性筷子的出口大国。

充分利用白纸，尽量使用再生纸，用过一面的纸可以翻过来做草稿纸、便条纸。拒绝接受那些随处散发的宣传物，制造这些宣传物既会大量浪费纸张，又会因为随处散发、张贴而破坏市容卫生。再生纸是用回收的废纸生产的。一吨废纸=800千克再生纸=17棵大树。

6.选购绿色食品

很多蔬菜水果都喷洒过农药、化肥，还有很多食品使用了添加剂。这样的食品会危害健康和智力。所以，要选购不施农药、化肥的新鲜果蔬，少吃含防腐剂的方便快餐食品、有色素的饮料和有添加剂的香脆零食。或者认准“绿色食品”标志选购食品也行。

7.选无磷洗衣粉

含磷洗衣粉进入水源后，会引起水中藻类疯长，水中含氧量下降，水中生物因缺氧而死亡，水体也由此成为死水、臭水。

8.用充电电池

我们日常使用的电池是靠化学作用，通俗地讲就是靠腐蚀作用产生电能的。当其被废弃在自然界时，这些物质便慢慢从电池中溢出，进入土壤或水源，再通过农作物进入人的食物链。用完的干电池攒到30公斤后，可联系当地垃圾回收中心回收。

9.拒绝过度包装

不少商品如化妆品、保健品的包装费已占到成本的30%～50%。过度包装加重了消费者的经济负担，增加了垃圾量污染了环境。

10.自带菜篮买菜

现在大型超市已经对购物袋进行收费，目的就是减少白色污染，买东西时少领取塑料购物袋，上街购物时带上布袋子或菜篮子。在超市买的购物袋也可以重复利用。

小知识：2007年12月31日，中华人民共和国国务院办公厅下发了《国务院办公厅关于限制生产销售使用塑料购物袋的通知》。这份被群众称为“限塑令”的通知明确规定：“从2008年6月1日起，在全国范围内禁止生产、销售、使用厚度小于0.025毫米的塑料购物袋。”“自2008年6月1日起，在所有超市、商场、集贸市场等商品零售场所实行塑料购物袋有偿使用制度，一律不得免费提供塑料购物袋。”

11.保护野生动物

拒食野生动物，拒用野生动物制品，不去那些食用野生动物的饭店就餐。不穿珍稀动物毛皮服装，不使用野生动物植物制品，如象牙、虎骨、红木家具等。正所谓没有买卖，就没有伤害。

12.利用好可回收物品

生活中有许多废物是可以再利用的，如果是完好的物品，可以在自己所在城市的二手市场卖给需要的人，可回收垃圾可再次生产利用。

可回收物品：

(1)废纸：报纸、书本纸、包装用纸、办公用纸、广告用纸、纸盒等；注意纸巾和厕所纸由于水溶性太强不可回收。

(2)塑料：各种塑料袋、塑料泡沫、塑料包装、一次性塑料餐盒餐具、硬塑料、塑料牙刷、塑料杯子、矿泉水瓶等。

(3)玻璃：玻璃瓶和碎玻璃片、镜子、灯泡、暖瓶等。

(4)金属：易拉罐、铁皮罐头盒、牙膏皮等。

(5)布料：主要包括废弃衣服、桌布、毛巾、布包等。

13.领养一棵树

参加领养树的活动，在树上挂一个小牌，写上你的名字，定期给它浇水、培土，照料它成长，让它成为你家庭的一员。

一棵 50 年树龄的树，产生氧气的价值约 25 万元；吸收有毒气体、防止大气污染价值约 50 万元；增加土壤肥力价值约 25 万元；涵养水源价值 35 万元；为鸟类及其他动物提供繁衍场所价值约 25 万元；产生蛋白质价值 2 万元。除去花、果实和木材价值，总计创值约 150 万元。

14.避免污染

如果你去一个地方旅游，不要在你去之前那里是名胜美景，而你走之后那里成为垃圾站。

15.少吃口香糖，自己不吸烟，奉劝别人少吸烟，不使用非降解塑料袋、快餐盒等

第 8 章

“11・23”甘陕川跨省水污染事件应急联动

【导读】2015 年 11 月 23 日，位于甘肃省陇南市西和县的甘肃省陇星锑业有限责任公司尾矿库发生尾砂泄漏，造成跨甘肃、陕西、四川三省的突发环境事件，对沿线部分群众生产生活用水造成一定影响，并直接威胁到四川省广元市西湾水厂的供水安全。事件发生后，党中央、国务院高度重视，环保部迅速派出工作组和技术专家赶赴现场协调指导，甘肃、陕西、四川三省联动，相继启动应急预案，组织开展应对工作。通过采取切断源头、筑坝拦截、水利调蓄、技术降污、河道清污和饮水保障等具体措施，保障了沿线群众生产生活用水安全。2015 年 12 月 26 日，陕川交界处持续稳定达标。2016 年 1 月 28 日，甘陕交界处持续稳定达标，跨省水污染事件得到有效控制。

一、事件回放

（一）事故发生，跨省污染

2015 年 11 月 23 日 21 时 20 分左右，陇星锑业发现位于太石河乡境内的崖湾山青尾矿库二号溢流井隔板破损脱落，导致尾矿及尾矿水泄漏流经太石河进入西汉水，造成甘肃境内太石河约 23 千米河段、甘肃和陕西境内西汉水约 125 千米河段、陕西和四川境内嘉陵江约 196 千米河段的水体锑浓度超标，一度超过标准 120 倍。污染区域跨甘、陕、川三省，处置难度极大，风险较高，情况相当复杂。

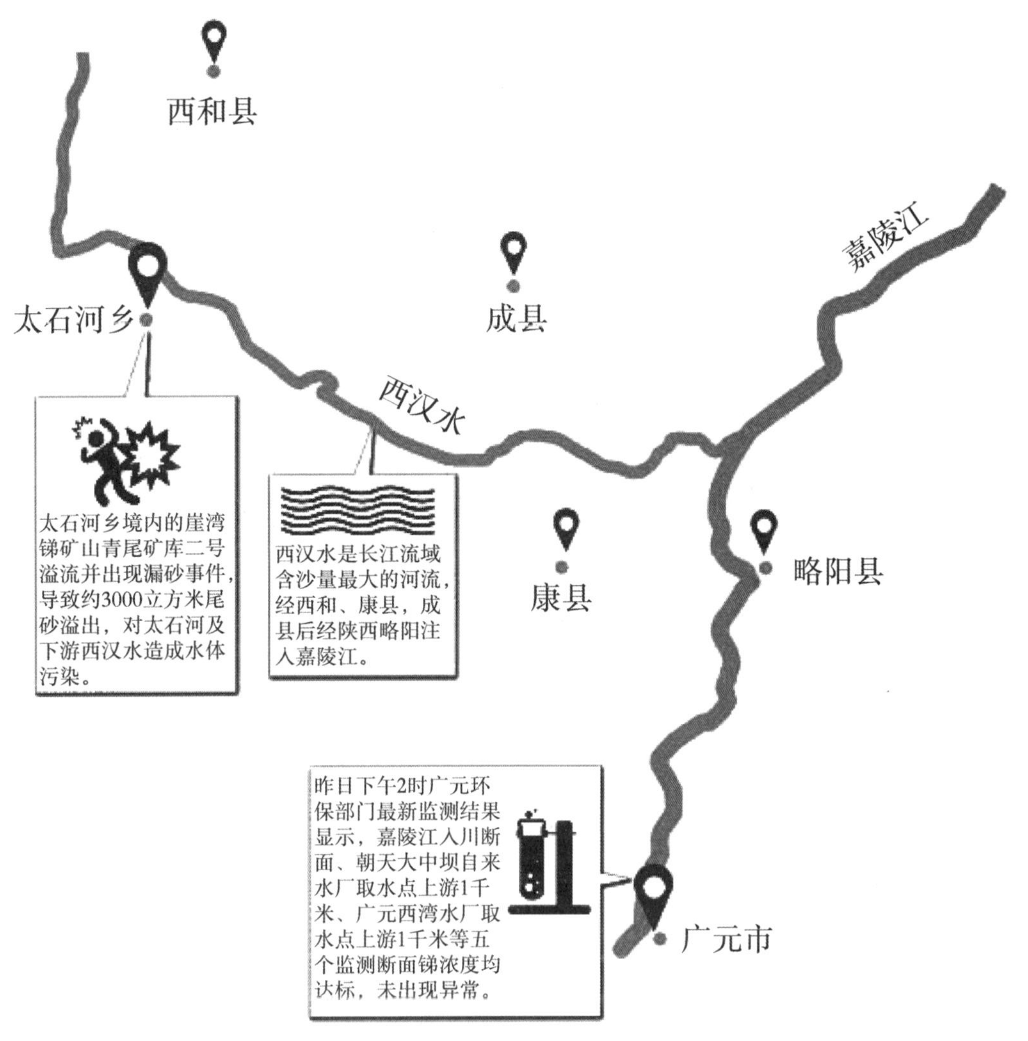

图 8-1 事故发生的方位[①]

（二）初期响应，信息迟缓

事件发生后，陇星锑业未及时向西和县安监部门上报尾矿库泄漏事故信息，未向西和县政府报告事件信息。太石河乡未建立有效的应急值班和信息报告制度，乡党委、政府迟报、漏报事件信息，未向西和县政府和西和县安监局报告事件信息。西和县安监局未有效建立西和县安监局应急值班制度。西和县环保局迟报、漏报事件信息，未有效建

① 四川新闻网.陇南锑泄漏致嘉陵江上游支流水质污染 广元全城储水[EB/OL]，(2015-12-2)[2021-2-20]，http://www.sc.gov.cn/10462/12771/2015/12/1/10360790.shtml.

立应急值班和信息报告制度;未及时有效接报事件信息,未及时向西和县政府、陇南市环保局报告事件信息;未及时向康县、成县环保部门通报事件信息。在事件初期对污染严重性预见不足,未及时采取有效拦截处理污染措施。陇南市政府未在规定时限内向甘肃省政府及有关部门报告事件信息;未全面核清事件情况,错误地将已对太石河及下游西汉水造成水体污染的事实,向甘肃省政府上报为极可能对太石河及下游西汉水造成污染;在事件初期对污染严重性预见不足,未及时采取有效拦截处理污染措施。直至2015年11月24日9时,西和县才接到报告,称该县陇星锑业公司崖湾山青尾矿库二号溢流井隔板破损出现尾砂泄露。

(三)高层关注，部委指导

事故发生后,国务院高度重视,中共中央政治局常委、国务院副总理作出重要指示。环保部迅速做出反应,部长、副部长赶赴现场指导处置,并要求甘陕川三省全力配合,按照“甘肃省断源截污、陕西省降污减荷、四川省保障供水”的应急处理思路开展工作,并先后派出甘、陕、川三路工作组和专家,总体采用协调三省联动、各地分头督促指导、工作进行现场督办等多种方式,从技术、措施、任务落实等多方面提出意见和建议。同时,水利部、住建部也分别派出工作组指导地方政府开展应急处置。按照《突发环境事件调查处理办法》的有关规定,环保部启动突发环境事件调查程序,组织成立专家调查组,赴地方相关市县开展全面调查。

(四)跨省联动，应急治污

事件发生后,环保部门立即派出西北督查中心、西南督查中心两个工作组,分别赶赴甘肃陇南和四川广元协调地方政府做好现场处理和应急准备工作。同时,环保部副部长紧急带领工作组和专家赶赴现场。

2015年11月24日,陇南市启动环境污染突发事件预案和三级响应,成立领导小组和应急指挥部。26日,将应急响应级别提升为二级,全力以赴开展源头封堵、河道截流和水体降污等工作。

2015年11月24日,根据陇南市环境监测站的监测数据,锑超标317.4倍。

11月25日7点30分,在距事故点68千米的西汉水成县毛坝大桥检测到锑污染最高超标231倍。

11月25日8点40分,甘肃省环保厅启动突发环境事件内部响应。

11月26日6时,距离事发地118千米的甘肃出省断面锑浓度开始超标,当日17时达到最大值,超标120倍。

甘肃省委、省政府主要领导分别就做好应急处置各项工作作出安排部署。省纪委、省监察厅立即成立调查组,赴实地提前介入开展调查。调查组通过调阅资料、谈话了解、实地察看、走访群众等方式，对企业在安全和环保工作方面存在的问题以及市县两级党委、政府和有关监管部门职责履行的情况进行了初步调查。

11 月 27 日 10 时，甘肃省政府启动《甘肃省突发环境事件应急预案》二级响应，开展水体污染应急处置工作；成立甘肃省委常委、副省长担任总指挥的省政府应急处置指挥部，并在陇南市成县成立现场指挥部，组建源头堵截、数据监测、污染物处置、新闻和综合信息 4 个专项工作组，省市联动、现场指挥。

11 月 27 日，环保部工作组紧急赶赴现场指导、协调三省联合应对。

11 月 27 日晚，环保部工作组在陕西略阳县召开甘陕川三地政府及相关部门负责同志会议，对各地污染防治工作提出明确要求。

11 月 27 日，污染源头被彻底切断。

11 月 28 日，环保部宣布启动突发环境事件调查程序。

11 月 28 日 3 时，甘肃省政府派出的环保组通过对甘陕交界西汉水建村断面水质采样分析，检出特征污染物锑超标 18.6 倍(0.098 毫克/升)，被污染河流已经进入陕西省境内。

11 月 28 日，陕西省汉中市环保局网站公布，当天嘉陵江干流上游水质检测结果显示，西汉水甘陕入境处锑含量为 0.1071 毫克/升，葫芦头水电站库区锑含量为 0.1544 毫克/升，分别超标 20.4 倍、29.9 倍。

(五)污染减小，监测达标

截至 2015 年 11 月 30 日 14 时，陇南市监测数据显示，西汉水毛坝下游省界流量峰值由 19.6 立方米/秒下降为 10.5 立方米/秒。甘陕省界 10 千米处锑监测浓度由 11 月 26 日 17 时的 0.673 毫克/升，超标 120.5 倍，降到 11 月 30 日 12 时的 0.024 毫克/升，超标 3.8 倍。

11 月 30 日，陇南市通报了西和县尾砂泄漏事件最新进展，称目前源头已无污染物进入河道。

陇南锑泄漏事件发生后，广元市委书记，市委副书记、市长分别做出指示，立即启动相关应急预案、应急响应。为防止水质污染对广元及嘉陵江下游造成影响，广元市政府、四川省环保厅多次组织召开专题会议，通报本次水污染事件及应对处置情况。

11 月 30 日上午，广元市政府再次组织召开专题会议，市长要求千方百计确保嘉陵江流域人畜饮水安全。

11 月 30 日上午，四川省环保监测总站专家到达广元，并对水质取样监测方案、分析实验室建设和处置方案进行共同研判。同时，国家环保部门正在积极组织力量，并会同陕西、四川相关专家，力争将污染水团控制在陕西境内。

11 月 30 日 14 时，广元环保部门最新监测结果显示，嘉陵江入川断面，朝天大中坝自来水厂取水点上游 1 千米、广元西湾水厂取水点上游 1 千米等 5 个监测断面锑浓度均达标,水质未出现异常。

11 月 30 日晚,环保部部长专程赶到略阳县召开处置锑矿泄漏突发环境事件甘陕川三省协调会,传达中央领导重要批示精神,分析研究存在的问题,安排部署下一步工作。

12 月 1 日 2 时,甘肃经过省、市、县三级共同努力,西和县陇星锑矿尾矿库溢流井破损口封堵工作完成,太石河姚孔村河段实现封堵断流。

截至 12 月 1 日 23 时 59 分,陕西省汉中市环保局网站发布的《关于甘肃省陇南市锑污染事件汉中境内应急监测情况的通报》显示,西汉水在甘陕入境处锑超标 4.85 倍,葫芦头水电站库区锑超标 13.4 倍,西汉水嘉陵江入口锑超标 30.4 倍。

12 月 2 日,中国环境监测总站组织甘肃、陕西、四川三省就锑污染事件监测技术进行商讨。

12 月 3 日,环保部环境损害调查评估前期工作启动。环保部环境规划院相关专家以事故现场为起点,沿太石河、西汉水下行,沿途开展环境损害评估前期调查工作。

12 月 4 日 18 时,距离事发地 262 千米的嘉陵江陕川交界处锑浓度超标。

12 月 7 日 2 时,距离事发地 318 千米的广元市西湾水厂取水口上游 2 千米的千佛崖断面锑浓度超标。

12 月 12 日 17 时,实施溢流井临时加固工作。

12 月 25 日,环境损害评估正式启动。

12 月 25 日,环保部组织甘肃、陕西、四川三省应急处置工作相关负责人,在四川省广元市召开甘陕川跨界锑污染事件调查工作启动会,决定成立由环保部应急办副主任为组长的事件调查组,下设管理、技术、污染损害评估及后勤保障 4 个工作组,正式启动事件调查程序。

12 月 26 日 0 时,即事发 33 天后,陕川交界处水质持续稳定达标。

12 月 31 日,广元市解除保障供水应急处置状态。

2016 年 1 月 14 日,溢流井永久性加固工作全面完成。

2016 年 1 月 28 日 20 时,即事发 67 天后,甘陕交界处水质持续稳定达标。

二、事件应急联动

此次泄漏事故污染处理主要有三大任务:一是切断污染源头,修复破损的尾矿库溢流井隔板;二是利用沿线的水电站和新修的拦水坝,截留受污染水体,投放治污药剂,降低水体锑含量;三是严密监测水质变化,确保沿线群众饮水安全。

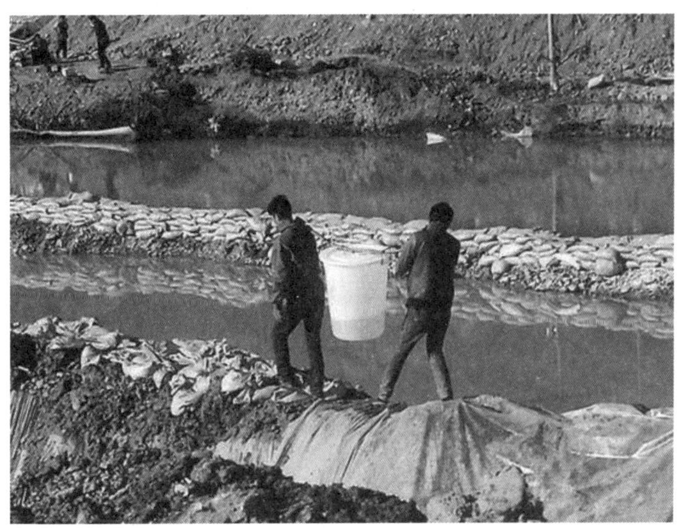

图 8-2 工作人员抬药剂处理水体污染①

(一)联动层面

应急联动主要体现在国家层面、中央与地方层面、省际层面、流域层面、政企层面等,既有横向跨部门、跨省联动,又有纵向层级、流域联动。

1.高层关注,部委联动

国家层面:跨部门联动(横向部门联动)。事件发生后,国务院领导高度重视,环保部、水利部、住建部三部委开展应急联动。

2.环保督导,上下联动

中央与地方层面:国家部委与三省上下联动(纵向层级联动);环保督导:亲临现场,目标明确,总体协调,分头督导,启动调查。

3.通力协作,跨省联动

省际层面:甘陕川跨省联动(横向省际联动)。事发后,三省均先后成立省级或市级突发环境事件应急指挥部,统筹开展应对工作。应急期间,三省通过开展沿线水质调查检测、通告群众停用污染水源、安排车辆送水、引其他清洁水源和实施水厂除锑工艺改造等措施,保障沿线群众生产生活用水安全。具体措施有:甘肃省采取多项措施实施源头封堵,切断污染物继续进入太石河的通道。陕西省利用葫芦头、张家坝和巨亭水电站等设施,拦截污染团并调集上游清水稀释。四川省通过建设新水源应急供水工程、水厂

① 新浪环保.甘肃陇星 3000 立方米尾砂泄漏 流祸 600 里水域[EB/OL],(2015-12-16)[2021-2-20],http://green.sina.com.cn/2015-12-16/doc-ifxmpnqm3352795.shtml.

改造工程，保证供水水质和水量。

4.截污降污，流域联动

流域层面：跨流域联动（纵向上中下游联动、空间水域联动），太石河——西汉水——嘉陵江流域联动。

5.支援锑灯，政企联动

政企层面：事发后，甘肃龙腾管业有限公司积极救援，完成500米钢波纹排水管道的安装。聚光科技子公司北京吉天仪器有限公司召开紧急会议，调动研发、生产、销售及售后各部人员全力配合甘陕川三省锑元素的检测工作。碧水源净水公司应邀参与了四川省广元市西湾水厂污染水质净化解决方案，助力广元居民健康安全饮水。通过此次事件反映了企业在险情面前的社会责任担当及综合应变能力。

6.群众参与，政民联动

甘肃省陇南市委、市政府组织市县乡村群众1.4万多人参与应急处置工作，修筑拦水坝46个，出动大型机械98台，及时开展了尾矿上游溪流外排、河道滩涂遗留尾砂处理等工作，对尾矿涵洞出水进行围堰，对太石河沿河3县投放絮凝剂40吨、石灰400吨。陕西省组织200余人、70余台工程机械设备加快葫芦头水库下游拦截设施施工进度。广元市城区南河段两边不少志愿者主动清除垃圾，力保不向南河投放污染物。

（二）应急联动

1.三部委现场协调指挥

事件发生后，按照《突发环境事件调查处理办法》的有关规定，环保部启动突发环境事件调查程序，组织有关专家成立调查组，赴地方有关市县开展全面调查。水利部、住建部也分别派出工作组和专家组协调指导地方政府开展应急处置。同时，要求三省按照“甘肃省断源截污、陕西省降污减荷、四川省保障供水”的应急处置思路开展工作。甘肃省通过切断源头、筑坝拦截等手段全力控污降污；陕西省及时加密监测跟踪污染发展态势，科学水利调蓄，全力控污降污，为下游四川省广元市西湾水厂实施除锑工艺改造争取时间；四川省通过启用新水源、修建应急输水管道和实施水厂除锑工艺改造等措施保障西湾水厂出水水质达标。

2016年1月14日，溢流井永久性加固工作全面完成。2016年1月28日20时，即事发67天后，甘陕交界处水质持续稳定达标。

通过甘、陕、川三省应急联动，实现甘肃、陕西两省以全力控污降污为主，四川省以切实保障广元市群众饮水安全为主的既定目标。表现出以下联动执行过程，详见图8-3。

环保部、水利部、住房和城乡建设部领导现场督办三省，协调指导地方做好应急应对工作，确保事件得到妥善处置。各部门按照“甘肃省断源截污、陕西省降污减荷、四川省保障供水”的应急处置思路开展工作。环保部第一时间派驻甘、陕、川三地工作组，采用总体上协调三省联动、各地分头督促指导的方式，全面掌握现场工作进度，从技术、措施、任务落实等多方面提出意见和建议，同时对治污设施建设、加药降解、应急输水管线建设等关键环节进行现场督办，保证应急处置工作的效率和河道治污效果，确保应急输水管线在污染团到来之前投入运行。在此次事件应急处置中，环保部门会同水利、城建部门跨部门、跨省联动，在污染物处置的同时，保障安全，没有次生其他灾害。

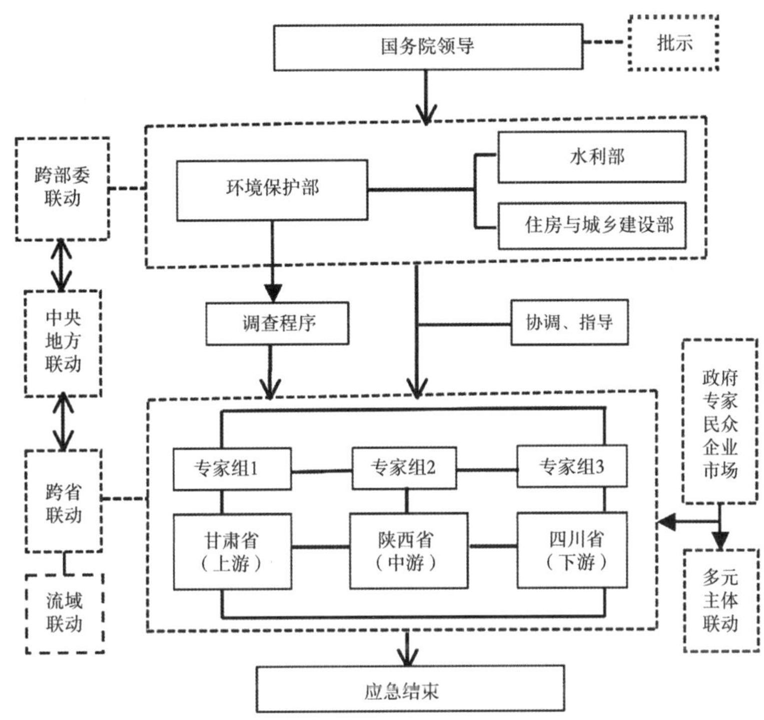

图 8-3 应急联动执行示意图①

2.专家组靠前技术支撑

事发后，三省均先后成立省级或市级突发环境事件应急指挥部，统筹开展应对工作。经过共同努力，实现了甘、陕两省以全力控污降污为主、四川省以确保广元市群众饮水安全为主的既定目标。具体措施包括：

(1)切断源头

甘肃省采取多项措施实施源头封堵，切断污染物继续进入太石河的通道。12 月 1 日完成了破损二号排水井临时封堵，阻断了尾矿泄漏通道；通过铺设管道、开挖防渗沟渠、修建防渗坝体对事发地上游清水进行引流，实现与受污染区域隔离；截流尾矿库上

① 李喜童，李涛.“11 · 23”甘陕川跨省水污染事件应急联动[J].中国应急救援，2017(6)：42-47.

游山泉水，阻止其进入排水涵洞冲刷残存尾矿浆；在尾矿库排水涵洞排水口周边设置围堰和防渗池，拦截处置涵洞渗出的高浓度污水。

(2)筑坝拦截

甘肃省先后在太石河、西汉水构筑临时拦截坝 198 座。陕西省在西汉水段构筑了临时拦截坝 4 座，在有效减缓污水下泄、为下游应急处置争取时间的同时，也为在河道通过技术措施实现降污目的创造条件。

(3)水利调蓄

甘肃省先后对位于陇星锑业上游的红河水电站、苗河水电站实施关闸蓄水，减缓污染团下泄速度。陕西省先后利用葫芦头、张家坝和巨亭水电站等设施，拦截污染团并调集上游清水稀释。同时通过大流量下泄减少高污染团在广元市西湾水厂取水口的停留时间。

(4)技术降污

经专家论证和实验，甘肃、陕西两省在沿线先后共建设 8 套临时应急处置设施，采用铁盐混凝沉降法，降低水体中溶解态锑的浓度。

(5)河道清污

为有效减少沉降在河道底泥及附着物中污染物锑溶解释放，甘肃省调集大型机械在太石河河床开挖深槽，主动引流河水腾出作业面，清运河道砂石、污染底泥及沉积物。

(6)检测会商

2015 年 12 月 2 日，中国环境监测总站、甘肃省站、陕西省站、四川省站专家在陕西略阳进行座谈，三省交流此次锑污染事件应急监测开展的情况，经过会议讨论，为进一步提高水质监测数据上、下游断面之间的可比性，三省统一省界断面点位采样位置、分析方法和质控措施，并建立数据共享机制。

(7)饮水保障

三省在境内沿线河流受到污染后，均立即通告群众停止取水，并分别通过引山泉水等其他水源、车辆送水、水厂除锑工艺改造等措施保障沿线居民用水安全。四川省通过建设新水源应急供水工程、水厂改造工程，保证了供水水质和水量，最终保障了广元市群众的饮水安全。广元市采取多种措施，赶在 2015 年 12 月 7 日污染带到达嘉陵江广元市城区段前落实到位并发挥作用，保证群众饮水安全。建设两条 5.5 千米应急调水管道，引入水厂下游支流的南河水至西湾水厂，保证自来水源水供应；在住建部供水专家指导下，采用应急除锑工艺对西湾水厂原水进行深度处理，确保出水水质达标；建设昭化区元坝水厂至城区供水主管网 1.75 千米应急管道，补充西湾水厂供水不足；组织力量对城市供水管网未覆盖的 30 个城郊居民集中居住点送水；建立南河应急饮用水水源地临时保护区，全力整治沿河污染源，落实人员巡查值守，确保水源水质。

三、事件分析与研究

（一）事件原因

调查组按照“科学严谨、依法依规、实事求是、注重实效”的原则，通过现场勘察、人员询问、资料核查、检测试验及专家认证，认定事件发生的直接原因是陇星锑业尾矿库二号排水井隔板破损脱落，导致含锑尾矿及尾矿水经排水涵洞进入太石河，造成甘肃省西和县境内太石河至四川省广元市境内嘉陵江与白龙江（嘉陵江支流）交汇处共计约346 千米河道、甘肃省西和县境内部分区域地下水井锑浓度超标。

1.排水井隔板破损情况

陇星锑业尾矿库二号排水井井座上第 1 层井圈、水面下约 6 米处、东北偏北方向的井架两立柱间 8 块隔板破损脱落，形成了高约 2.2 米、宽约 2.4 米、面积约 5.28 平方米的缺口（见图 8-4），造成约 2.5 万立方米尾矿及尾矿水从缺口处泄漏。

图 8-4 二号排水井泄漏位置及拱板安装缺陷图[①]

2.排水井隔板破损原因

第一个原因是排水井隔板没有按照设计要求进行安装施工，没有形成环形受压状态，在尾矿压力作用下隔板发生强度破坏，断裂脱落。设计文件要求安装时井架和隔板之间的空隙用 50＃水泥砂浆浇筑形成井壁，但现场检查发现隔板和立柱之间采用铁丝

① 环保部网站.甘肃陇星锑业有限责任公司“11·23”尾矿库泄漏次生重大突发环境事件调查报告[R/OL]，[2020-2-20]，http://www.mee.gov.cn/gkml/sthjbgw/qt/201610/W020161016691672474071.pdf.

连接，较大的缝隙用石块局部填塞，空隙没有用水泥坐浆。第二个原因是排水井隔板质量远远没有达到设计要求。设计要求排水井隔板内配 6 根 16 毫米的纵筋、8 毫米的箍筋。但实地检测发现，事故井安装的隔板只配了 4 根 8 毫米的纵筋、6 毫米的箍筋，而且部分钢筋外露、腐蚀严重，钢筋的数量、直径以及混凝土的强度都不满足设计要求。

（二）事件定性

此次事件造成跨甘肃、陕西、四川三省突发污染，直接经济损失 6120.79 万元，其中甘肃省直接经济损失 1991.93 万元，陕西省直接经济损失 1673.11 万元，四川省直接经济损失 2455.75 万元。按照《国家突发环境事件应急预案》，事件级别为重大。经调查认定，陇星锑业、甘肃省有关地方党委政府及部门、有关中介机构均存在与事件责任相关的违法违规问题。其中，陇星锑业尾矿库排水井建设施工严重违法违规、尾矿库安全设施日常管理混乱、未及时向西和县政府和西和县安监局报告事件信息。因此，认定此事件是一起因陇星锑业尾矿库泄漏责任事故次生的重大突发环境事件。

（三）事件影响

事件应急处置结束后，甘肃省陇南市、陕西省汉中市和四川省广元市委托技术评估单位，按照环保部印发的《环境损害鉴定评估推荐方法》等相关文件开展环境损害评估工作。该项工作分为应急处置阶段和中长期环境影响评估两个阶段。通过应急处置阶段的损害评估核算，此次事件有 2.5 万立方米的尾矿及尾矿水泄漏，直接经济损失为 6120.79 万元，造成甘肃省西和县至四川省广元市境内 346 千米河道锑浓度超标。本次事件共造成甘肃、陕西、四川三省 10.8 万人供水受到影响，造成甘肃部分区域乡镇地下水井锑浓度超标。甘肃省西和县太石河沿岸约 257 亩农田因被污染水直接淹没受到一定程度污染，0～40 厘米农田土壤超标率为 20%。

四、反思与建议

（一）反思

从应急响应角度来看，这次事件发生后，甘、陕、川三省及有关方面分别启动应急响应。总体来看，这起事件的应急处置体现了属地管理原则，但三省呈现出分区域、分领域、分部门的分散应急响应状态，缺乏一个统一的、强有力的应急联动中心响应机制。

目前的响应机制使整个应急响应工作碎片化，一方面增加环保部等中央部委协调、指导工作的难度，另一方面不利于信息沟通共享和应急保障资源整合，影响先期响应的速度和效率。

从联动预案角度来看，这次事件处置中，反映出甘、陕、川三省区域间尤其是上中下游流域间缺乏有效的应急联动预案。2013 年 10 月 25 日，《突发事件应急预案管理办法》规定：“鼓励相邻、相近的地方人民政府及其有关部门联合制定应对区域性、流域性突发事件的联合应急预案。”很显然仅有“鼓励”力度显然不够。针对这次事件，没有跨界、跨域联合应急预案，第一时间如何应急联动、联合应对？因而缺乏应急工作的规范性和主动性。同时，也会影响到安监、环保、水利等部门日常联动工作（包括安评环评准入、信息共享、联合执法、联合演练、形成监管合力等）的开展。实际上，2013 年 8 月 29 日，甘、陕、川、青、宁五省（区）环境保护厅签订《黄河长江中上游五省（区）环保厅应对流域突发环境事件联动协议》；2013 年 10 月 9 日，甘、宁、蒙三省区环境保护厅签订了《黄河甘宁蒙段跨界突发环境污染应急响应联动合作机制建立协议》，由此可看出流域性联动创议之端倪，但这一联动创议后续没有深入推进，仅仅停留于“纸质抽屉”。

从指挥角度来看，《国家突发环境事件应急预案》（2014 年 12 月 29 日颁布并实施）中规定：“突发环境事件应对工作坚持统一领导、分级负责，属地为主、协调联动，快速反应、科学处置，资源共享、保障有力的原则。”其中“统一领导”在跨省应急联动中怎么体现？在跨域突发环境事件中，谁对整个区域系统的应急处置与指挥调度工作全权负责？谁来协调三省应急管理部门行动的一致性？假如在同一时段发生类似的环境污染事件，环保部用何种方式同时开展指导协调工作？这次事件的应急处置工作，对跨省应急联动的指挥组织体系构建有何启示？事件应对中“指导”和“指挥”的边界如何界定？是否需要建立联动中心（一个统一的、强有力的区域综合协调机构）？

从维权赔偿角度来看，经环保部组织调查认定，此次事件是一起因陇星锑业尾矿库泄漏责任事故次生的重大突发环境事件，共造成直接经济损失 6120.79 万元，这还不包括事故对当地生态环境的影响及修复费用。甘肃省陇南市中级人民法院已经受理了由中华环保联合会提起的环境公益诉讼。诉讼请求中包括要求陇星锑业支付应急处置费用、生态环境修复费用等。有关专家表示，肇事企业陇星锑业或面临巨额赔偿，而现实中企业赔偿能力十分有限，政府往往为企业污染事故买单。面对这样一种窘境，可否探讨建立政府应急储备基金和企业投保环境污染责任保险等制度，充分发挥市场作用，实现政府、企业和市场的良性互动？

（二）建议

要想避免这类事件的发生，关键在于督促企业严格落实安全、环保的主体责任。企业应该依法做好尾矿库风险评估、隐患排查治理、应急预案编制备案等相关工作，并定期组织应急培训和演练，掌握尾矿库特征污染物以及应急处置措施，提高风险防范和事件先期处置的能力。这个过程中，每一个环节的落实程度都关系到风险能不能被有效控制、隐患能不能被及时发现并消除、出了事情有没有能力应对好，必须要发挥实效。

对于政府及相关部门来说，应该严控尾矿库企业的准入条件，科学评估并从严控制尾矿库与人口密集区、饮用水源地等敏感目标的距离，从源头避免“头顶库”（是指下游很近距离内有居民或重要设施，且坝体高、势能大的尾矿库）和“三边库”（是指临近江边、河边、湖库边或位于居民饮用水源地上游的尾矿库），降低尾矿库事故造成环境污染的风险。同时要充分发挥政府各部门间的相互协作，形成尾矿库监管合力，全面提升政府各有关部门的日常监管水平和事故应对能力。地方环境保护部门应该全面掌握行政区域内尾矿库特征污染物、周边环境敏感点特别是饮用水水源等环境风险信息，督促企业按照相关要求做好尾矿库环境风险评估、环境安全隐患排查治理、环境应急预案备案等工作。

当发生尾矿库溃坝、泄漏等事故后，企业应该第一时间采取有效措施进行封堵，地方政府要统一部署协调各部门做好各项应急处置工作，安全生产监督管理部门应该积极组织实施应急救援工作，环境保护部门应该按照有关规定进行信息报告和通报，并做好环境应急监测工作。

思考题

1.什么是水污染？形成的原因有哪些？

2.水污染有哪些危害？

3.水污染治理主要措施有哪些？

水污染知识——全球水污染现状以及中国水污染现状

目前，全世界每年约有4200多亿立方米的污水排入江河湖海，污染了5.5万亿立方米的淡水，这相当于全球径流总量的14%以上。

第四届世界水论坛提供的联合国水资源世界评估报告显示，全世界每天约有数百万吨垃圾倒进河流、湖泊和小溪，每升废水会污染8升淡水；所有流经亚洲城市的河流均被污染；美国40%的水资源流域被加工食品废料、金属、肥料和杀虫剂污染；欧洲55条河流中仅有5条水质勉强达标。

水污染对人类健康造成很大危害。发展中国家约有10亿人喝不清洁水，每年约有2500多万人死于饮用不洁水，全世界平均每天5000名儿童死于饮用不洁水，约1.7亿人饮用被有机物污染的水，3亿城市居民面临水污染问题。在肝癌高发区流行病的调查表明，饮用菌藻类毒素污染的水是造成肝癌的主要原因。

世界各地水污染的严重程度主要取决于人口密度、工业和农业发展的类型和数量以及所使用的三废处理系统的数量和效率。联合国发布的资料表明:目前全球有 11 亿人缺乏安全饮用水,每年有 500 多万人死于同水有关的疾病。据联合国环境规划署预计,世界上将有 1200 万人死于水污染和水资源短缺。如果人类改变目前的消费方式,到 2025 年全球将有 50 亿人生活在用水难以完全满足的地区,其中 25 亿人将面临用水短缺。人们饮用被污染的水,这正是人得病,甚至传染的主要起因之一。

据有关报道,发展中国家中估计有半数人,不是由于饮用被污染的水或食物直接受感染,就是由于带菌生物如水中孳生的蚊子间接感染,而罹患与水和食品关联的疾病。这些疾病中最普遍且对人类健康状况造成影响最大的疾病是腹泻病、疟疾、血吸虫病、登革热、肠内寄生虫感染和河盲病(盘尾丝虫病)。联合国教科文组织发布的数据显示,大约 80%的此类疾病是由质量低劣的饮用水造成的。原联合国秘书长安南称,全球每 6 人中有 1 人在生活中无法固定获得干净的水源。世界卫生组织估计,每年仅仅因饮用了不安全的水以及缺乏卫生用水而得疾病死亡的总人数在 500 万人以上。亚洲开发银行认为,亚洲人口的寿命缩短的年数约有 42%是由于水源污染和卫生条件差引起的。

由于在水资源保护方面投入不足，印度每天有200多万吨工业废水直接排入河流、湖泊及地下，造成地下水大面积污染，所含各项化学物质指标严重超标，其中，铅含量比废水处理较好的工业化国家高20倍。此外，未经处理的生活污水的直接排放也加剧了水污染程度。流经印度北方的主要河流——恒河已被列入世界污染最严重的河流之列。当地居民饮用和在烹饪时使用受污染的地下水已经导致了许多健康问题，例如腹泻、肝炎和霍乱等。在印度首都新德里，有条件的家庭都给自家的自来水设施安装了净水器，桶装纯净水也日益受到人们的青睐。由于地下水污染严重，目前在印度市场上销售的12种软饮料，有害残留物含量超标。有些软饮料中杀虫剂残留物含量超过欧洲标准10倍至70倍。

第9章

校园贷风险识别及防范处理

【导读】“校园贷”是指在校学生向正规金融机构或者其他借贷平台借钱的行为。本来旨在为尚未具备收入自给自足能力的大学生，打开一扇“经济解困”的窗，但好经被歪和尚念坏，风流总被雨打风吹去。近年出现的校园贷在大学生群体中很是火爆。方便快捷的注册审核，轻松就能使用“校园白条”，既能满足消费欲望，又能留下必需的生活费用，校园信贷、分期购物渐受大学生热捧。校园贷屡禁不止，但由校园贷引发的各种事件却不在少数。迫于校园贷高昂利息的还贷压力和提心吊胆的生活压力，甚至有些学生选择用结束生命的方式来“还贷”。

一、事件概况

受经济社会发展过程中不良观念的影响，特别是享乐主义、拜金主义等的侵袭，大学生随机消费、冲动消费现象时有发生，一些大学生甚至将“网贷消费”视为一种校园时尚：只要你是在校学生，网上提交资料、通过审核、支付一定手续费，就能轻松申请信用贷款。

近年来，高利贷披上“校园贷款”的外衣，将罪恶的魔爪伸向纯洁的校园，很多学生因涉世未深，缺乏判断能力，便轻易陷入校园贷泥潭。一些放贷人进行放贷时会要求提供一定价值的物品进行抵押，而且要收取学生的学生证、身份证复印件，一旦学生不能按时还贷，放贷人可能会采取恐吓、殴打、威胁学生甚至其父母的手段进行暴力讨债，对学生的人身安全和高校的校园秩序造成重大危害。2016年开始，全国各地区陆续出现校园贷诈骗事件，校园贷引发“跳楼”“烧炭”等自杀状况后又出现“高利贷”“诈骗”等一系列事件。校园贷给学生、学校及社会带来的影响让人深恶痛绝，产生极大的校园安全危机。是什么助长了校园贷的滋生？是什么把学生在借贷“风波”中逼上绝路？在陷入校园贷的沼泽时，学生又该如何自救？

二、案情回顾及风险应对

（一）案情回顾

(1)2016 年 3 月，原本想通过兼职赚取生活费的小李却陷入“校园贷”的深渊。吉林动画学院的小李在 3 月份萌生做兼职的想法，于是同学给他介绍了一份“刷单”的兼职，并号称不需要承担任何风险。在同学的介绍下，小李认识了做“刷单”工作的老板申季阳。小李被告知，所谓刷单，就是通过用学生身份在网络贷款平台分期购买手机，帮平台刷业务量，其对学生个人来说并没有什么风险。于是当天小李就签下劳务合同并注册“网贷”平台的账号，按要求提供身份证、学生证、父母的手机号码，并现场拍摄手持身份证和“网贷”合同的照片后，先后通过四个网络贷款平台，分期购买 4 部苹果 6S Plus 手机，买来的手机直接交给申某。申某通过一张欠条让小李相信自己会把高额债款偿还完，就这样短短几天，小李利用自己的学生身份连本带息共贷款 6.9 万元。而申某在还款 3 个月后便以拒绝还款来威胁小李为其带人刷单，小李感受到事态的严重性后拒绝了申某的要求，随后等待他的是网络贷款平台的催款电话和威胁短信。无奈之下，小李向自己的同学求助，却发现有很多与他相同经历的人，大家被骗的方式也如出一辙。随着事态的更加严重，警方介入调查，调查中发现此类案件涉及长春的 7 所高校，被骗人数高达 80 人，“长春校园贷”事件由此映入公众眼帘……

（兼职赚钱——陷入“无风险”刷单——骗取信任、利用学生身份贷款——犯罪团伙要求扩大犯罪——拒绝并向同学寻求帮助——警方介入调查）

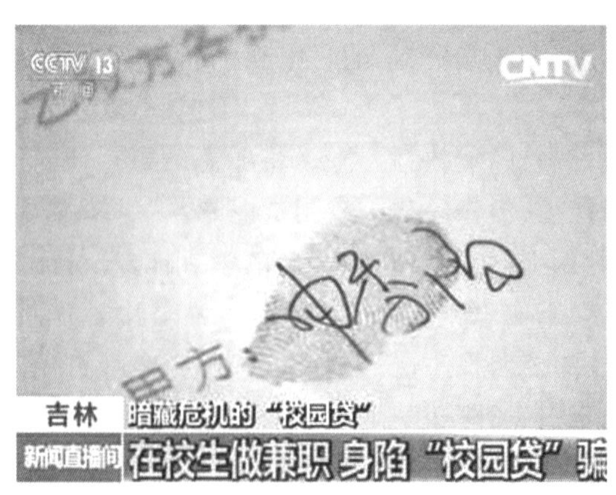

图 9-1 “刷单”陷入校园贷

(2)2017年4月11日下午2点，在福建泉州城东某高校旁的学生街某宾馆，厦门华厦学院大二在校女学生如梦(化名)，因卷入校园贷，不堪还债压力和催债电话骚扰，在宾馆烧炭自杀。据调查了解到，如梦因做代购亏了钱，所以走上校园贷。在得知如梦陷入校园贷，辅导员及时联系如梦对其进行教育，且在辅导员与如梦的谈话中如梦给出明确答复，债务已经还清，大家选择相信了如梦。可是还清的债务是如何使得一个大学生走上自杀之路的呢？根据如梦的父亲熊先生提供的证据证实，如梦卷入的校园贷平台至少5个，包括今借到、闪银、现金贷、快乐花吧、现金卡，仅在某一家平台就累计借款257笔共57万多元。2月22日，熊先生收到第一条催款短信，上面很详细地介绍了如梦的信息，如梦告诉父亲大概要还21800元。熊先生当即让在晋江工作的大舅哥带着钱和如梦一起把借款还了。4月1日，熊先生又接到催款电话，随后熊先生立即给女儿打去4000元，女儿跟他保证，差不多还清了。然而4月5日，妻子的手机突然收到女儿上半身的裸照，对方只是发了照片，什么都没说。这一次，熊先生又帮女儿还了14000元。4月8日上午10点，当事人如梦收到“快乐花吧”的催款短信，在对方要如梦当晚9点还钱，否则买花圈给她的父母和老师寄过去后。重重的催债信息就这样将如梦推向了另一个世界。

图9-2　校园贷女学生自杀事件①

(3)2018年3月，哈尔滨女大学生小彭因为急需3000元周转，于是通过微信上的小广告认识一位叫可乐姐的人。可乐姐在一家叫“聚恒力”的公司工作，广告上写着“无抵押借款，低利息，最快三天放款”，于是两人见面后签订借款合同。但是扣除审核费、服务费等一些费用到手3000元，实际却是5000元的债。然而一周后，由于公司没有催款，小彭忘记及时还款付息，导致需要赔付高额违约金15000元。她当时就慌了，一下就欠了一万多元。然而就在她不知所措的时候，可乐姐又把她介绍给另一个同事。表示愿意帮小彭还账，但要另外签下一份新贷款合同，就这样第二份合同出现。3000元贷款在一周后就变成15000元，对于没有固定收入的小彭来说，自然没能还上第二笔贷款。于是一个叫张红旭的人出场，他与小彭签下第三笔合同，40000元。小彭在受到人

① 搜狐网.被裸贷“逼死”的女大学生，警惕校园贷惨剧发生[EB/OL]，(2019-5-16)[2021-7-10]，https://m.sohu.com/a/314268886_120151599.

身威胁后妥协。至此，这个只想借 3000 元的女大学生，两个月内就背上 40000 元的债。经过可乐姐、张昊和张红旭三个人的转单后，欠款金额翻了十几倍，然而这只是噩梦的开始。这些钱都进入“聚恒力”公司的腰包，可小彭仍被告知“账没还清”。后来，她被借贷人员送进夜总会。可即便如此，贷款仍然还有很多。身心俱疲的小彭精神压力越来越大，甚至想到自杀。无奈之下，她将此事告知父母。在父母的鼓励下，小彭报了案。在调查中，警方在“聚恒力”公司查获记载着 400 多名贷款人的账本，他们大多是在校的大学生。而同样有大学校园经历的“聚恒力”工作人员，对贷款大学生的心思摸得非常清楚。在打掉“聚恒力”公司等几个团伙后，哈尔滨政法委针对大学校园及其周边展开大力度的综合治理，并会同教育部门对大学生开展预防“套路贷”的教育工作。

黑龙江省哈尔滨市政法委副书记表示，这种校园“套路贷”主要就是针对大学生群体，涉及人数众多，危害特别巨大。他们将以“聚恒力”公司等几个犯罪案例开展入学教育，让大学生从入校时就开始了解，增加识别能力、防范能力，避免受到校园“套路贷”的侵害。

（微信小广告初识校园贷——因高额违约金签署第二份合同——卷入第三份合同——无力偿还本息，受人身威胁被送进夜总会）

（4）2019 年 8 月 31 日晚，从南京著名“211”大学毕业的阳光男孩小许在酒店跳楼自杀，留下一封遗书，上面写着：“唯一对不起的是我的家人。”据媒体报道，小许的自杀原因或许和校园贷有关，而小许的家人表示，8 月 31 日孩子自杀，当家人还沉浸在悲痛中时，9 月 1 日网贷平台仍在催债。在跳楼坠亡前，小许向朋友发出生前最后一条信息：“这几年我无时无刻不在抗争，每当夜深人静，那种撕裂的感觉都会把我摧残得七零八落，我真的坚持不下去了。”

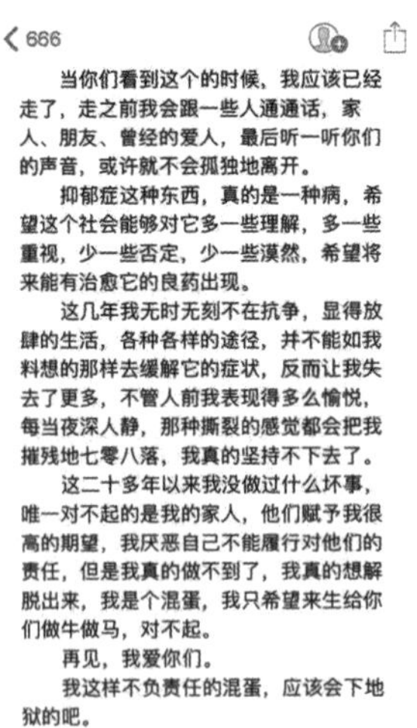

〈 666

当你们看到这个的时候，我应该已经走了，走之前我会跟一些人通通话，家人、朋友、曾经的爱人，最后听一听你们的声音，或许就不会孤独地离开。

抑郁症这种东西，真的是一种病，希望这个社会能够对它多一些理解，多一些重视，少一些否定，少一些漠然，希望将来能有治愈它的良药出现。

这几年我无时无刻不在抗争，显得放肆的生活，各种各样的途径，并不能如我料想的那样去缓解它的症状，反而让我失去了更多，不管人前我表现得多么愉悦，每当夜深人静，那种撕裂的感觉都会把我摧残地七零八落，我真的坚持不下去了。

这二十多年以来我没做过什么坏事，唯一对不起的是我的家人，他们赋予我很高的期望，我厌恶自己不能履行对他们的责任，但是我真的做不到了，我真的想解脱出来，我是个混蛋，我只希望来生给你们做牛做马，对不起。

再见，我爱你们。

我这样不负责任的混蛋，应该会下地狱的吧。

图 9-3　深陷校园贷自杀遗书①

① 搜狐网.悲痛！南京“211”大学生刚毕业就跳楼自杀，去世前 1 年具有 56 笔网贷申请，死后家人仍被催债[EB/OL]，(2019-9-2)[2021-7-10]，https://m.sohu.com/a/338215435_115362#read.

以上是我国近些年来“校园贷”事件的冰山一角，每年网络所报告的因为“校园贷”所发生的人间惨剧不计其数。大连财经学院法学院的一项调查报告显示，在校园贷的还款方面，选择从其他平台进行贷款，以归还已有欠款的女生人数为 0，而 3.77% 的男同学选择这一冒险做法。拆东墙补西墙的方式，极易演化成“越滚越多”的情况，甚至引发悲剧。而在调查的 11 家网络借贷及分期平台中，只有 1 家平台的其中 1 个项目写明需要借款人是 985、211 院校的本科、研究生的应届毕业生，并需要拿到 offer，其余 10 家平台的申请资格基本只有一个要求：“在校大学生”。专科、本科、硕士、博士均可。年龄方面，除了 2 家平台注明需要年满 18 周岁之外，其余平台未作限制，其中某平台的要求甚至宽泛至：即使已经毕业，只要曾经在平台有借款记录并且已发生还款期数超过 6 期，就可以以非在校大学生的身份继续借款。提供的材料方面，身份证、学生证是基本材料，也有很多平台要求学生提供学信网账号，以确认是正规在校大学生身份。除此之外，大部分平台要求提供家长的手机号以及家庭住址。综合大多数情况来看：对于大部分校园贷来说，唯一的门槛就是“在校大学生”。对于大多数大学生而言，这个门槛相当于没有门槛。

没有门槛的校园贷，看似光鲜的校园金融，绝非“花明天的钱，圆今天的梦”这般诗情画意。校园贷的产生，看似低门槛，但是用威胁、连坐等非常规手段来搞“风控”，本质上无异于高利贷，把一些大学生活活地逼上绝路。由各个案例我们可以看出深陷“校园贷”的学生身上有共同点：对校园贷没有正确认知，同时在面临非法催债的情况下不懂得拿起法律武器保护自己。

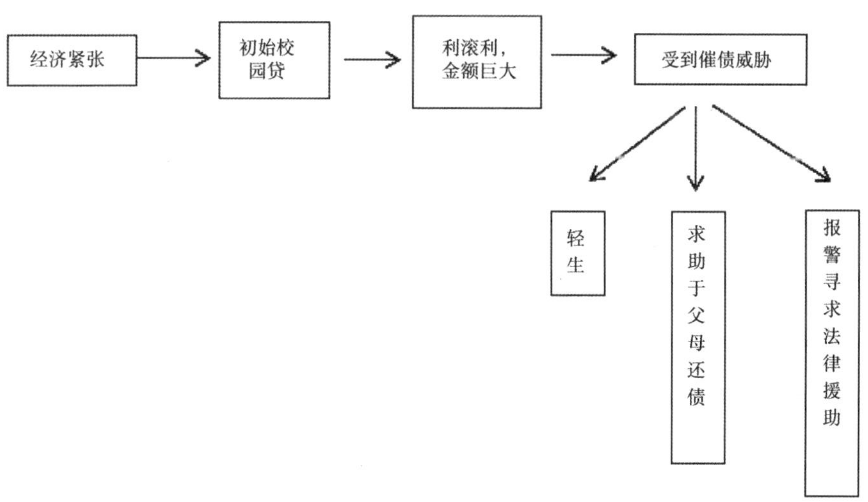

图 9-4　大学生陷入“校园贷”过程

（二）风险应对

上述案例中的主人公都是在经济紧张的情况下，从各种渠道接触校园贷：有些是被拉入“骗局”、有些对借款规则并不熟悉、有些通过张贴的各类“无息贷款”小广告初识校园贷……在看清校园贷的真实面目后，一部分贷款学生因还不上高额利息被逼迫一次次欺骗父母、一些学生在受到人身威胁后误入“歧途”，更有甚者选择轻生、只有少数人选择拿起法律武器帮助自己。学生在应对“校园贷”风波中的表现也充分说明了我国校园网络安全存在着巨大问题。随着校园贷事件的频频出现，为加强对校园不良网络借贷事件的监管和整治，教育和引导学生树立正确的消费观，国家更是接连出台了众多整顿政策和文件：

2016 年 5 月，教育部和中国银监会发布《关于加强校园不良网络借贷风险防范和教育引导工作的通知》。

2016 年 8 月，银监会明确提出用“停、移、整、教、引”五字方针，整改“校园贷”问题。

2017 年 3 月，鉴于逾 800 亿元校园贷“野蛮生长”，代表委员建议对部分野蛮生长、无序扩张的校园贷平台予以规范清理并补上高校金融服务短板。

2017 年 5 月 27 日，中国银监会、教育部、人力资源社会保障部联合发布《关于进一步加强校园贷规范管理工作的通知》。

2018 年 4 月，全国学生资助管理中心发布 2018 年第 2 号预警：天上不会掉馅饼，远离不良校园贷。

2018 年 6 月，全国学生资助管理中心发布 2018 年第 3 号预警：“回租贷”中有陷阱，广大学子请小心。

2018 年 9 月，全国学生资助管理中心发布 2018 年第 5 号预警：进入开学季，防骗攻略要牢记。

2019 年 7 月，全国学生资助管理中心发布预警：警惕电信诈骗和多种形式的“校园贷”。

2019 年 10 月，教育部发布不良“校园贷”案件线索征集。

2021 年 3 月，银监会办公厅、中央网信办秘书局、教育部办公厅、公安部办公厅、人民银行办公厅联合印发了《关于进一步规范大学生互联网消费贷款监督管理工作的通知》。

三、“校园贷”猖獗的原因，导致的问题与影响

现阶段以“校园贷”为代表的互联网金融消费市场发展不健全，是导致“校园贷”平

台发展过程中出现诸多问题的原因。研究发现:家长和学校的“软弱”态度是基本原因;大学生自身对消费、理财和安全意识的缺乏是主要原因;“校园贷”平台行业盲目追求利润是根本原因。因此从大学生自身、“校园贷”平台行业以及家长和学校三个方面详细分析产生“校园贷”问题的原因。

(1)大学生个人方面

一是当今大学生自控能力不足,尤其是在超前消费面前,不会考虑商品是否有实际价值而盲目购买。二是多数大学生没有足够的金融风险防范意识,不少校园贷打着“零首付”“无担保”的幌子,但实际上都隐藏着高利息陷阱,多数大学生由于专业受限,他们本身对贷款利息、违约金、滞纳金等一系列收费项目的计算方式和金额了解不多,所以通过网络信贷背上沉重债务的事例频频发生,甚至陷入“拆东墙补西墙”的连环债务之中。三是没有妥善的财务规划能力,不知如何管理与支配自己的财产,这就给某些校园贷平台骗贷、放贷提供了可乘之机。四是一些大学生存在攀比心理,诚信缺失,这都是校园贷恶性事件频发的症结所在。五是当代大学生超前消费的观念。随着社会经济和消费结构的多元化发展,超前消费已成为消费结构中的重要组成部分,在大学生群体中,使用花呗、京东白条等来实现当前所需已并不罕见。一方面,各种各样的提供分期付款选择的购物软件给大学生超前消费提供了可能,这会使他们认为这是一种不错的选择,进而超前消费成为他们的习惯。另一方面,攀比心理也会造成一些大学生超前消费。在学生群体中不免会发生攀比现象,在初中、高中有父母和学校约束,学生需要穿校服不能化妆等,这在一定程度上可以减少攀比现象,但在大学生活中,大学生少了父母的监管,更容易在吃穿住行用等方面产生攀比心理,进而选择超前消费来满足自己当前的需求。例如,2017 年底,扬州某高校女大学生为了买新手机而向不正规机构贷款,为偿息被逼拍裸照。超前消费本身就是一种不正常的经济现象,但对涉世未深及金融知识不全面的大学生来说,“校园贷”更容易满足他们的超前消费行为。与此同时,也更容易引发一系列问题。

(2)“网贷”行业方面

①相关部门缺乏对 P2P 平台的有效管控

当前,市场上的大部分“校园贷”类 P2P 平台,只需在工商部门注册并在相关通信管理部门备案,开发或者购买一个 P2P 软件即可运营。这类 P2P 运营平台难以控制风险,借贷不需要“面签”,不需要担保人,更不用担保人的书面证明。为了自身经济利益,平台只要求学生简单上传相关身份信息,根本就不关心学生将这些钱用到何处、怎么用。前期平台往往纵容大学生非理性消费,后期贷款到期,平台不顾后果收取高额利息或者违约金,使其演变为变相的“高利贷”。

②催债逐渐趋于暴力解决

“暴力逼债”的催款方式已经被更多的小额贷款平台所采用。正规贷款若是逾期未还,可以走正常的法律程序解决,借贷大学生的人身自由和安全不会受到威胁,也不存在让大学生的父母代为偿还的问题,对于大学生的学业、名誉影响也不大。但是,很多校园贷经营者采取的催款方式是各种胁迫、跟踪、污蔑、拘禁甚至是更为极端的手段，不仅对借贷大学生的人身自由和安全构成威胁，对他们的心理、名誉都会造成不良影响。

③隐晦广告宣传方式

"校园贷"类P2P平台在向大学生群体推销业务时，会重点推销他们的低门槛、"零利息"等看起来十分优惠的条款，往往不会告知他们手续费、违约金和滞纳金等高额收费项目以及这些项目的计算方式。另外，这些小广告在校园中散布很广，例如在兼职群和厕所门上，这些都扩大了潜在的"校园贷"者范围。

(3)家长及学校方面

当有些学生陷入"校园贷"危机，他们父母和学校不正确的处理方式使"校园贷"更加猖獗。由于部分家长溺爱孩子，尽可能给孩子提供优越的生活条件，因此"校园贷"不良现象的出现与家长培养教育孩子的理念有很大关系。有些家长面对儿女非理性消费形成的额外支出，就算心痛埋怨，多数情况下也会无奈地选择买单。不让自己的孩子有信用污点，以免影响到他们以后生活的这种教育观念亟待纠正改善。同时，很多高素质人才聚集的大学，由于观念问题，为了学生前途和学校名誉，多数学校在债主催债之时，会选择息事宁人。校方也抱着"多一事不如少一事"的心理，劝说学生家长还款，甚至先为学生垫钱还款，直到事情影响严重甚至发生命案才开始重视起来。这些都是"校园贷"问题近两年越来越严重的原因。

(二)事件引发社会问题

根据2016年初发布的《中国校园消费金融市场专题研究报告2016》中显示，2014年，中国校园消费金融将会迎来一段高速发展时期。根据调查得知，超过67%的大学生接受并且认可分期消费，33%的大学生不认可分期消费，更多学生还是接受超前分期消费的。所以更多高校校园贷事件酿成的悲剧也是层出不穷，校园安全危机引发的社会恐慌问题亟待解决。校园贷引发的社会问题主要有以下几方面：

(1)欺诈现象

许多民间借贷以及高利贷看中大学生这个群体法律意识不够完善、消费欲望强烈等特点，打着"校园贷"的名义，入驻学生市场。这种黑心平台往往以"无抵押、无担保、无须等待、当日放款"等高吸引力的条件进行宣传，吸引学生完成借款行为，并且学生往往无法识别这种虚假宣传背后的高额利息、违约金以及服务费黑幕，这种黑心平台欺骗学生进行借贷，隐瞒贷款的高额利息，对学生群体造成很大的伤害。

(2)诚信缺失

网络贷款是"互联网+"之下新兴起的消费模式，针对大学生市场上"校园贷"出现的各种问题，究其原因在于有网贷平台唯利是图降低门槛、学生风险防范意识缺失以及消费观念随大流。事实上债务违规的大学生应该承担起自身应该承担的责任，其中有的大学生弄虚作假严重，盗用他人身份信息进行借款，逃避自身应当承担的责任，信用意识缺失,骗贷逃贷。根据调查国有商业银行国家助学贷款坏账比例高达 10%,远远高于普通人 1%的比例。有的学生甚至隐瞒家庭情况,出具贫困证明骗取助学贷款;有的学生恶意拖欠学费。

(3)违规逼债引发安全恐慌

随着校园贷的发展趋势越来越迅猛,在形形色色的网络借贷平台中,存在着离奇古怪的收费标准,宣传掩盖之下高到离谱的利息、违约金等。许多学生对于理财观念不足加上消费欲望强烈,自制力不够,对于自身情况的认知不够,在借款之后无法按照约定期限按时偿还,对于经济并未独立的他们来说一切只能拆东墙补西墙来慢慢还清,可是没想到是等来的高额利息、违约金,这使他们陷入贷款的骗局中无法自拔。更有为了进行讨债散播关于大学生的恶意消息、对于借款大学生进行威胁恐吓、发送借款大学生的裸照,甚至是进行暴力催收等违规逼债行为,将借款人逼上"绝路"、酿成惨剧。

(4)学生消费观扭曲

大学生作为一个刚刚步入社会边缘的群体,其消费欲望强烈,对于金钱的支配欲望强烈,缺乏理财管理知识,自控能力不强,理性消费观念缺失。同时大多数大学生经济未独立,没有消费基础,很容易受到同学以及宣传媒体的影响,产生随机消费、冲动消费行为。大学生对新鲜事物有着很强的好奇心,喜欢追求新潮,过分追求奢侈、时尚名牌,不懂得量入而出,同时自身虚荣心作祟产生攀比心理。这种攀比心理之下,大学生很容易盲目消费,过分展示自我,形成错误的消费观念。

(三)事件影响

现如今的大学生对校园贷风险观念缺失,意识不足,此外校园贷的平台安全存在缺陷、风险漏洞很大,这导致恶性事件频繁发生,给学校及社会带来极其恶劣的影响。主要从以下三个方面探析:

(1)对学生的影响

校园贷利用学生扭曲的消费心理以及攀比心理使学生一步一步地走上错误道路,造成严重后果。大部分学生因为虚荣心贷款,瞒着亲人朋友,但是利滚利的巨额债款却使他们无力偿还,最终选择自杀的方式去解决。近几年,由于无力偿还贷款选择自杀的人不在少数,家长及老师们痛心疾首。大学生活本应是美好的,可是一部分学生不满足生活现状,认为父母没办法满足自己的需求,便走上贷款的道路,引发种种恶习。校园贷已经严重影响大学生的正常生活以及身心健康。大学生自身应该树立正确的人生观、价值观、世界观,不要因一点点利益诱惑而做出让自己追悔莫及的事情。一些学生因无法偿还贷款而被曝光隐私,这些做法严重危害学生的身心健康。各地的案例层出不穷,希望可以给广大学生敲响警钟,真正远离校园贷。

(2)对学校的影响

现如今,校园贷已经潜入各大高校,对学生造成严重的危害,影响校园秩序的正常发展，各大高校也多次开展宣传会，告诉同学们校园贷的危害，让同学们的头脑中形成一定的意识，真正地做到远离校园贷款。学校应该做好防范措施，使放贷人无可乘之机。正确引导学生的消费观念，创建文明和谐的有效措施。很多放贷人掌握学生的个人信息，不仅以此威胁学生，甚至在校园里使学生名声扫地，这样的做法不仅损害学生的个人名誉，对学校也带来极其严重的危害。学校应该重视学生的心理疏导，避免学生走上错误的道路，避免悲剧的发生。

(3)对社会的影响

校园贷款不仅影响校园风气，对社会风气也造成损害。放贷人以不法手段获取人们的信任，又以不正当的手段去威胁恐吓以此获得利益，使人们走上错误的道路，诱导学生们染上贷款的恶习。正是因为有这样的贷款出现，使得学生们以此满足自己的虚荣心，影响家庭和谐的气氛，甚至使家庭支离破碎、妻离子散。本应美满的家庭，却走向破裂的道路。由此可见，校园贷款的危害是多么严重，影响多么恶劣，大家应当远离。

四、反思与建议

大学生债务违约应当自身承担责任，因为违规发放贷款的金融机构也应该自行承担亏损，金融监管部门也要做好金融方面的教育，严惩金融机构滥发贷款以及暴力追债等行为。2016年4月，教育部与银监会联合发布了《关于加强校园不良网络借贷风险防范和教育引导工作的通知》，明确要求各高校建立校园不良网络借贷日常监测机制和实时预警机制以及校园不良网络借贷应对处理机制。

(一)规范利息标准

银监会明确表示对于校园贷提出了“停、移、整、教、引”的五字方针，对校园贷这一行业进行规范化的引导，对不同类型的公司采取分类处置的思路，明确合规经营公司合法性以及违法经营的严重性。大学生是一个较为特殊的群体，监管部门应该对于校园贷这一类型的金融机构严加审查，让其走向规范化合理化的道路，同时应该加强大学生对于不良贷款的辨识能力，加强对于校园贷这一行业的监管，规范其明确的利息标准，打击不正规的黑贷款平台。同时网络平台的费率应该明确告诉消费贷款群体在违约费用以及违约金方面给出一个明确合法的数目，杜绝收取除了符合标准的利息费用以外的手续费、服务费、审核费、账户管理费用，严厉打击发布违法广告行为。国家规定高于36%的年利率属于高利贷，不高于24%的年利率受法律保护。

(二)增强监管力度

校园贷的运营模式主要是资金借出方通过承担相应的风险获取利息收益:资金借入方到期偿还本金利息,网络信贷公司收取中介服务费。由于校园贷发展迅猛且又是新兴行业,监管部门目前对这一行业还是进行初步管理。因此对于这一行业的监管力度应该得到加强。监管部门对于服务于校园市场的金融机构应该给学生设立一套合理的额度,所有参与校园贷的金融机构都应该加入征信体系,实现资源信息的共享,防止学生多重借贷。监管部门应该严格执行资格审核制度,清除不良平台,同时明确借贷平台的利率以及逾期后果等信息。明确规定不可以向学生进行大额借贷,否则监管部门对于这类平台绝不轻饶,借款平台必须承担相应的法律责任,这在一定程度上会避免高利贷以及诱导贷款等情况的发生。

(三)改善行业风气

校园贷行业应该严格规范催收方式以及筛查符合要求的催收机构,并且立刻停止校园内的营销宣传活动,停止委托用户以及校园其他人员从事贷款工作,核心职能应该从营销转成服务类型,提高贷款门槛,严格审核在校学生的还款能力以及第二还款来源等。同时校园贷行业应该起到相互监督的作用,避免黑心平台损坏整个校园贷的名声。校园贷对于自身平台贷款流程的严谨性应该加强,对于贷款额度应该调整到适合学生群体的范围,同时应该收集资料帮助监管部门建立一套适合学生群体的信用体系,自身应该加入征信系统,从一定程度上提升企业自身的规范性以及专业合法性。

(四)加强诚信教育

通过学校以及家庭的教育活动引导大学生树立诚信办事说话的观念,引导大学生进行自我的教育以及自身的完善,养成诚信待人处事学习的良好观念。高校应该建立一套日常的防范预测机制,定时对校园贷进行清查,对于渗入高校校园贷的信息应该及时得知,分辨对校园有着安全隐患以及有着极大不良风险的不良借贷平台,依法处理,让学生了解校园贷不良贷款的危害,让学生能够形成防范意识。帮助真实有困难的学生,加强对学生帮扶资助的宣传,提高奖学金金额以及建立帮扶资助社团,方便学校能够及时帮助有困难的同学,而不是让不良贷款平台有可乘之机。

（五）理性消费观念的宣传督导

大学生自制力不够这已经不是什么新鲜的话题，因此学校以及家庭对于学生群体的财务管理教育应该得到加强，可以开展大学生树立合理消费观念的教育活动，普及大学生对于金融以及法律知识的了解，增强学生对于超前消费模式、过度消费模式、从众消费模式的利弊辨识能力，以及对于贷款平台各项收费项目计算方法的认知能力。引导学生合理消费、理性消费、科学消费，进行大学生金融知识教育，提高学生的风险意识，树立正确的消费理财观念以及勤俭节约自强自立的意识，合理安排自身收支。开展学生勤工俭学活动，潜移默化改变学生喜欢攀比的心理。

思考题

1.什么是校园贷？

2.校园贷的种类有哪些？产生校园贷的原因有哪些？

3.校园贷如何防范？面对校园贷有哪些应急管理措施？

校园贷小知识

校园贷迅速崛起，市场良莠不齐，校园贷乱象逐步引起了整个社会的广泛关注。如何规范发展校园贷，一直是社会关注的焦点。因此，如何正确认识校园贷，了解校园贷的危害和防范措施，尤其重要。

1.什么是校园贷？

校园贷，又称校园网贷，是指一些网络贷款平台面向在校大学生开展的贷款业务。据调查，校园消费贷款平台的风控措施差别较大，个别平台存在学生身份被冒用的风险。此外，部分为学生提供现金借款的平台难以控制借款流向，可能导致缺乏自制力的学生过度消费。

2.校园贷的种类有哪些？

校园贷通常分为三种：

一是专门针对大学生的分期购物平台，如趣分期、任分期等，部分还提供较低额度的现金提现；

二是P2P贷款平台，用于大学生助学和创业，如投投贷、名校贷等；

三是阿里、京东、淘宝等传统电商平台提供的信贷服务。

3.校园贷风险和危害有哪些？

(1)“低利息”并不可信

目前网贷平台多数产品的年化借款利率在 15%以上，所谓的“低利息”并不可信。0.99%月利率是营销把戏，学生容易上当受骗。

(2)越便捷，越易变“劫”

有的贷款很便捷，只需要一张身份证就可以，有的同学碍于人情关系等原因，用身份证替别人办贷款。这种行为风险很高，因为一旦对方无力还款，剩余的债务就由“被”办理人独自承担。

(3)一旦逾期，催款“全方位”

有些案例中，一旦学生贷款还不上，网贷平台并不会通过正当途径追款，而是采用给父母、亲友、老师群发短信、在校园里贴大字报，甚至安排人员上门堵截等威胁恐吓的手段向学生催款逼债。

(4)易滋生借款恶习

有的学生爱攀比，又有恶习，父母提供的费用不能满足其需求。这些学生可能会转向校园高利贷获取资金，并引发赌博、酗酒等恶习，甚至因无法还款而逃课、辍学。

(5)易诱发其他犯罪

放贷人可能利用校园“高利贷”诈骗学生抵押物、保证金，或利用学生信息进行电话诈骗、骗领信用卡等。

4.校园贷防范措施有哪些？

(1)在学生宿舍、食堂区域、教学楼和各学院门口悬挂宣传横幅，利用 LED 电子屏滚动播放不良网贷风险警示教育内容。

(2)充分利用校园网站、校园广播、微信、微博、板报橱窗等多种载体进行全面宣传，多渠道全方位地向学生发布预警提示信息，加强警示教育。特别要通过不良网贷的典型案例，播放宣传警示片、发放警示手册，开展宣传活动，让广大学生了解校园网贷潜在风险，提高对不良网贷的甄别抵制能力。

(3)充分发挥“开学第一课”新生入学教育的关键作用，加强社 会主义核心价值观教育，深入开展“三爱”“三节”主题教育活动，帮助学生养成文明、健康的生活习惯。引导学生树立正确的消费观，培养勤俭节约意识，及时发现并纠正学生超前消费、过度消费和从众消费等错误观念。加强与家长的沟通与联系，帮助学生制订消费计划，合理安排生活支出，鼓励学生利用业余时间开展勤工助学活动。

(4)加强日常排查，建立校园不良网络借贷日常监测机制，学生处、研工部、宣传部、财务处、保卫处等部门要密切关注校园传单、熟人推荐、APP 推送等校园网贷业务传播途径，禁止在学校宣传、推荐、代理不良网贷业务。

(5)学校学生处、研工部要充分发挥国家资助体系作用，加强资助宣传，提高学生资助的精准度，简化资助办理流程，提高资助工作效率，保障国家各项资助政策落到实处，帮助家庭经济困难学生解决学费、住宿费、生活费等保障性需求；要通过多形式、多层次、多方位的资助政策宣传，使学生知道找谁办、怎么办，切实提高资助政策宣传的广泛性和有效性，使学生在遇到资金困难时能够将国家资助体系作为首选，要充分挖掘校内外资源，拓展学生勤工俭学渠道，为学生勤工俭学提供更多的岗位需求。

参考文献

[1]林罗添骥.高校突发事件风险防范与教育引导机制研究——以不良校园网贷为例[J].教育管理,2019,37(4):128-130.

[2]魏星.校园新媒体在高职生消费观教育中的作用探究[J].思想教育研究,2016(4):77-79.

[3]马建林.学生不良网贷风险防范机制研究[J].法制博览,2017(18):127-128.

[4]习近平.在网络安全和信息化工作座谈会上的讲话[M].北京:人民出版社,2016.

[5]王雪平.高职生高职校园贷心理需求分析[J].劳动保障世界,2018(6):43.

[6]万云,周围.校园网贷存在隐患及其风险防范教育研究[J].中国多媒体与网络教学学报,2019,17(4):221-222.

[7]王燕.以思想政治教育为视角思考大学生网贷问题[J].品牌研究,2019,1(4):252-255.

[8]李玫,徐颖.我国互联网校园贷市场法律问题与规制路径[J].深圳大学学报(人文社会科学版),2017,34(4):90-96.

[9]张瑜.互联网金融视域下“校园贷”大学生权益保护法律机制研究[J].经济师,2020(2):71-72.

[10]王克岭,魏明,吴东.大学生网络借贷意愿影响因素研究——基于感知价值与感知风险的视角[J].企业经济,2018(1):142-149.

[11]江依.高校学生不良网贷产生的原因分析[J].现代经济信息,2019(23):410-411.

第 10 章

新冠肺炎疫情防控救治

【导读】近年来，随着中国经济的蓬勃发展，人民的生活水平日渐提高，普通的鸡鸭鱼肉已经不能满足部分为追求新鲜刺激的“美食客”的要求，他们把目光投入到大山丛林中的野味上去，一桩由餐桌上的“蝙蝠”引发的病毒传播事件由此展开：2019 年 12 月 1 日，武汉发现首例新冠肺炎疑似病例，在接下来的一个月内，又陆续涨至 27 例。随后经专家组人员调查，将目标锁定在武汉华南海鲜市场……

新冠肺炎疫情由武汉发源，蔓延至全国各省，波及范围之广前所未有，这是新中国成立以来发生的传播速度最快、感染范围最广、防控难度最大的一次重大突发公共卫生事件。此次疫情暴发之际正值春运，省际人潮流动给病毒的大范围传播带来机会，截至 2021 年 3 月，全国确诊病例共九万多人，死亡人数将至五千，给社会公共安全带来极其恶劣的影响；疫情期间全国人民响应政府“居家隔离”的号召，防护自身安全的同时给中国经济带来巨大的冲击：娱乐、旅游、餐饮、进出口贸易、交通运输等各行业惨遭滑铁卢，企业无一幸免，这给中国经济发展带来的损失可谓惨重。另外，由于行业发展停滞、人们居家隔离的硬性要求，大量异地就业人群惨遭失业，这些直接影响到普通民众的生活水平。

在疫情暴发期间，社会各方迅速采取行动：成立专家组研究病毒、跨省调用医疗人员和支援物资、全国实施“居家隔离”防控、出入境的多重防线严守……在党中央的带领下，全国人民合力打响了这场抗击疫情的护卫战，并在社会各方的努力下有力扭转疫情局势：用一个多月的时间初步遏制了疫情蔓延势头，用两个月左右的时间将国内每日新增病例控制在个位数以内，用三个月左右的时间取得武汉保卫战、湖北保卫战的决定性成果，最终取得全国疫情“常态化”的战果。这场紧急疫情防控战的决定性胜利保卫了民众的生命安全和身体健康，为维护社会公共卫生安全作出重要贡献。

一、事件经过

(一)武汉疫情初现苗头

2019 年

12 月 1 日,武汉金银潭医院收治首例疑似病例。

12 月 27 日,湖北省中西医结合医院向武汉市江汉区疾控中心报告不明原因肺炎病例。武汉市组织专家从病情、治疗转归、流行病学调查、实验室初步检测等方面情况分析,认为上述病例系病毒性肺炎。

12 月 29 日,武汉开始流行病学调查。

12 月 31 日,国家卫健委专家组抵达武汉,武汉市卫健委通报华南海鲜市场出现不明原因肺炎,27 例病例中 7 例病情危重。

2020 年

1 月 1 日,国家卫健委成立疫情应对处置领导小组。武汉海鲜市场关闭。李文亮等 8 名医生被指散布谣言遭到警方处分。

1 月 2 日,国家卫健委制定《不明原因的病毒性肺炎防控“三早”方案》;中国疾控中心、中国医学科学院收到湖北省送检的第一批 4 例病例标本,立即开展病原鉴定。

1 月 3 日,武汉市卫健委在官方网站发布《关于不明原因的病毒性肺炎情况通报》,共发现 44 例不明原因的病毒性肺炎病例。国家卫健委组织中国疾控中心等 4 家科研单位对病例样本进行实验室平行检测,进一步开展病原鉴定。国家卫健委会同湖北省卫健委制定《不明原因的病毒性肺炎诊疗方案(试行)》等 9 个文件。当日起,中国有关方面定期向世界卫生组织、有关国家和地区组织以及中国港澳台地区及时主动通报疫情信息。

1 月 5 日,武汉市累计发现不明原因肺炎患者 59 例,其中重症患者 7 例。

1 月 7 日,实验室检出一种新型冠状病毒,获得该病毒的全基因组序列。专家组认为,本次不明原因的病毒性肺炎病例的病原体初步判定为新型冠状病毒。

1 月 11 日,出现第一名死亡病例。

1 月 14 日,国家卫健委召开全国电视电话会议,部署加强湖北省、武汉市疫情防控工作,做好全国疫情防范应对准备工作。会议指出,新冠病毒导致的新发传染病存在很大不确定性,人与人之间的传播能力和传播方式仍需要深入研究,不排除疫情进一步扩散蔓延的可能性。

1 月 17 日,国家卫健委派出 7 个督导组赴地方指导疫情防控工作。

1 月 18 日至 19 日，国家卫健委组织国家医疗与防控高级别专家组赶赴武汉市实地考察疫情防控工作。19 日深夜，高级别专家组经认真研判，明确新冠病毒出现人传人现象。

（二）全国疫情蔓延

2020 年

1 月 21 日，全国 10 个省市区出现首例新冠肺炎确诊病例。

1 月 23 日，武汉封城。武汉机场、火车站等离汉通道关闭。同日，中国科学院武汉病毒研究所、武汉市金银潭医院、湖北省疾病预防控制中心研究团队发现新冠病毒的全基因组序列与 SARS－CoV 的序列一致性有 79.5％。国家微生物科学数据中心和国家病原微生物资源库共同建成“新型冠状病毒国家科技资源服务系统”，发布新冠病毒第一张电子显微镜照片和毒株信息。

1 月 23 日至 29 日，全国各省份陆续启动重大突发公共卫生事件省级一级应急响应。

1 月 24 日开始，从各地和军队调集 346 支国家医疗队、4.26 万名医务人员和 965 名公共卫生人员驰援湖北省和武汉市。

1 月 25 日，国家卫健委发布通用、旅游、家庭、公共场所、公共交通工具、居家观察等 6 个公众预防指南。

1 月 26 日，中共中央政治局常委、国务院总理、中央应对疫情工作领导小组组长李克强主持召开领导小组第一次全体会议。国务院办公厅印发通知，决定延长 2020 年春节假期，各地大专院校、中小学、幼儿园推迟开学。国家药监局应急审批通过 4 家企业 4 个新型冠状病毒检测产品，进一步扩大新型冠状病毒核酸检测试剂供给能力。

1 月 28 日，中国医学科学院称，蝙蝠是病毒起源。

2 月 2 日，火神山医院正式交付人民军队医务工作者使用。

2 月 5 日，国务院联防联控机制加强协调调度，供应湖北省医用 N95 口罩首次实现供大于需。

2 月 8 日，武汉雷神山医院交付使用。

2 月 10 日，建立省际对口支援湖北省除武汉市以外地市新冠肺炎医疗救治工作机制，统筹安排 19 个省份对口支援湖北省武汉市以外 16 个市州及县级市。

2 月 13 日，武汉市新冠肺炎确诊人数达 39551 人，日新增确诊数 2997 人。

2 月 14 日，全国除湖北省以外其他省份新增确诊病例数实现“十连降”。

（三）防控取得阶段性重要成效

2 月 21 日起，各地因地制宜，陆续调低省级重大突发公共卫生事件响应级别，逐步取消通行限制。

2 月 24 日为止，全国新增确诊病例数连续 5 天在 1000 例以下。

2 月 25 日起，全面加强出入境卫生检疫工作，对出入境人员严格健康核验、体温监测、医学巡查、流行病学调查、医学排查、采样监测，防止疫情跨境传播。

3 月 4 日，全国首次出现境外输入确诊病例 2 例。

3 月 6 日，全国新增本土确诊病例数降至 100 例以下。

3 月 7 日，全国新增本土确诊病例 46 例。

3 月 11 日，全国新增本土确诊病例降至个位数。

3 月 17 日，首批 42 支国家援鄂医疗队撤离武汉。

（四）抗疫取得决定性成果

3 月 25 日，23 个省份报告了境外输入确诊病例，防止疫情扩散压力依然很大。

3 月 27 日，中共中央总书记习近平主持召开中共中央政治局会议指出，要因应国内外疫情防控新形势，及时完善疫情防控策略和应对举措，把重点放在“外防输入、内防反弹”上，保持疫情防控形势持续向好态势；强调要在疫情防控常态化条件下加快恢复生产生活秩序，力争把疫情造成的损失降到最低限度，努力完成全年经济社会发展目标任务；强调要在做好疫情防控的前提下，支持湖北有序复工复产，做好援企、稳岗、促就业、保民生等工作。

4 月 1 日，中国海关在所有航空、水运、陆路口岸对全部入境人员实施核酸检测。

4 月 8 日起，武汉市解除持续 76 天的离汉离鄂通道管控措施。

4 月 26 日，武汉市所有新冠肺炎住院病例清零。

4 月 29 日，习近平主持召开中共中央政治局常务委员会会议，指出湖北保卫战、武汉保卫战取得决定性成果，全国疫情防控阻击战取得重大战略成果。

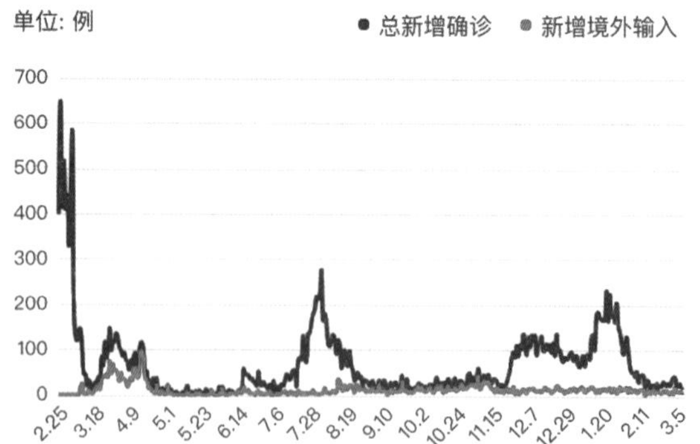

图 10-1 全国总新增确诊/新增境外输入确诊数走势图[①]

① Baidu 百科.2020 年中国新冠肺炎疫情发展实录、疫情实时大数据报告[R/OL]，[2021-3-5]，https://baike.baidu.com/item/2020 年中国新冠肺炎疫情发展实录/50157160? fr=aladdin.

二、事件的定性与影响

（一）定性

突发公共卫生事件是指突然发生，造成或者可能造成社会公众健康严重损害的重大传染病疫情、群体性不明原因疾病、重大食物和职业中毒以及其他严重影响公众健康的事件。新冠肺炎疫情自 2019 年 12 月暴发以来，造成中国超过 4000 人死亡，80000 多已治愈但是否存在隐性复发风险均未可知患者。之后新冠肺炎又在全球其他地方出现病例，截至 2021 年 3 月全球已有 30 多万确诊病例。经过国家卫健委长期研究调查，具体病毒来源没有得到确切的佐证，但至今为止所有的证据均指向野生动物，且病毒采样多次在海洋冷冻食物中出现，至少可以确定的是，病毒是由食物传播到人体中的，因此，同 2003 年的 SARS 一样，新冠肺炎疫情可以确定为中国的一次重大突发公共卫生事件。此外，世界卫生组织也于 2020 年 1 月 30 日正式宣布新型冠状病毒感染的肺炎疫情已构成国际关注的突发公共卫生事件（PHEIC）。

（二）影响

新冠肺炎作为新中国成立以来发生的传播速度最快、感染范围最广、防控难度最大的一次重大突发公共卫生事件，对我国医疗卫生体系提出重大挑战的同时，也对我国经济社会造成巨大冲击。

自 2019 年 12 月新冠疫情暴发至 2020 年 3 月，由新冠肺炎直接导致或因肺炎诱发的其他病理性死亡人数将至五千，可以说，这是一场严重威胁到社会公众生命健康的特大公共卫生事件。同时，中国经济损失惨重，国家统计局发布的报告指明 2020 年中国虽然是世界唯一一个在新冠疫情冲击下 GDP 仍为正数的国家，可疫情给中国经济发展带来的影响有目共睹。最明显的就是疫情防控的直接成本：截至 2020 年 3 月 14 日，国内具体确诊人数是 102333 人，累计治愈人数 96953 人，死亡人数 4849 人，如此庞大数字的背后是从中央到地方为此投入的巨额资金：财政部应对疫情工作领导小组办公室统计的数据显示，自疫情发生至 2020 年 2 月 13 日，短短一个月的时间各级财政投入 805.5 亿元，其中中央财政投入 172.9 亿元。再加上从各地和军队抽调上万名医务人员驰援湖北、购买防控新冠肺炎所需的医疗和医药设备、新建和征用隔离医院，以及全国各地为阻断新冠肺炎疫情的传播所采取的各种排查手段、隔离措施动用的人力、物力和财力，所需投入在 3000 亿元以上。疫情造成的显性损失尚可估量，更多的是看不见的经济破坏:疫情对第三产业的重创不仅会暂时阻滞国民经济总体增长,还将对全社会就业形势和社会稳定形成巨大压力。根据国家统计局 2020 年 4 月 17 日发布的一季度国民经济数据,2020 年一季度国内生产总值为 206504 亿元,同比下降 6.8%,其中第三产业增加值下降 5.2%。在投资和出口方面,疫情防控使春节假期延长、企业复工延迟,使生产无法正常运转,制造业、房地产投资等出现短期停滞,其在统计数据中表现为,一季度除与抗疫相关行业投资保持增长外,社会领域投资总体下降 8.8%。而随着疫情国际影响的升级,世界多国对中国采取停航措施,使中国进出口贸易和外来投资受到阻碍。新冠肺炎疫情不仅严重威胁社会公众的生命健康,还对中国产业经济造成不可估测的损失①。

三、事情的应急处理

新冠肺炎疫情作为一个突发性的社会公共卫生安全事件,其暴发后的应急处理主要考量以下方面:针对如此重大的突发性病毒传播造成的民众惶恐应该如何安抚民众情绪及号召个人安全防护?政府如何协调重疫区与轻疫区之间的疫情防控安排?如何解决医疗物资短缺问题?在发现境外输入病例后采取何种方式有效隔断境外病毒传播源?疫情状况区域稳定时,采取何种应对机制防疫?

(一)基础防护与多线防控并行

疫情形势渐入严峻之初,国家卫健委就连续发布若干紧急防控文件:1 月 22 日发布《新型冠状病毒感染的肺炎防控方案(第二版)》,1 月 24 日发布《严格预防通过交通工具传播新型冠状病毒感染的肺炎的通知》,1 月 25 日发布《关于加强新型冠状病毒感染的肺炎疫情社区防控工作的通知》。政府领导层高度重视民众的基础防护:对个人生活防护,卫健委提倡“少聚集”“一米线”“戴口罩”“勤消毒”;对于公共出行也必须严格遵守“查核酸”、“健康码”、“14+7”的隔离政策;工作学习方面提倡“居家办公”“线上学习”。社会民众个人防护要做到方方面面,杜绝一切“人传人”的可能性。

对于关外入境人群,防控更是秉持“三道防线”原则:第一道防线,入境者在入关时,海关通过测量体温、询问症状,以及对过去 40 天旅行史进行检查,对高风险国家人员进行重点调查,切断显性病症者的病毒传播途径;第二道防线,入境后的人员要进行 14 天的隔离观察,如果有处在潜伏期的病毒携带者进来,在 14 天内进行核酸检测就能够发

① 唐任伍,李楚翘,叶天希.新冠病毒肺炎疫情对中国经济发展的损害及应对措施[J].经济与管理研究,2020,41(5):3-13.

现;第三道防线,出现症状以后要到医疗机构就诊,一旦携带病毒很快能够进行诊断治疗。

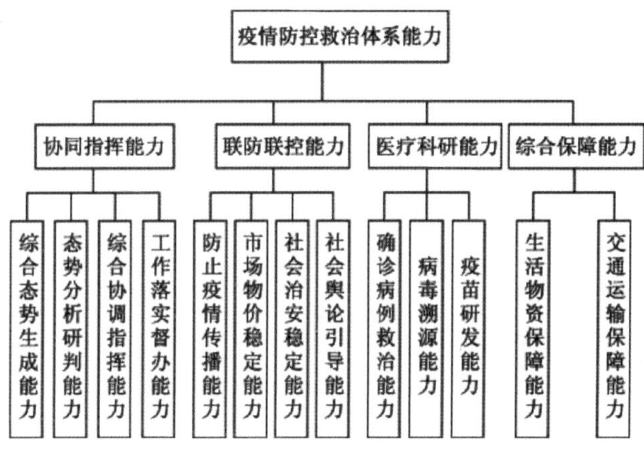

图 10-2　疫情防控救治体系能力结构图①

(二)防控和救治双战场协同作战

防控与救治协同并行是在短短几个月内取得抗疫稳定性胜利的重要手段。新冠肺炎疫情的突发性与破坏性要求中国必须统筹疫情防控与医疗救治,采取最全面最严格最彻底的防控措施来保障人民的健康安全。中国统筹双战场最关键的一步就是建立了统一高效的指挥体系,上到最高领导人亲自指挥与部署,下到各级政府、乡村社区统筹协调、协同联动、因时因势地调整防控策略。在抗击疫情过程中,"防控"与"救治"互为补充、同时发力,阻断病毒在中国的传播。一方面,每个人、每个单位、每片区域都参与到疫情防控中,做到时时防控、处处防控,织出中国抗击疫情战场上最紧密严苛的防控网;另一方面,医疗救治上实行"早发现、早报告、早隔离、早治疗"和"应收尽收、应治尽治、应检尽检、应隔尽隔"的防治方针。县级及以上城市均成立专门隔离救治的医院,同时跨区域运输资源给医疗物资匮乏的地方,解决区域性因为物资短缺导致的救治拖延状况。对于在检测中发现的轻症患者,及早干预治疗,及时总结推广行之有效的诊疗方案;针对重症患者,会集中各类资源加强救治。

(三)政府主导+全民参与

政府主导和全民参与构造了此次抗击疫情的宏观格局:政府主导为这次抗击疫情

① 梁憨,田辉,魏立柱.基于 DoDAF 的疫情防控救治体系结构设计[J].中国电子科学研究院学报,2020,15(4):329-333.

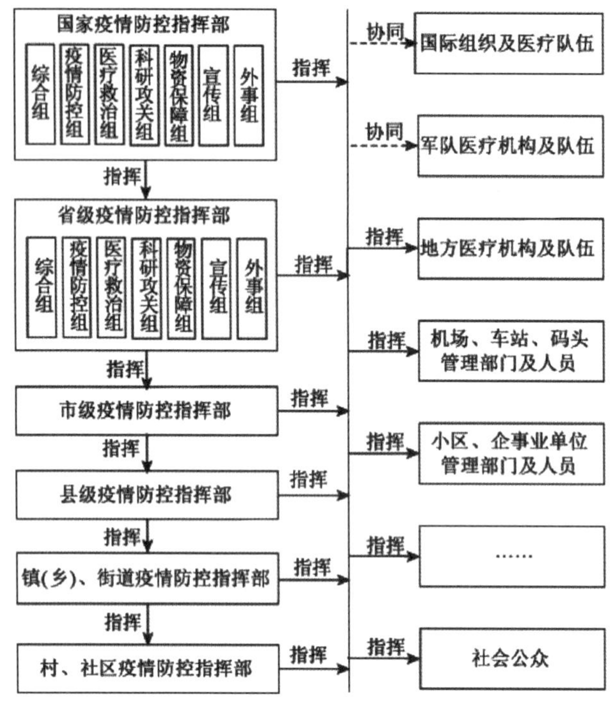

图 10-3 疫情指挥体系结构图①

行动指明方向,全民参与构成最坚强的中坚力量。

疫情暴发的第一时间,政府就迅速成立专家团队前往武汉进行病毒研究与医疗支援,同时成立各级疫情防控指挥部,建立全国统一的指挥体系。从国家疫情防控指挥部到省级、地市级、县级,最后到乡镇社区疫情防控指挥部,层层布局,形成统一指挥、分级管理的政府防疫指挥体系。政府统一指挥协调的同时,发动群众,把责任分配到个人,每个人不仅要注意个人安全防控,还有监督他人、检举的权利。全民参与不是一句口号,而是化身为实际行动,从一线工作的医疗人员到居家隔离的社会民众,都积极参与到这场战争中来。中央的集中统一领导、国务院联防联控机制的运行,“封城”“禁行”“封闭式管理”“隔离”等刚性防控措施的实施,全国人民特别是各省市、军队医护人员的巨大支援及湖北武汉人民的坚守支持,使得武汉疫情防控取得显著成效,全国新冠肺炎确诊人数日增数降至个位并维持稳定。

(四)线上线下结合

此次疫情抗击过程中,虚拟网络与实体部门对接,保证了防控救治的时效性与准确

① 梁憨,田辉,魏立柱.基于 DoDAF 的疫情防控救治体系结构设计[J].中国电子科学研究院学报,2020,15(4):329-333.

性，实现了可视指挥、信息共享、协同处置、快速响应。同时通过共享的信息和实时更新的数据，实现多部门协同应急指挥联动，极大地提升疫情防控统筹指挥、疾病诊断治疗、患者治疗康复的速度。

虚拟网络与实体诊治相结合，通过网络共享的数据全面分析病情发展动态，从而高效调配应急医疗资源。如在疫情防控中期，合肥工业大学教授带领团队与合肥德铭电子公司联合研发的基于云的智能移动新冠肺炎防控远程交互服务系统应用到疫情的救治诊断上，实现无接触问诊病人，同时智能化的网络系统能够搜集病人的各项指标，实现模态数据交互，为诊断病情提供了更精确、高效的方式。这种会诊患者的技术又在实践后被迅速应用于火神山医院、雷神山医院等疫情防控最前线。大数据与交管部门的合作，为病毒的传播排除了可能性。在阻隔疫情传播途径上，先进算法和 AI 智能发挥了很多作用：协助交管局、公安局等单位进行疫情排查分析、卡点协查工作；开发线上疫情防控系统；基于大数据实时比对技术线上使用人车查控分析系统，自动识别、追踪、排查疫区车辆。

（五）应急＋常态动态融合发展

应急＋常态化的动态防控举措对避免疫情反复至关重要。2020 年 3 月，中央领导人宣布中国抗击新冠肺炎疫情进入常态化，至此，一级紧急响应全部取消，全国常态化防疫拉开帷幕。至 2021 年 3 月，中国确诊病例数在小范围内浮动，大的波动主要集中于节假日期间且均在可控范围内。相比于 2020 年春节前后，2021 年春节前后的疫情防控成效显著，这主要是因为全国各区域依旧采取常态化防控，针对密集出现的新增病例城市采取紧急防控救治举措，大大降低病毒传播的可能性。

四、反思与建议

（一）反思

尽管在这次全国参与的疫情抗击战中取得了决定性的胜利，可对于疫情抗击过程中暴露出来的各类问题却不能视而不见，疫情防控救治中遇到的困境主要有以下几个方面：

1.引导不及时，引发舆论传播、社会恐慌

疫情暴发初期，忽视公众的信息引导，导致舆论横行，造成不同程度的个人恐慌和组织低效率。因病毒看不见、摸不着，人群快速移动，防不胜防，人们危机感、焦虑感不断发酵。各种杂乱信息借助网络铺天盖地,更加剧了人们对感染的恐慌。关闭国门、切断航线、封城、封村、封楼、全面隔离、集中资源保障供给等一系列重大紧急应对措施都需要政府公开透明的信息公布,防止不法分子制造舆情干扰全民抗疫的决心。

2.应急机制不完善

首先体现在对重大风险事件的预判上。新冠肺炎在 2019 年 12 月 1 日出现,出现之初未被确认为传染病,造成疫情扩散,给后来的防疫工作带来很大的困难。城市的应急机制中针对预测体系未确立、预控对策不足等问题直接导致防控过程中出现判断不准、决策不力、处置不当等问题。其次是对可能导致的重大安全事件的响应体系缺乏灵活性。从新冠肺炎疫情应急反应来看,在新冠肺炎发生初期,部门按常态工作流程层层汇报、等待指令再下达指示,流程琐碎且耗时长,使得初期的疫情防控完全处于被动状态,缺乏针对紧急事件的办事规则和高效的运转机制。对疫情发展走向预判不准、疫情应对预案准备不足,导致"禁行""隔离""收治""保障"进展与实际疫情发展存在不匹配情况,出现分类隔离不到位,集中隔离不彻底,确诊与收治没有全覆盖,疫情防控不精准的现象,严重弱化疫情防控效果。

3.应急物资管理、调配不当

这次新冠肺炎疫情反映出在极端环境下物资储备机制不够完善的状况,突出暴露了物资紧缺、医疗空间有待拓展、硬件设施相对不足等问题。疫情初期,由于医疗设备或物资老化,不适应新发、罕见病等事件的快速鉴别和处置,不能满足应急需求;因核酸检测能力不足、检测数量有限而制约了新冠肺炎患者的排查速度;口罩、医疗防护用品、消毒液等存在较大缺口增加了交叉感染风险的同时也不利于疫情救治工作的开展。应急物资储备缺乏统一规划,物资储备分散于各个部门和单位中,缺乏统一的应急物资储备常态规划和管理。规划的不足,使得城市在危机突发时,秩序出现混乱,处置相对被动。

4.城市治理混乱

城市治理问题主要体现在疫情防控过程中政府与社会、市场的关系上。一方面,虽然此次疫情动员了社会各方,可从响应的结果来看仍然存在社会参与不足、社会力量发挥不够的问题。特别是对社区组织、物业管理的培训、引导不够,导致这些社会组织仍然是以依靠政府部门和医疗卫生单位为主,缺乏高效的运行机制和执行力。另一方面,政府未能充分调动更广泛的社会资源和社会力量参与疫情防控,以致政府应急管理负担重,同时,社会资源和社会力量也因缺乏明晰的路径去参与疫情防控,导致社会资源被闲置或未配置到最急需的领域,造成资源配置的不均衡甚至浪费。

(二)建议

1.建立和健全应对突发事件的办事规则

一旦触发紧急预警,规则自动启动,这样在紧急事件中才能取得主动权。规则要包括如何在短期内紧急调配包括政府、军队、医疗、建设等在内的各类资源集中力量办大事，也能迅速执行对城市和交通紧急管制等方面的应急措施。优化应急管理能力体系建设，实现常态与非常态相结合。一般疫情由卫生部门来单独应对，重大疫情由卫健部门专业救治，应急部门综合协调。但是要强调防教结合、平战结合，卫健部门要进行疫病防控工作，应急管理部门要时刻做好应急准备。

2.完善应急机制

完善应急机制关键一步就是要提高防控医疗部门的紧急预警监测时效，充分利用大数据信息及时对紧急事件进行分析判断，一旦被认定为风险指数高、可能对公共安全造成恶劣影响，及时启动其他各部门的应急防控机制。由此次疫情防控的结果来看，今后社会重大公共安全突发事件的处理要更注重形成互补性应急协作机制：首先，明确物资供需、央地协同、信息发布等各项工作制度，加强公共卫生法治保障。其次，要根据应急事件发生地，适时整合医疗、政府、企业、慈善救助等主体，搭建跨区域联防联控工作机制。再次，聚焦紧急救助、康复治理、心理辅导等救治工作需要，全方位形成救助团队。最后，简化紧急事件行政审批流程，明确一线干部授权和工作生活保障，解除其后顾之忧。

3.建立有效的信息共享平台

一是建立全国性的紧急事件政府交流沟通平台，高效传达政府救助措施，通报应急地实况信息，帮助各地政府更有秩序地和有效地组织应对。二是建立全国紧急物资生产和供应信息平台，进一步加强中央政府在重大紧急事件物资调控上的力度，特别是对重点救助区域和生产能力较弱的地区进行指导性的物资调配。三是建立公开透明的社会公众信息共享平台，让事件发展透明，政府决策公开。在任何紧急公共事件发生时，坚决避免“恐慌比病毒传播得更快”的现象。健全网络直报、舆情监控、医疗卫生人员报告、科研发现报告等多渠道疫情监测上报和快速反应体系。

4.建立有序的应急物资管理系统

应急物资的储备和管理需要有专业化的系统：应急物资既有长期储备的要求，又有紧急调用的需要，物资要实现随时调得动、调得准、运得出、进得来，统筹兼顾平衡供给。这就要求对应急物资的管理应严格遵守规章制度，做到“安保负责，统一调配，现场管理，有备无患”。系统的建设需要基于互联网、人工智能、数字科技等新技术，包括基于大数据的应急物资储备、人工智能的应急物资供需智能匹配、地理信息系统的应急物资多式联运可视化统一调配、区块链的应急物资溯源与信息公开等。

思考题

1.什么是突发公共卫生事件？如何分类与分级？新冠肺炎疫情隶属于哪种？

2.新型冠状病毒如何传播？其危害有哪些？

3.针对“常态化疫情”，如何做好日常防范？

防疫小知识

突发公共卫生事件

(1)突发公共卫生事件基本可以分为六大类：自然灾害；传染病事件；中毒事件；恐怖事件；核/放射性辐射事故；其他涉及生命健康安全的群体性事件。

(2)《国家突发公共卫生事件应急预案》规定，按照突发公共卫生事件的影响范围、危害程度等，突发公共卫生事件应急响应分为Ⅰ级、Ⅱ级、Ⅲ级、Ⅳ级四个等级：

Ⅰ级响应：特大突发公共卫生事件是指在很大的区域内，已经发生很大范围的扩散或传播，或者可能发生大范围扩散或传播，原因不清或原因虽然清楚但影响人数巨大且已影响社会稳定，甚至发生大量死亡的突发公共卫生事件。

Ⅱ级响应：重大突发公共卫生事件是指在较大区域内，已经发生大范围扩散或传播，或者可能发生大范围扩散或传播，原因不清或原因虽然清楚但影响人数很多，甚至发生较多死亡的突发公共卫生事件。

Ⅲ级响应：较大突发公共卫生事件是指在较大区域内，已经发生较大范围扩散或传播，或者有可能发生较大范围扩散或传播，原因不清或原因虽然清楚但影响人数较多，甚至发生少数死亡的突发公共卫生事件。

Ⅳ级响应：一般突发公共卫生事件是指在局部地区，尚未发生大范围扩散或传播，或者不可能发生大范围扩散或传播，原因清楚且未发生死亡的突发公共卫生事件。

新型冠状病毒

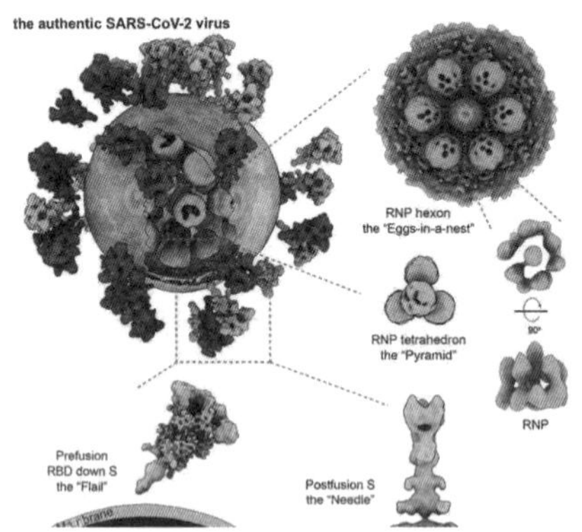

新型冠状病毒图示[①]

中国武汉发现的冠状病毒是一种被鉴定出可引起人类感染的新型冠状病毒

① 中国新闻网.新型冠状病毒图示[EB/OL],(2020-3-20)[2021-3-5],https://image.baidu.com/search/index?ct=201326592&tn=baiduimage&word=新型冠状病毒图示.

(Novel coronavirus),被世界卫生组织(WHO)临时命名为 2019-nCoV。2020 年 2 月 11 日,国际病毒分类学委员会(International Committee on Taxonomy Viruses,ICTV)根据系统学、分类学惯例,将该病毒命名为 SARS-CoV-2。

新冠肺炎症状

(1)新型冠状病毒肺炎的临床表现以发热、乏力、干咳为主,少数患者伴有鼻塞、流涕、咽痛和腹泻等症状。

(2)轻型患者可能仅表现为低热、轻微乏力等,无肺炎表现。

(3)重症患者多在发病一周后出现呼吸困难或低氧血症,严重者快速进展为急性呼吸窘迫综合征、脓毒症休克、难以纠正的代谢性酸中毒和出凝血功能障碍。

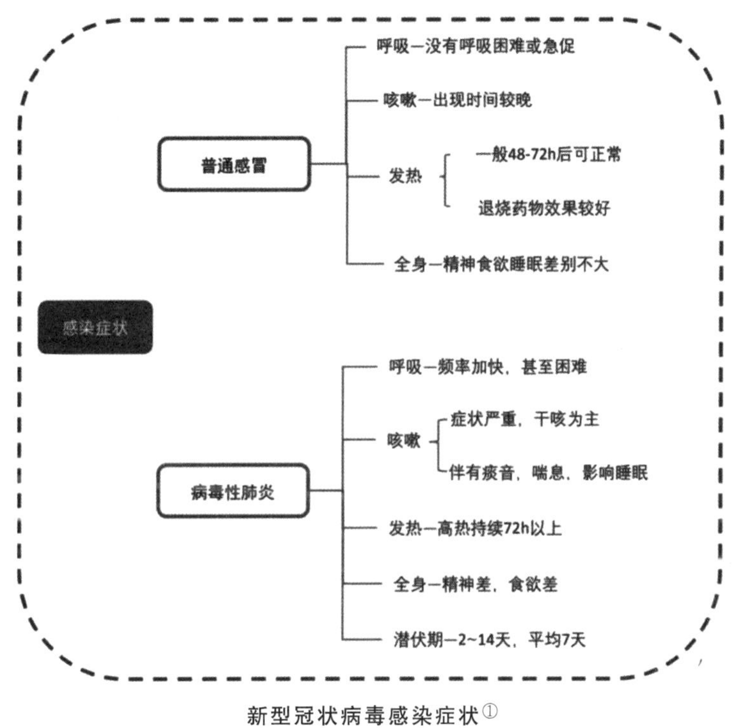

新型冠状病毒感染症状[①]

新型冠状病毒的传播

(1)直接传播:是指患者喷嚏、咳嗽、说话的飞沫,呼出的气体近距离直接吸入导致的感染。

(2)气溶胶传播:是指飞沫混合在空气中,形成气溶胶,吸入后导致感染。

(3)接触传播:是指飞沫沉积在物品表面,接触污染手后,再接触口腔、鼻腔、

① 中国政府网.新型冠状病毒传播途径与预防指南[EB/OL],(2020-1-27)[2021-3-5],http://www.nhc.gov.cn/jkj/new_index.shtml.

眼睛等黏膜，导致感染[①]。

(4)母婴传播：新冠病毒检测呈阳性的母亲可以通过胎盘将病毒传染给婴儿，且新冠病毒还可能在胎盘细胞中活跃复制[②]。

新型冠状病毒主要的传播途径还是呼吸道飞沫传播和接触传播。各个年龄段的人都可能被感染，被感染的主要是成年人，其中老年人和体弱多病的人更容易被感染。儿童和孕产妇是新冠肺炎的易感人群。

新冠肺炎日常防护

(1)尽量减少外出活动。

①避免去疾病正在流行的地区。

②建议春节期间减少走亲访友和聚餐次数，尽量在家休息。

③少到人员密集的公共场所活动，尤其是空气流动性差的地方，例如公共浴池、温泉、影院、网吧、KTV、商场、车站、机场、码头、展览馆等。

(2)个人防护和手卫生。

①外出佩戴口罩。外出前往公共场所、就医和乘坐公共交通工具时，佩戴医用外科口罩或N95口罩。

②随时保持手卫生。减少接触公共场所的公共物品和部位；从公共场所返回、咳嗽手捂之后、饭前便后，用洗手液或香皂水洗手，或者使用含酒精成分的免洗洗手液；不确定手是否清洁时，避免用手接触口鼻眼；打喷嚏或咳嗽时，用手肘和衣服遮住口鼻。

(3)健康监测与就医。

①主动做好个人与家庭成员的健康监测，自觉发热时要主动测量体温。家中有小孩的，要早晚摸小孩的额头，如有发热要为其测量体温。

②出现可疑症状，应主动戴上口罩及时就近就医。若出现新型冠状病毒感染可疑症状(包括发热、咳嗽、咽痛、胸闷、呼吸困难、轻度食欲减退、乏力、精神稍差、恶心呕吐、腹泻、头痛、心慌、结膜炎、轻度四肢或腰背部肌肉酸痛等)，应根据病情，及时到医疗机构就诊。并尽量避免乘坐地铁、公共汽车等交通工具，避免前往人群密集的场所。就诊时应主动告诉医生自己的相关疾病流行地区的旅行居住史，以及发病后接触过什么人，配合医生开展相关调查。

(4)保持良好卫生和健康习惯。

①居室勤开窗，经常通风。

---

① 央视网.针对新冠肺炎气溶胶传播 专家提出三点防范建议[EB/OL]，(2020-2-9)[2021-3-5]，https://search.cctv.com/.

② 中国科技网.一项个案研究证明 新冠病毒或可经胎盘母婴传播[EB/OL]，(2020-7-17)[2021-3-5]，http://www.stdaily.com/.

②家庭成员不共用毛巾，保持家居、餐具清洁，勤晒衣被。

③不随地吐痰，口鼻分泌物用纸巾包好，弃置于有盖垃圾箱内。

④注意营养，适度运动。

⑤不要接触、购买和食用野生动物（即野味）；尽量避免前往售卖活体动物（禽类、海产品、野生动物等）的市场。

⑥家庭备置体温计、医用外科口罩或N95口罩、家用消毒用品等物资。

参考文献

[1]腾讯网.新型冠状病毒肺炎疫情实时追踪[EB/OL]，(2021-3-12)[2021-3-12]，https://news.qq.com/zt2020/page/feiyan.htm#/.

[2]Baidu百科.2020年中国新冠肺炎疫情发展实录、疫情实时大数据报告[R/OL]，(2020-2-20)[2021-3-5]，https://baike.baidu.com/item/2020年中国新冠肺炎疫情发展实录/50157160? fr=aladdin.

[3]白静.抗疫斗争充分彰显中国治理能力和科技创新支撑——《抗击新冠肺炎疫情的中国行动》白皮书发布[J].中国科技产业，2020，372(6)：46-47.

[4]郑赛玲.新冠病毒肺炎疫情对中国经济发展的损害及应对措施[J].中国周刊，2020(8)：9.

[5]梁憋，田辉，魏立柱.基于DoDAF的疫情防控救治体系结构设计[J].中国电子科学研究院学报，2020，15(4)：329-333.

[6]卿菁.特大城市疫情防控机制：经验，困境与重构——以武汉市新冠肺炎疫情防控为例[J].湖北大学学报(哲学社会科学版)，2020，47(3)：21-32.

[7]黄承芳，李宁，张正涛，等.新冠肺炎疫情冲击后的中国经济恢复发展预估[J].灾害学，2020，35(4)：210-214+221.

[8]许传坤，段钢.突发公共卫生事件防控中公民位置信息应用的政策法规问题探究[J].广西社会科学，2021(2)：106-111.

[9]于琴.监督话语与政治过程：重大突发性公共卫生事件应对中的舆论监督——以"云监工"的监督话语分析为例[J].重庆社会科学，2021(3)：94-103.

[10]代海军.突发事件的治理逻辑及法治路径——以新冠肺炎疫情防控为视角[J].行政法学研究，2021(2)：53-66.

[11]李维安，陈春花，张新民，等.面对重大突发公共卫生事件的治理机制建设与危机管理——"应对新冠肺炎疫情"专家笔谈[J].经济管理，2020(3).

[12]央视网.针对新冠肺炎气溶胶传播 专家提出三点防范建议[EB/OL]，(2020-2-9)[2021-3-5]，https://search.cctv.com/.

[13]中国科技网.一项个案研究证明新冠病毒或可经胎盘母婴传播[EB/OL]，(2020-7-17)[2021-3-5]，http://www.stdaily.com/.

[14]国家卫健委.全力做好新型冠状病毒感染的肺炎疫情防控工作[EB/OL]，(2020-2-6)[2021-3-5]，http://www.nhc.gov.cn/.

[15]中国政府网.新型冠状病毒传播途径与预防指南[EB/OL]，(2020-1-27)[2021-3-5]，http://www.nhc.gov.cn/jkj/new_index.shtml.

第 11 章

美国“9·11”恐怖袭击事件

【导读】“9·11 事件”(又称“9·11 恐怖袭击事件”)是 2001 年 9 月 11 日发生在美国本土的一起系列恐怖袭击事件，遇难者总数高达 2996 人，对于此次事件的财产损失各方统计不一，联合国发表报告称此次恐怖袭击对美经济损失达 2000 亿美元，相当于当年生产总值的 2%，对全球经济所造成的损害甚至达到 1 万亿美元。此次事件对美国民众造成的心理影响极为深远，美国民众对经济及政治上的安全感均被严重削弱。这不仅是对国际关系格局的重大冲击，也是对美国危机管理体系的重大考验。事件中美国联邦政府显示出有效的危机处理和管理能力，美国应对突发公共事件应急机制中的许多做法，如设计的应急事务管理总署，制定的联邦应急计划法律、法规等，值得我们学习借鉴。

一、事件回放

2001 年 9 月 11 日上午，在本·拉登及其领导的“基地”的精心策划下，19 名恐怖分子劫持 4 架美国民航客机。其中两架被恐怖分子劫持的民航客机分别撞向美国纽约世界贸易中心一号楼和世界贸易中心二号楼，这两座纽约市地标性建筑在遭到攻击后相继倒塌，世界贸易中心其余 5 座建筑物也受震而坍塌损毁；9 时许，另一架被劫持的客机撞向位于美国华盛顿的美国国防部五角大楼，五角大楼局部结构损坏并坍塌；最后一架被劫持客机坠毁在宾夕法尼亚州。

事件发生后，全美各地的军队均进入最高戒备状态，虽然塔利班发表声明称恐怖事件与本·拉登无关，但美国政府仍然认定本·拉登是恐怖袭击事件头号嫌犯，作为对这次袭击的回应，美国发动了“反恐战争”，入侵阿富汗以消灭藏匿基地组织恐怖分子的塔利班，并通过美国爱国者法案。2001 年 10 月 7 日，美国总统乔治·沃克·布什宣布开始对阿富汗发动军事进攻。

在所有的 19 名劫机者中,有 7 人原本就是飞行员,其他人也在各地参加过飞行学校的学习,13 人是在 2001 年 4 月 23 日至 6 月 29 日之间到达美国的,抵达之后,他们立即分散到全美各地,一般居住在比较偏远的城郊,并且都改了英文名字,在随后的数月时间里,他们主要在美国的 8 个州活动。

这些劫机者出高价弄到汽车驾照,他们租公寓,设立银行账户,参加健身俱乐部,从网上购买机票,一般到哪儿都是用现金付账。

1.美国航空 11 号航班(AA 11)

第一架遭劫持的飞机是美国航空公司 11 号航班,飞机于 2001 年 9 月 11 日 7 时 59 分从波士顿洛根国际机场起飞飞往洛杉矶。

8 时 14 分,飞机攀升到 26000 英尺高度,同时飞机与空塔进行最后一次常规通信,确认其收到导航指令,通信后 16 秒钟,空塔命令飞机攀升到 35000 英尺,但该信息及之后所有尝试联系飞机的信息都没有得到确认,飞机的正副机长已不再答复波士顿航空控制中心的飞行命令。

劫机行动展开后,劫机者很快控制了飞机头等舱,开始释放梅斯毒气、胡椒喷雾等刺激性气体,迫使乘客与乘务员向飞机后部靠拢,并声称其持有炸弹。劫机行动开始后约 5 分钟,机上乘务员 Betty Ong 通过机上电话联系到美航东南部订票办公室,报告机上的紧急状况,通话共持续约 25 分钟。

8 时 21 分,收到求助电话后,美航的一位员工立即向美航运营中心报警。

8 时 25 分,劫机者试图向旅客进行广播,却误将通话频道切换至塔台。

8 时 28 分,接到报警的运营中心通知美航调度员,向塔台报告了飞机的异常情况。

之后,航班乘务员 Betty Ong 和 Amy Sweeney 多次向塔台和美航航班服务办公室报告机上情况:劫机者刺伤两名乘务员,无法联络驾驶舱,驾驶舱内装有炸弹;8 时 26 分和 8 时 38 分,Betty Ong 均称飞机“飞行状况不稳定”,并在 8 时 44 分中断通话,同时,Amy Sweeney 向美航航班服务办公室汇报飞机正“急速下降”“飞得很低”。

8 时 46 分 40 秒,美国航空公司第 11 次航班以大约每小时 490 英里的速度撞向世界贸易中心一号楼(亦称“北塔”),撞击位置为大楼北方 94 至 98 层之间,导致机上所有人员及楼内未知数量人员立即死亡。

2.联合航空 175 号航班(UA 175)

美国联合航空公司 175 号航班原定从波士顿洛根国际机场飞往洛杉矶,于 8 时 14 分起飞。

8 时 33 分,达到 31000 英尺的预定巡航高度。

8 时 42 分至 8 点 46 分间,劫机者开始劫机。

联合航空 175 号航班运行出现异常:8 时 47 分,飞机更改了两次指示灯代码;8 时 51 分,飞机偏离预定高度;1 分钟后,塔台开始尝试联络飞机但都没有成功。

8 时 52 分,机上一名乘客 Peter 联系到自己的父亲,称劫机者刺杀了两名机长,控制了飞机驾驶舱,还刺伤一名乘务员,Peter 表示“飞机飞行很古怪”。

8 时 58 分,飞机掉头飞往纽约市。

9 时整,Peter 向父亲打去第二个电话,报告称“机上情况非常不好”,飞机“飞行不稳定”“正在下降”。

9 时 3 分 11 秒,美国联合航空公司第 175 次航班撞向世界贸易中心二号楼(亦称“南塔”),导致所有机上人员以及塔内未知数量的人员均立即死亡。

3.美国航空 77 号航班(AA 77)

美国航空公司 77 号航班于 2001 年 9 月 11 日 8 时 20 分从华盛顿杜勒斯起飞飞往洛杉矶。

8 时 46 分,飞机攀升至 35000 英尺的预定巡航高度。

8 时 51 分,飞机最后一次发送常规无线电通信。

8 时 54 分,飞机偏离预定航线,转向南面;2 分钟后,飞机异频雷达收发机关闭,塔台与美航调度员多次尝试与飞机沟通,但都没有成功。

9 时,美航执行副总裁 Gerard Arpey 得知第 77 次航班的状况,由于这已是美航第二架飞机失联,他命令所有东北部没有起飞的美航航班停留在地面。

9 时 10 分,美航总部怀疑第 77 次航班已被劫持,决定在全国范围内实施禁飞令。

9 时 12 分,机上一名乘客联系到其母亲,称飞机已被 6 人劫持,并将乘客转移到飞机后部。

9 时 16 分,机上另一名乘客 Barbara Olson 联系到其丈夫,时任美国副检察长 Ted Olson,Olson 报告称劫机者持有刀与开箱刀,并将所有的乘客都转移到了飞机后部。

9 时 29 分,飞机自动驾驶被取消,飞行高度约 7000 英尺,位于五角大楼以西 38 英里。

9 时 34 分,华盛顿里根国家机场向特勤部报告称有一架未知飞机正飞往白宫方向;同时第 77 次航班在五角大楼西南偏西 5 英里处,进行了一个 330 度的转弯,高度降到了 2200 英尺,朝五角大楼俯冲。

9 时 37 分 46 秒,美国联合航空公司第 77 次航班以高达 530 英里的时速坠毁在美国国防部五角大楼,导致机上所有人员及楼内大量军官死亡。

4.联合航空 93 号航班(UA 93)

8 时 42 分,美国联合航空公司 93 号航班从新泽西纽瓦克自由国际机场起飞,飞往旧金山,此时航班已延误超过 25 分钟。

9 时 23 分,第 93 号航班收到联航飞行调度员发送的警告:“当心任何针对驾驶舱的侵入,已有两架飞机撞上世贸中心。”

9 时 28 分,劫机者开始展开攻击,飞机正以 35000 英尺的高度飞行,突然下降 700 英尺,下降 11 秒后,位于克利夫兰的塔台收到来自飞机的两次无线电通信,通信中包含机长或副机长喊出的“Mayday”(飞机求救讯号),并伴有搏斗声。

9 时 32 分，一名劫机者以机长身份向(或试图向)乘客发表声明，称机上携带有炸弹，示意乘客坐下，飞行记录器表明飞机自动驾驶系统将飞机掉头并飞向东面。

9 时 39 分，克利夫兰空中交通控制中心收到劫机者发布的第二份声明，称机上有炸弹，飞机正飞回机场，要求乘客坐下，但同美航第 11 次航班情况相同，该声明并未发布到乘客通话频道而是直接发布至控制中心，这时，乘客与机组人员已经开始联系地面人员，至少有 10 名乘客和 2 名机组人员和地面人员联络，机上人员报告称劫机者戴红手帕，迫使乘客向飞机后部转移，同时，一部分机上人员通过地面人员得知了世贸中心遇袭的消息。

9 时 57 分，乘客的反击开始，一名乘客在电话中说：“所有人都往头等舱冲去，我也得去了，再见。”

9 时 59 分 52 秒，录音机记录下机内巨大的打击声、撞击声、喊叫声、玻璃和盘子破碎声。

10 时 1 分 26 秒，一名乘客说道：“进入驾驶舱，不然我们死定了！”16 秒后，一名乘客吼道：“冲啊！”

10 时 02 分 23 秒，飞机开始朝下并翻了个身，伴随着乘客持续的反击声，美国联合航空公司第 93 号航班以 580 英里时速坠毁在宾夕法尼亚州香克斯维尔的一片空地上，距离华盛顿特区只有约 20 分钟飞行时间。

二、事件处理与救援

1.初始的救援行动

在波士顿中心的飞行管制人员意识到发生劫机事件后，最终在上午 8 时 37 分和美军方东北防空区(NEADS)取得联系。

8 时 46 分，两架美国空军 F-15 战斗机从马萨诸塞州空军基地紧急升空前往拦截美国航空公司 11 次航班，但空军飞行员不知道美国航空公司 11 次航班的正确位置，因为劫机分子已经关闭飞机的异频雷达，东北防空区(NEADS)在接下来的数分钟设法确定被劫持飞机位置。

美国航空公司 11 次航班在 8 时 46 分撞上世贸中心北塔楼。8 时 50 分左右，东北防空区(NEADS)人员还在努力寻找相关飞机的方位。由于缺少目标，升空的战斗机就向长岛沿海的军事控制区飞行，以避开纽约空中交通；同时不确定做什么，战斗机被引航到军事飞行区“保持必要的状态”。

纽约消防局对袭击做出反应是在上午 8 时 46 分，也就是第一架飞机撞击第一座世贸中心塔楼那一刻。纽约消防局第一消防大队大队长是第一位到达现场的指挥员。大约上午 8 时 50 分，他按照纽约市消防局的预案，在世贸中心第一座塔楼的大厅内设立了灭火指挥部。

2.消防医疗行动

大约上午9时，消防局长接管现场担任事故总指挥。因为不断掉下的残骸和其他安全因素考虑，他将灭火指挥部从世贸中心1号塔楼大厅转移到西街对面的一处场所，一条8车道的高速公路。指挥员考虑到塔楼可能会发生有限的、局部的倒塌，但没有想到它们会完全倒塌。

灭火指挥部转移到西街后，仍有一些消防指挥员留在1号塔楼大厅内，组成在建筑内进行灭火的战斗单位的灭火指挥部，他们留在大厅内是十分必要的，这样他们就可以利用一些重要的建筑系统，例如警报控制系统、电梯和通信系统。

几分钟内，消防指挥员就决定集中力量进行营救和撤离。他们派遣消防队员进入楼内帮助数百名被困在电梯内、楼梯间和房间内，以及因受伤而无法撤离的人员。他们还命令消防队员确定各层人员全部撤离。

与此同时，紧急医疗服务组织指挥官也开始划定区域，集结救护车，对伤员进行鉴别归类、治疗并送往医院。紧急医疗服务现场指挥员助理在灭火指挥部中担任全部紧急医疗服务的指挥，向灭火指挥部报告情况。

上午9时03分，第二架飞机撞击2号塔楼，指挥员们立即调集另外的消防分队，并从1号塔楼调派消防分队。

随着动员升级，调度员命令所有回应的消防分队到世贸中心附近上级指挥员指定的集结地点报到。然而，当这些消防分队接近指定区域时，许多分队并没有到指定区域报到，而是直接进入两座塔楼大厅或事故区域的其他地点。结果，上级指挥员不能准确掌握所有消防分队的具体位置。另外，集结失败导致消防分队在进入塔楼大厅之前，不能得到必要的信息和准确方位。

世贸中心1号塔楼大厅内的指挥员们和他们派入楼内的分队之间的通信联络是零星的。指挥员们有时可以联络到一些分队，有时不能。一些分队也确认有时可以收到无线通信，有时不能。指挥员们不知道他们的讯息是否传送出去，那些分队是否因为忙于救助行动而没有确认收到信息，或者分队回复了，讯息却没能传送过来。因为关于处在危险中的市民的报告不断传到大厅中的救援指挥部，所以指挥员们决定继续尝试疏散和拯救市民，尽管存在通信困难。

世贸中心1号、2号大厅中的指挥员们也不知道塔楼外面发生了什么。他们没有可靠的消息来源，也没有关于事故区域全面形势的外部信息、塔楼的情形和火灾的发展情况。例如，他们无法收到电视报道和来自盘旋在塔楼上空的纽约警察局直升飞机的报告。信息的缺乏限制了他们对全面形势的估计能力。

紧急医疗服务机构指挥员和救护车也因为无线通信堵塞而面临通信问题，发生这种现象的部分原因是两个紧急医疗服务频道在同一频率上。通常指挥频道是指挥员专用的，城市覆盖频道是救护车和紧急医疗服务派遣使用的。大量救护车反复请求被派遣到世贸中心，使得通信堵塞问题加剧。

无线通信困难是导致紧急医疗服务调度员在 9 月 11 日应接不暇的因素之一。除了要与救护车和指挥员联系外，调度员还要根据通过电话或计算机信息从 9·11 求救中心和纽约市警察局传来的求救请求而采取行动。他们必须派遣救护车，将行动录入计算机，从众多消息来源中监控信息和接听其他电话。大量的、复杂的关于世贸中心袭击的信息使得调度员们要从他们接到的众多消息来源中核实每件事并迅速采取适当的行动非常困难。

3.大楼倒塌

世贸中心倒塌发生在上午 9 时 59 分，导致许多市民和第一批出动的消防人员死亡。然而，世贸中心 1 号塔楼中的消防队员和指挥员们最初并不知道正在发生什么事情。许多人以为 1 号塔楼正发生局部坍塌。当 1 号塔楼大厅充满碎石和残骸时，在 1 号大厅指挥部的第一大队指挥员迅速通过移动无线通信下达撤退命令，但是很多消防队员并没有听到这道命令，只有一部分人得以离开。

当消防和紧急医疗服务的指挥员在周围的建筑物中寻找避身处时，世贸中心 2 号塔楼的倒塌摧毁了西街对面的事故救援指挥部，削弱了指挥和控制机构。消防局长和其他指挥员在上午 10 时 29 分 1 号塔楼的倒塌中丧生，使事故救援短暂处于无指挥状态。另外，倒塌发生后，许多紧急医疗服务人员不知道谁在代理紧急医疗服务指挥官。

上午 11 时，计划部门的一位高级官员，接替紧急医疗服务指挥官，但是在接下来的近半个小时里，整个事故救援指挥仍不十分明确。在这段时间里，一些高级消防指挥官都主动重建指挥部，有时导致多重指挥。上午 11 时 28 分，4C 城市值班指挥员接替消防局长担任事故现场救援指挥官，全面恢复现场指挥。

4.美联邦政府反应

首先，最高领导人反应迅速准确，使得决策有力。布什总统在“9·11 事件”发生后第一时间做出快速准确的反应，为整个政府的危机处理奠定了良好的基础。

9 时 20 分，美国总统布什在佛罗里达发表声明，称该事件为“恐怖主义对美国的公然袭击”，发誓要“追查并严惩”肇事凶手；同时他宣布世贸中心遭到袭击是一个“国家灾难”，布什总统表示美国政府不会姑息纵容任何恐怖主义行径，同时对遭到不幸的美国人民和家庭表示沉痛的哀悼。

9 月 11 日当天傍晚，布什总统乘坐“空军一号”从佛罗里达返回首都。

9 月 12 日，布什总统发表第四次电视讲话，表示恐怖袭击是一次“战争行为”；布什总统的一系列行动都对稳定民众的情绪，控制当时的局势起到了至关重要的作用。

其次，各级政府及部门行动到位，处理应急不慌乱。

9 时 40 分，五角大厦发出最高国家安全警告，美国领空采取净空措施，美国联邦航空局下令关闭所有机场，命令所有国内航班停飞。

10 时 05 分，白宫、财政部、国务院等主要政府机构的人员开始撤离。

10 时 25 分，联邦政府命令所有飞往美国的国际航班飞往加拿大。

11 时 04 分,联合国总部疏散。

13 时 7 分,华盛顿特区宣布进入紧急状态。

政府各部门在布什总统还没有回到华盛顿之前已自动实行了美国政府秘密的“政府连续性计划”。根据分散风险的规则,总统和副总统不在同个地点同时出现。副总统切尼带领一批各方面行政官员进入地下掩体指挥反恐行动,同时作为预防措施,以便留守在华盛顿的行政班子万一遭受恐怖袭击失去行政能力时,有一套备用班子可以立即接替而不出现权力真空状态。其他各级地方政府也都有一套危机处理预案。从纽约市政府到世贸大楼管理部门曾多次演练过危机预案。

再次,军方全面配合调动有效,强力出击应对。

短时间内布什就宣布全体美国军队进入最高戒备状态,美国空军战机在华盛顿上空实行戒备飞行,军事当局向纽约和华盛顿附近海域派遣舰艇,进行防空和医疗救护工作。事发 13 小时后,布什在白宫地下室召开最高级别的国家安全会议,决定发动反恐战争。国防部长拉姆斯菲尔德提交一项兵役动员令,建议征召 5 万名预备役士兵,迅速得到批准。国会参众两院分别授权总统布什对恐怖分子使用武力。

最后,加强对媒体的舆论引导,报道客观准确。

政府对媒体的管理一般应遵从安全、正确、适当、协调四大基本原则。在处理事件中布什政府及时有效地利用媒体工具达到了多重目的。布什在危机爆发后 1 小时即发表了电视讲话,3 小时之后,发表第二次电视讲话。当晚回到白宫后,布什再次向全国发表讲话。媒体使美国民众感到政府正在采取积极的应对行动,也使民众的心理从遭受袭击之后的恐惧、悲伤很快转变为对恐怖分子的仇恨和团结反恐的激情。

5.参与“9 · 11 事件”的人员统计

(1)遇难者

2002 年 9 月 11 日,美国国防部公布“9 · 11 恐怖袭击事件”遇难者和失踪者的统计数字,总数为 3025 人,最终的统计数字 2996 人得以减少是由于统计人员证实并删去一些重复的名字。

纽约世贸中心:市政官员称共有 70 人失踪;医疗机构出具了 1400 人的死亡证明;有 1331 人已被证实死亡,但尸体尚未找到(以上数字不包括 10 名劫机者),在世贸中心大楼遇难的人中,有 230 人是美国大型金融机构的副总裁,有 130 人是规模大小不一的证券公司的经纪人,而遇难和失踪者中还有一群特殊的人,他们是 341 位消防队员和 2 名医护人员。

美航 11 次航班:乘客和机组人员共 87 人死亡。

美联航 175 次航班:乘客和机组人员共 60 人死亡。

华盛顿:184 人死亡。

五角大楼:125 人死亡。

美联航 77 次航班:乘客和机组人员共 59 人死亡(不包括 5 名劫机者)。

宾夕法尼亚州:40 人死亡。

美航93次航班：乘客和机组人员共40人死亡(不包括4名劫机者)。

在所有的美国城镇中，43个州的近800个城镇有人在此次事件中遇难，还有一些遇难者来自中国、圭亚那、澳大利亚等14个国家，有三分之二的人居住在纽约和新泽西，其中纽约市的遇难者最多，有929人。位于世贸大楼顶端的世界之窗饭店也有71名雇员遇难，其中许多人都是新移民。

(2)救援者

世界贸易中心死亡者中，包括来自纽约市消防局的341名消防员和2名医护人员，来自纽约与新泽西港口事务管理局的34名警察，来自纽约市警察局的23名警察，与来自各民营医院的8名紧急医疗技术人员。

有数据显示，至今有至少2518名当年参与搜救的救援人员患癌，当中包括警察、消防员和医护人员，其中一名60多岁的消防队长，因为患癌而导致身体变得非常虚弱，被逼退休。截至2014年6月，“9·11受害者赔偿基金”已处理逾千宗癌症索偿个案，大部分情况严重的人已获赔偿，当中115人获赔40万至410万美元(约合人民币247万元至2537万元)不等，但未知有多少救援人员因癌病死亡。

(3)劫机者

2001年9月27日上午，美国司法部正式公布了劫持客机并制造此次事件的19名嫌犯的名字和照片。

以下就是美司法部公布的19名劫机分子名单：

涉嫌劫持联合航空公司175号航班并撞毁纽约世贸中心的是：Marwan al Shehhi, Fayez Rashid Ahmed Hassan Al Qadi Banihammad, Mohand al Shehri, Hamza al Ghamdi 和 Ahmed al Ghamdi。

涉嫌劫持美国航空公司11号航班并撞毁纽约世贸中心的是：Waleed al shehri, Wail al shehri, Mohamed Atta, Abdulaziz al Omari 和 Satam al Suqami。

涉嫌劫持美国航空公司77号航班并撞毁五角大楼的是：Khalid al Mihdhar, Majed Moqed, Nawaf al Hazmi, Salem al Hazmi 和 Hani Hanjour。

涉嫌劫持联合航空公司93号航班并在宾夕法尼亚郊区坠毁的是：Ahmad al Haznawi, Ahmed al Nami, Ziad Samir Jarrah 和 Saeed al Ghamdi。

三、事件问题分析

在美国思想界的诸种论点之中，“文明冲突”论成为解读“9·11”事件根源的主要论点之一，世界上的许多媒体指出恐怖主义的重要根源是美国的中东政策，以巴长期的军事冲突和以色列人对巴勒斯坦人的杀戮及美国对以色列的偏袒“制造”出具有必死决心的狂热激进分子。

英国广播公司BBC、法国《世界报》都指出“问题症结在于美国的中东政策”。英国《卫报》以“最好的防御是公道”为题，指出美国人必须“公道”，“才能真正制止奥萨马在阿拉伯和穆斯林社会中得到的广泛支持”。

“9·11”恐怖袭击使美国损失惨重，付出巨大的人员伤亡代价，直接改变了美国公众的生活方式、社会状态和政治基调，也将对美国21世纪的国家战略产生重大影响。虽然美国联邦紧急事务管理局(FEMA)成立较早，在处理一系列危机事件中积累了较多的经验，逐步健全了危机应对机制和危机管理机制，形成较为科学的灾害事故应急救援指挥体系，各州和县市也都有训练有素的类似机构和人员，但应对如此重大规模的恐怖袭击，美国政府意识到，FEMA仍缺乏应对恐怖主义，特别是核恐怖、生化恐怖等所必需的资源、技术与实力。

2002年11月，布什政府决定在FEMA的基础上成立国土安全部，形成涵盖各类突发事件的应急管理体系。国土安全部是美国政府统一领导应急治理工作的核心部门，它由联邦紧急事务管理局、海岸警卫队、移民与规划局、海关总署等22个联邦政府机构合并而成。国土安全部在全美设有10个地区代表处，主要负责与地方应急机构的联络，在紧急状态下，负责评估突发事件造成的损失，制定救援计划，协同地方组织实施应急救助。联邦和地方应急管理的性质也发生改变，形成从联邦到地方全覆盖式国土安全管理模式。这些变化推动了对相关计划与标准的需求和相关项目的发展，这就包括国家事故管理系统、国家反应计划、国家应对框架等。

在职能方面，国土安全部把突发事件管理与国家安全保障更加紧密地结合起来，将“保障国土安全”列为首要工作重点，把传统的针对灾害管理的任务看成国家安全保障工作的一部分，整合反恐与救灾的力量，达到危机管理体制的统一。同时，美国政府认为在应急管理体制的减缓、准备、响应和恢复四个阶段中，减缓是四个阶段的核心，与其花费大量的资金在损失后进行救助，不如把它花在事前的预防上。

9·11事件显示出美国作为一个拥有庞大情报机构和绝对军事技术优势的超级大国在面对恐怖袭击时存在系统性的失误。

1.战略失误，对恐怖主义重视不足

冷战结束后，美国失去苏联这个主要竞争对手，相当一部分美国智囊精英开始把注意力聚焦在中国身上。小布什政府上台后即把中国定位为“战略竞争对手”。后冷战时期也是恐怖主义、宗教极端势力和民族分裂势力迅速滋生的重要时期，原本被冷战掩盖的地区矛盾开始显现。单一的、大规模的来自苏联的主流威胁被一系列小型的，具有高度不确定性的恐怖主义威胁所取代。恐怖主义是当代世界国家、民族、阶级、宗教等各种尖锐复杂矛盾的体现，有着深刻复杂的社会和政治原因。

两届美国政府都没有对“基地”组织的威胁予以足够重视，对情报系统投入的资金和人力资源在不断削减，而美国在冷战时期建立的旨在搜集苏联情报的旧有情报系统在应对新时期恐怖主义威胁时效能不彰。

2.体制弊端，缺乏信息共享

美国拥有庞大的情报机构，但情报管理松散，缺乏统一的强有力的领导体制。这个弊端严重妨碍部门之间的合作和情报资源的共享。9・11 事件之前，美国政府拥有 13 个不同的情报单位，这 13 个情报单位分属国家安全委员会、国防部、能源部、司法部、财政部等部门，它们构成一个松散的联盟。中央情报局局长兼任美国情报系统的首脑，但他缺乏作为情报首长所必备的经费控制权和人事任免权，形同虚设。

情报部门之间，军事情报部门和非军事情报部门之间，情报机构和其他行政部门之间，以及国内情报部门和国外情报机构之间经常因为狭隘的部门利益而相互恶性竞争，同行之间相互隔离，以邻为壑已成潜规则，即使是同一个情报机构内部也经常各行其是。情报机构之间职能重叠，效率低下。

根据 9・11 事件调查委员会报告，美国政府和情报部门对 9・11 恐怖袭击出现情报预警失误并非没有搜集到任何相关情报，而是情报部门因为缺乏信息共享，各情报部门搜集的零碎材料无法从大局角度得出一份综合的关于恐怖主义威胁的评估报告。

在 19 个飞机劫持者中，有一些人在入境文件不完备的情况下能够进入美国；在袭击的当天，未能搜查一些被机场电脑安检系统识别出来的可疑乘客，他们最后还是通过了安全检查，登上飞机；部分劫持者已经列在政府恐怖主义者监视的名单上，但因为联邦航空管理局和航空公司并不知情，所以他们准许其上了飞机；因为缺乏信息共享，未能发现 2000 年美国军舰“科尔”号在也门遭袭事件中的部分嫌疑犯与劫机犯的联系；未能将 2001 年 8 月被捕的恐怖分子穆萨维与即将发生的恐怖袭击联系起来。从 1995 年到 9・11 事件发生，美国情报部门没有产生一份有关恐怖主义威胁的国家情报评估报告。

3.文化痼疾，制约情报活动的开展

美国是一个具有所谓“自由”“民主”传统的国家，公民的隐私权受到严格保护。在国内开展情报活动受到严格限制，必须遵守相关法规。联邦调查局(FBI)未经法院授权，不能随意对公民进行窃听、监视和跟踪。美国人普遍认可对国家权力机关设限以维护公民的自由权，这样的环境为恐怖活动提供了便利。事实上，9・11 事件前美国情报人员已经发现一些恐怖袭击的线索，但受制于法规，未能进一步深入调查和监视，未能采取有效措施及时找到劫机分子 Khalidal Mihdhar，Nawaf al Hazmi，也未能及时把这两人列入黑名单，错失避免恐怖袭击的机会。

美国文化强调个人价值，其核心个人中心主义上升到国家层面就是美国至上思想。长期超级大国的实力形成一种美国至上，美国本土绝对安全的优越感，不重视对国外文化，尤其是亚非拉等文化的学习。美国少有大学开设中东语言和伊斯兰文化研究方面的课程，具备阿拉伯文化背景和语言技能人才严重匮乏。自从发生 9・11 恐怖袭击事件以来，中情局就一直面临着招募合格反恐情报人员的压力。情报人员对于非西方国家的文化不敏感，无法理解恐怖分子自杀式袭击。

四、反思与建议

为避免美国再次遭受如此大规模的恐怖袭击，首先，美国政府应该调整国家战略，把恐怖主义列为首要威胁，把工作重点转移到反恐上，加强对情报工作的投入。美国政府应该重视并找出现存或有可能成为恐怖分子庇护所的地方，找到具体国家或相对应的地区战略，加强和那些能够帮助美国的国家之间的关系。

其次，美国应对情报体系进行结构改革，加强组织领导和资源共享，建立全国反恐中心，统一负责反恐行动中的战略情报和行动计划工作，消除情报工作在国内和国外的界限；建立新的全国情报部门主管，负责美国全国的情报事务；建立以网络为基础的信息共享系统，解决传统政府部门之间的交流障碍。

最后是加强立法，放宽对反恐情报搜集的限制，赋予情报与执法机构必要的监视和侦察特权，提升美国的反恐能力；强化国会对情报部门的监督作用，及时发现并解决情报和国土安全中出现的问题；重视对情报人员的思维培训，采用科学方法进行情报分析有助于避免认知偏见；加强招募和培养具有特定语言、文化和专业知识背景的人员从事反恐情报工作。

资料来源：9·11事件调查委员会报告 The 9/11 Commission Report。

思考题

1.中国作为一个深受恐怖主义威胁的国家，从美国的“9·11事件”中能吸取什么样的教训？

2.美国的应急管理机制对我国灾害应急救援体系建设有什么样的启示？

反恐防暴小知识

预防恐怖活动基本知识

长期以来，恐怖主义以血腥的暴力活动为显著标志，在许多国家制造混乱，造成社会动荡不安。虽然实施恐怖活动的人只是极少的一小撮，但由于恐怖主义所具有的特性，使其所造成的危害远远大于普通刑事犯罪。

1.什么是恐怖主义

恐怖主义，是指通过暴力、破坏、恐吓等手段，制造社会恐慌、危害公共安全、侵犯人身财产，或者胁迫国家机关、国际组织，以实现其政治、意识形态等目的的主张和行为。

2.什么是恐怖活动

恐怖活动，是指恐怖主义性质的下列行为：

(1)组织、策划、准备实施、实施造成或者意图造成人员伤亡、重大财产损失、公共设施损坏、社会秩序混乱等严重社会危害的活动。

(2)宣扬恐怖主义，煽动实施恐怖活动，或者非法持有宣扬恐怖主义的物品，强制他人在公共场所穿戴宣扬恐怖主义的服饰、标志。

(3)组织、领导、参加恐怖活动组织。

(4)为恐怖活动组织、恐怖活动人员实施恐怖活动或者恐怖活动培训提供帮助。

(5)其他恐怖活动。

3.恐怖袭击方式

常见的恐怖袭击方式包括刀斧砍杀、驾车冲撞碾压、纵火、爆炸、枪击、劫持、投放危险物质等。此外，恐怖分子有时还会利用网络散布虚假恐怖信息等方式实施破坏活动。

4.恐怖袭击的特点

(1)多针对无辜群众不加选择地实施袭击，妄图造成最大伤害。

(2)恐怖分子多会在袭击现场展示、散发、呼喊象征恐怖组织或恐怖主义思想的标识或口号。

(3)袭击方式多选择暴力手段，烈度大、破坏性强，极易对人的心理造成恐慌。

(4)常为多人共同作案。

二、共筑反恐防范安全防线

安全源于你我，反恐人人有责。日常生活中，进入车站、机场、影剧院等场所时的安全检查，购票乘坐交通工具、使用物流快递、租赁机动车、上网等场景的实名登记，都离不开广大人民群众的支持与配合。这些举手之劳的作用不可小看，它对全社会防范恐怖袭击具有重要意义，能够有效震慑阻止暴恐分子策划、准备及实施恐怖袭击活动。

1.积极来安检，不要嫌麻烦

保障我们每个人的人身、财产安全，是安全检查工作的主要目的。通过安检，能及时发现人身、车辆、物品等是否携带或夹带枪支、弹药、管制刀具或易燃易爆、腐蚀性、放射性等危险物品，有效防止损害发生。

需要进行安全检查的场所通常有哪些？

(1)交通枢纽，如机场、火车站、地铁站、汽车站、码头等。

(2)人员密集场所,如城市广场、影剧院、景点等。

(3)大型活动举办场所,如重要会议、体育赛事、展览、演出活动场所等。

(4)其他需要进行安检的场所。

如何配合做好安全检查?

(1)及时了解禁止携带的违禁品和管制物品种类。

(2)充分预留安检时间,避免造成时间上的延误。

(3)积极配合,听从安检人员指挥,提高安检速度。

(4)遇有需要查验身份证件时,提前准备好相关证件,确保快速通过。

目前,常见的安检形式包括徒手检查和仪器检查。需要说明的是,仪器检查对人体、电子设备、食品等均无损害。

2.依法实名制,保护你我他

在日常生活中,当我们坐飞机、住宾馆、上网吧、寄快递时,通常需要出示有效身份证件。实名制有利于加强社会管理、规范个体行为、打击违法犯罪,并在及时发现可疑、消除涉恐隐患方面,发挥着十分重要的作用。

什么时候需要进行实名登记?

(1)入住宾馆、酒店等。

(2)邮寄物品。

(3)运输货物。

(4)购票乘坐长途汽车、飞机、高铁等公共交通工具。

(5)使用互联网、金融、电信、机动车租赁等服务。

(6)购买特定商品。

(7)其他。

实名登记需要注意哪些问题?

(1)如实登记自己的实名身份信息。

(2)妥善保管身份证件,不转借他人使用。

(3)遗失证件及时按规定报告。

3.平时多练习,遇袭保平安

对我们大家来说,面对凶残的暴恐分子,这是一场不讲规则、没有底线,完全不对等的战斗。因此,一旦意识到身边可能发生暴恐事件,要首先确保自身安全,及时报警。

掌握应急技能

(1)立即离开事发区域,不要围观、停留,不要贪恋财物,如无法逃避时,应利用地形、遮蔽物遮掩、躲藏。

(2)保持镇静,不要惊恐喊叫,避免增加周围人的恐惧,引起更大的混乱和伤亡。

(3)在确保个人安全的情况下,及时报警、呼救和救助他人。

(4)逃离现场时应避免拥挤,以免因拥挤、踩踏受伤。

(5)如遇不明气体或液体,应迅速躲避,且用毛巾、衣物等捂住口鼻,做好防护措施。

积极参与演练

日常积极参加反恐应急演练,掌握必备的应急知识和技能,了解发生暴恐事件时应当采取的必要行动,加快反应速度,有效躲避危险。

自觉抵制恐怖主义思想

恐怖主义思想是恐怖活动的重要诱因。恐怖分子通过制作、发布音视频,散发非法宣传品等形式,千方百计地向群众传播恐怖主义思想,煽动实施恐怖活动,传授恐怖袭击方法。作为普通公民,我们要学会识别它们。

1.恐怖主义思想传播途径有哪些

(1)含有恐怖组织宣扬暴力、煽动实施恐怖袭击、煽动破坏社会秩序内容的音视频、图片等。

(2)含有恐怖主义思想,鼓吹通过暴力解决问题等内容的传单、小册子等。

(3)宣扬恐怖主义的网络言论、公开言论等。

(4)代表恐怖组织、恐怖主义的标识、旗帜等。

(5)宣扬恐怖主义的非法性活动等。

2.面对恐怖主义思想网络渗透应该怎么办

网络是恐怖主义思想传播的重要途径。我们在日常上网过程中发现疑似含有恐怖主义思想的宣传品、音视频时应当做到:

(1)及时停止观看。

(2)不在手机或电脑上下载、保存相关宣传品、音视频。

(3)不散布、不转发、不传看相关宣传品、音视频。

(4)对在网络公共空间传播的含有恐怖主义言论、图片、音视频等,不评论、不讨论。

(5)通过视频网站设立的“暴恐音视频举报专区”链接,或各类手机应用的违法举报入口进行举报。

正确识别、举报涉恐可疑情况

积极协助、配合有关部门开展反恐怖主义工作是每个公民应尽的法律义务。日常生活中发现恐怖活动嫌疑后,要及时向公安机关或有关部门报告。

1.哪些人是可疑人员

(1)冒用他人身份证件或使用伪造的身份证件。

(2)言行异常,安全检查过程中不愿接受检查或者试图逃避检查。

(3)衣着反常,穿着很宽大的衣物或者腰部突出等。

(4)携带疑似管制刀具、易燃易爆等违禁物品。

(5)服饰、皮肤或所携带物品上有疑似与恐怖主义相关的标识图案。

(6)作息时间反常,住所内常传出异常声响、刺激性气味或出现大量火柴棍等非生活垃圾。

(7)在标志性建筑、人员密集场所等地反复徘徊观察、打探安保情况等。

(8)试图获取炸药、武器等,或匿名、大量购买易燃易爆物品、危险化学品及管制刀具等。

(9)疑似公安机关通报的恐怖活动人员。

2.哪些物品是可疑物品

(1)重要目标附近出现的无人认领或来历不明的物品。

(2)有意伪装或者藏匿的物品。

(3)可疑人员携带的与其身份不符的物品,如可能装有管制刀具、棍棒等物品的旅行包。

(4)随身携带、藏匿企图躲避安检的物品。

(5)散发如臭鸡蛋(黑火药)、氨水(硝铵炸药)等特殊气味的物品。

3.发现可疑情况之后怎么办

(1)迅速远离。尽可能地远离可疑人员、可疑物品确保自身安全;牢记可疑特征,如嫌疑人外貌、携带物品等,在保证安全的情况下,可用手机进行拍照记录。

(2)及时报警。向周围的执勤民警或到当地公安机关报警,或通过“110”报警电话、“12110”短信报警平台、公安机关微信公众平台以及信件、电子邮件等方式报警。报警时要保持沉着冷静,全面报告可疑情况的具体细节。

4.举报有奖励,包庇要追责

公民发现并积极举报可疑线索的,经过核实后,公安机关将按有关规定予以奖励。同时,严格保护举报人的个人身份等信息,充分保障举报人的安全。

明知他人有恐怖活动犯罪行为,却窝藏、包庇的,将受到拘留、罚款等行政处罚,直至追究刑事责任。

第 12 章

“8・12”天津滨海新区爆炸事故应急处理

【导读】“8・12 天津滨海新区爆炸事故”是一起发生在天津市滨海新区的特别重大安全事故。2015 年 8 月 12 日 22 时 51 分 46 秒，位于天津市滨海新区天津港的瑞海公司危险品仓库运抵区集装箱内的硝化棉积热自燃，引起相邻集装箱内的硝化棉和其他危险化学品长时间大面积燃烧，导致周边的硝酸铵等危险化学品发生爆炸。本次事故中爆炸总能量约为 450 吨 TNT 当量。造成 165 人遇难（其中参与救援处置的公安现役消防人员 24 人、天津港消防人员 75 人、公安民警 11 人，事故企业、周边企业员工和居民 55 人），8 人失踪（其中天津消防人员 5 人，周边企业员工、天津港消防人员家属 3 人），798 人受伤（伤情重及较重的伤员 58 人、轻伤员 740 人），304 幢建筑物、12428 辆商品汽车、7533 个集装箱受损。事故已核定的直接经济损失 68.66 亿元，经国务院调查组认定，8・12 天津滨海新区爆炸事故是一起特别重大生产安全责任事故。国务院安委会办公室、应急管理部召开全国安全生产专题视频会议并指出，要以港口、码头、物流仓库、化工园区等为重点，深刻吸取重大爆炸事件教训，开展危化品储存安全专项检查整治。

一、事件回放

（一）事件经过

事发地点位于天津市滨海新区吉运二道 95 号的瑞海公司危险品仓库（位于北纬 39°02′22.98″，东经 117°44′11.64″）运抵区（“待申报装船出口货物运抵区”的简称，属于海关监管场所，用金属栅栏与外界隔离。由经营企业申请设立，海关批准，主要用于出口集装箱货物的运抵和报关监管）。

2015 年 8 月 12 日 22 时 51 分 46 秒，天津市滨海新区港务集团瑞海物流公司危险品仓库危化品堆垛最先起火。23 时 34 分 06 秒，集装箱内的易燃易爆物品发生第一次爆炸，现场火光冲天，在强烈爆炸声后，高数十米的灰白色蘑菇云瞬间腾起。随后爆炸点上空被火光染红，现场附近火焰四溅。23 时 34 分 37 秒，发生第二次更剧烈的爆炸。

天津消防总队共调集 23 个消防中队的 93 辆消防车、600 余名官兵在现场全力灭火处置。8 月 12 日 23 时 40 分，天津消防总队全勤指挥部遂行出动，再次调集 9 个消防中队 35 辆消防车赶赴增援。

图 12-1　8·12 天津滨海新区爆炸事故现场图①

国家地震台网官方微博"@中国地震台网速报"发布消息称："综合网友反馈，天津塘沽、滨海等，以及河北河间、肃宁、晋州、藁城等地均有震感。"

截至 2015 年 8 月 13 日早 8 时，距离爆炸 8 个多小时，大火仍未完全扑灭。因为需要沙土掩埋灭火，需要很长时间；事故现场形成 6 处大火点及数十个小火点。8 月 13 日 11 时，天津消防总队已经先后调派 143 辆消防车、1000 余名消防官兵到场救援。14 日 16 时 40 分，现场明火被扑灭。

① 浙江新闻.国务院成立天津港爆炸事故调查组彻查事故原因[EB/OL].(2015-08-18)[2021-3-23].https://zj.zjol.com.cn/news/145316.html? ismobilephone=1&t=1524984430657.

(二)事故损失和影响

1.总体损失情况

事故中心区为此次事故中受损最严重区域,该区域东至跃进路、西至海滨高速、南至顺安仓储有限公司、北至吉运三道,面积约为 54 万平方米。两次爆炸分别形成一个直径 15 米、深 1.1 米的月牙形小爆坑和一个直径 97 米、深 2.7 米的圆形大爆坑。以大爆坑为爆炸中心,150 米范围内的建筑被摧毁,东侧的瑞海公司综合楼和南侧的中联建通公司办公楼只剩下钢筋混凝土框架;堆场内大量普通集装箱和罐式集装箱被掀翻、解体、炸飞,形成由南至北的 3 座巨大堆垛,一个罐式集装箱被抛进中联建通公司办公楼 4 层房间内,多个集装箱被抛到该建筑楼顶,位于爆炸中心南侧的吉运一道和北侧吉运三道附近的顺安仓储有限公司、安邦国际贸易有限公司储存的 7641 辆商品汽车和现场灭火的 30 辆消防车在事故中全部损毁,邻近中心区的贵龙实业、新东物流、港湾物流等公司的 4787 辆汽车受损。截至 12 月 10 日,事故造成直接经济损失 68.66 亿元。

2.人员伤亡

据 2016 年 2 月 5 日统计,事件造成 165 人遇难、8 人失踪,798 人受伤住院治疗,304 幢建筑物、12428 辆商品汽车、7533 个集装箱受损。[①]

3.财产损失

截至 2015 年 8 月 18 日,爆炸导致门窗受损的周边居民户数有 17000 多户,另外还有 779 家商户受损。共 304 幢建筑物(其中办公楼宇、厂房及仓库等单位建筑 73 幢,居民 1 类住宅 91 幢、2 类住宅 129 幢、居民公寓 11 幢)、12428 辆商品汽车、7533 个集装箱受损。截至 2015 年 12 月 10 日,依据《企业职工伤亡事故经济损失统计标准》等标准和规定,已核定的直接经济损失 68.66 亿元。评级机构惠誉警告,震撼中国的"8·12 天津滨海新区爆炸事故"保险损失可能高达 15 亿美元,成为中国近年来代价最高的灾难事件。

4.交通方面影响

2015 年 8 月 13 日,受滨海新区东海路附近火灾事故影响,津滨轻轨 9 号线暂时停止运营。12 月 16 日,津滨轻轨(9 号线)恢复天津站至钢管公司站区间临时运营,而在爆炸中损毁严重的津滨轻轨终点站东海路于 9 月份开始在原址上重建,于 2016 年底竣工投用。

5.环境方面影响

本次事故对事故中心区及周边局部区域大气环境、水环境和土壤环境造成不同程

① 新华社.天津港"8·12"瑞海公司危险品仓库特别重大火灾爆炸事故调查报告公布[EB/OL],(2016-02-05),https://www.gov.cn/xinwen/2016—02/05/content_5039785.htm.

度的污染。天津渤海湾海洋环境质量未受到影响。没有因环境污染导致的人员中毒与死亡病例。

(三)当事公司

1.许可经营项目

天津东疆保税港区瑞海国际物流有限公司,注册于天津东疆保税港区,注册资金伍仟万元人民币,是天津口岸危险品货物集装箱业务的大型中转、集散中心,是天津海事局指定危险货物监装场站和天津交委港口危险货物作业许可单位。公司以经营危险化学品集装箱拆箱、装箱、中转运输、货物申报、运抵配送及仓储服务等业务为主。该公司仓储业务的商品类别有:第二类:压缩气体和液化气体(氩气、压缩天然气等);第三类:易燃液体(甲乙酮、乙酸乙酯等);第四类:易燃固体、自燃物品和遇湿易燃物品(硫磺、硝化纤维素、电石、硅钙合金等);第五类:氧化剂和有机过氧化物(硝酸钾、硝酸钠等);第六类:毒害品(氰化钠、甲苯二异氰酸酯等);第八、九类:腐蚀品、杂类(甲酸、磷酸、甲基磺酸、烧碱、硫化碱等)。

瑞海公司成立初期的许可经营项目为“在港区内从事仓储业务经营”,明确表明“危化品除外”。2014 年 5 月 8 日,许可经营项目中才将危化品纳入。工商登记信息显示,变更后的经营范围为“在港区内从事仓储业务经营(以津交港发〔2014〕59 号批复第二项批准内容为准,有效期至 2014 年 10 月 16 日)”。

2013 年 5 月 24 日,瑞海公司“对现有堆场进行重新规划,新建两个危险品库,改造现有中转仓库、综合楼、消防设施等”。环评公示称,拟建项目涉及的物料大多为危险、易燃物料,在物料运输、贮存过程中,存在一定的环境风险。“在采取有效的防范措施、制定相应的应急预案的前提下,事故风险在可接受范围内。”环评给出了应对措施,包括:在危险品库及堆场内设置可燃和有毒气体报警装置,在线摄录装置、火灾报警系统,设置消防管网,配备相应的消防器材,设置事故废水收集池,对雨水排放系统和污水排放系统设置切断设施,并在总口设置截止措施。

2.变更危险品周转量

2014 年 8 月,天津市滨海新区塘沽环境保护监测站,曾出具一份关于“瑞海公司跃进路堆场改造工程”环保验收报告。该工程环评简本称,该项目位于天津市滨海新区塘沽北疆港区集装箱物流中心,原属天津爱兰德物流有限公司堆场。瑞海公司租用爱兰德堆场后,把现有物流堆场改造成一个危险化学品和普通货物集装箱堆场,占地面积 46226.8 平方米。改造后项目危险品货物年周转量 2 万吨左右,普通货物年周转量 5 万吨左右。

2014 年 9 月 10 日,《瑞海公司跃进路堆场改造工程竣工环境保护验收拟批复公示》(以下简称《批复》)中,货物周转量信息发生了变化,称“设计危险品货物年周转量 5 万吨左右,普通货物年周转量 2 万吨左右”。

(四)事故原因

1.直接原因

瑞海公司危险品仓库运抵区南侧集装箱内的硝化棉由于湿润剂散失出现局部干燥,在高温(天气)等因素的作用下加速分解放热,积热自燃,引起相邻集装箱内的硝化棉和其他危险化学品长时间大面积燃烧,导致堆放于运抵区的硝酸铵等危险化学品发生爆炸。

2.根本原因

瑞海国际物流有限公司严重违反有关法律法规,无视安全生产主体责任,严重违反天津市城市总体规划和滨海新区控制性详细规划,违法建设危险货物堆场,违法经营、违规储存危险货物,现代物流和普通仓储区域违法违规从2012年11月至2015年6月多次变更资质经营和储存危险货物,安全管理极其混乱,安全隐患长期存在。

3.其他问题

有关地方党委、政府和部门存在有法不依、执法不严、监管不力、履职不到位等问题。

(1)危险化学品经营管理行业主管部门:天津市交通运输委员会。对危险化学品经营业务负有审批、监管等职责,未认真履行职责,违规发放经营许可证。

(2)安全生产的监督管理部门:天津市安全生产监督管理局。对辖区内企业特别是危化品经营企业的安全生产负有监管职责,监管不力,对瑞海公司存在的安全隐患和违法违规经营问题未及时检查发现和依法查处。

(3)辖区各类建设项目的规划管理部门:滨海新区规划和国土资源管理局。对辖区内企业经营危险化学品仓储业务规划负有审批职责,明知瑞海公司经营危险化学品,仓储地点违反安全距离规定,未严格审查把关,违规批准该公司危险化学品仓储业务规划。

(4)辖区危化品进出口的监管部门:天津新港海关。对辖区内企业的危化品进出口活动负有监管职责,危化品进出口监管活动中对工作严重失责,对瑞海公司日常监管工作失察,对其违法从事危化品经营活动未及时发现并查处;给不具备资质的瑞海公司开辟绿色进出关通道,放纵瑞海公司从事违法经营活动。

(5)港区企业管理单位:天津港(集团)有限公司。对辖区内经营企业负有安全生产监管等职责,疏于管理,对瑞海公司存在的安全隐患和违法违规经营问题未有效督促纠正和处置。

(6)瑞海国际物流有限公司安全报告的评价单位:天津中滨海盛安全评价监测有限公司。对辖区内经营企业未提供真实的安全评价报告,弄虚作假,违法违规进行安全审查、评价和验收等。

(7)天津市委、市政府和滨海新区委、区政府未全面贯彻落实有关法律法规,对有关部门、单位违反城市规划行为和在安全生产管理方面存在的问题失察失管。

二、事件应急处理过程

(一)成立工作组

2015 年 8 月 13 日 1 时左右,事故调查组在天津港大楼前广场应急指挥车上正式宣布成立总指挥部,地点设在区政府指挥中心,由天津市委代理书记担任总指挥,市委副书记、副市长和天津市委常委、滨海新区委书记任副总指挥。挥部下设五个工作组,分别是事故现场处置组、伤员救治组、保障维稳群众工作组、信息发布组和事故原因调查组,全方位开展救援以及善后工作。

2015 年 8 月 13 日凌晨至 19 日,郭声琨国务委员受党中央、国务院委托,率国务院工作组赶赴事故现场,协调指导应急处置工作。

(二)领导指示

2015 年 8 月 13 日,事故发生后,习近平总书记两次作出重要批示,专题听取事故抢险救援和应急处置情况汇报,要求全力搜救人员,千方百计救治伤员,有序进行现场清理,加强环境监测,做好善后处置工作,彻查事故原因并严肃追责,坚决落实安全生产责任制,有效化解各类安全生产风险,保障人民群众生命财产安全。

中共中央政治局常委、国务院总理李克强作出批示,要求全力组织力量扑灭爆炸火势,并对现场进行深入搜救,注意做好科学施救,防止发生次生事故;抓紧组织精干医护力量全力救治受伤人员,最大限度减少因伤死亡;查明事故原因,及时公开透明向社会发布信息。同时,要督促各地强化责任,切实把各项安全生产措施落到实处。

2015 年 8 月 16 日,李克强在天津主持召开会议,部署“8·12”天津滨海新区爆炸事故救援处置工作。根据习近平总书记、李克强总理的指示,张高丽、马凯副总理和王勇国务委员 7 次与天津一线指挥部视频连线,指导事故抢险救援及防范发生次生事故灾害等工作,并多次作出指示批示。刘延东副总理专门到天津看望慰问受伤人员及其家属,指导伤员救治工作。孟建柱、栗战书等中央领导同志也多次对事故救援处置工作作出指示批示。

(三)救援处理工作

1.救援支持

事故发生后,按照公安部消防局要求,2015 年 8 月 13 日 3 时 53 分,北京消防调派 2 架无人机、8 名官兵赶赴现场,并利用无人机绘制出 360°全景图,为现场指挥部决策提供有力依据。

2015 年 8 月 13 日 3 时 40 分,应接天津军区请求支援,以北京卫戍区某防化团三营为主体的国家级陆上核生化应急救援队 200 余名官兵,抵达天津滨海新区后,进入瑞海公司危险品仓库爆炸现场展开救援。

爆炸事故发生后,国家卫生计生委从北京等地组织血液药品等医药物资,全面进行支援准备,组织医疗专家赶赴天津协助开展医疗救援工作。一批中央企业紧急调拨力量,中石化天津石化消防支队、国家电网天津市电力公司、中国医药集团旗下中生股份、中国移动、中国联通、中国电信、铁塔公司、中航工业旗下中国飞龙通航公司等企业均第一时间参与事故救援与保障行动。其中中航工业旗下中国飞龙通航公司托管执飞的 AC311 直升机在 2015 年 8 月 13 日 8 时 38 分及 12 时,对现场航拍勘测,实时传输爆炸现场情况并详细勘测各隐患起火点,在主要干道拥堵、现场混乱、地面无法全方位掌握实时信息的情况下,直升机航拍对指挥部科学安排救助活动起到至关重要作用。

2.消防救援

2015 年 8 月 13 日上午,北京军区某防化团紧急前往天津滨海新区参与救援,第一梯队 23 人于 10 点 20 分出发,出动 4 台专业车辆、238 件专业设备。第二梯队 194 人,于 10 点 40 分出发。

2015 年 8 月 13 日 10 时,"8·12"天津滨海新区爆炸事故现场救援指挥部会议决定,由于危化品数量内容存储方式不明,现场救援暂停,待现场勘查完毕后决定下一步措施。并派防化团进现场,密切关注环保监测,对附近区域进行交通戒严。

8 月 15 日 11 时 20 分左右,北京卫戍区防化团首次进入瑞海公司危险品仓库爆炸核心区建筑搜救生命。8 月 15 日 19 时,公安部消防局从河北消防总队调集了 3 个支队的 3 个化工编队,共计 43 部车 232 名官兵到场增援,从北京总队调集 2 部核生化多动能侦检车到场处置。从辽宁、江苏消防总队调集核生化侦检编队共 6 辆消防车 30 名消防官兵到达天津滨海新区爆炸事故现场,配合处置。

北京军区共抽调国家级核生化应急救援力量、工程抢险力量和医疗专业救治力量共计 1909 人,动用专业装备和指挥保障装备 201 台,投入搜救工作。同时,只有生化部队的士兵被允许进入爆炸现场进行搜救及危化品清理工作。截至 2015 年 8 月 16 日上午,氰化物的位置已确认分布在两个点,初步判断有几百吨。对已炸开外露的及时清理,用化学品中和;对大面积分散的采取分围方法,砌墙围起来;对成桶未损坏的将其及时清运，撤离现场。针对氰化物，按照“前面堵、后面封、中间来处理”的原则，紧急采取设置围堰、危险废物集中处置等五项措施，确保事故区域污染不外泄。

（四）成立调查组

2015年8月18日，依据《危险化学品安全管理条例》和《生产安全事故报告和调查处理条例》有关规定，经国务院批准，成立由公安部、安全监管总局、监察部、交通运输部、环境保护部、全国总工会和天津市等有关方面组成的国务院“8·12”天津滨海新区爆炸事故调查组，邀请最高人民检察院派员参加，并聘请爆炸、消防、刑侦、化工、环保等方面专家参与调查工作。事故调查组先后调阅文字资料600多万字，调取监控视频10万小时，开展模拟实验8次，召开专家论证会56场，对600余名相关人员逐一调查取证，通过反复现场勘验、检测鉴定、调查取证、模拟实验、专家论证，查明了事故经过、原因、人员伤亡和直接经济损失，认定了事故性质和责任，提出了对有关责任单位和责任人员的处理建议，分析了事故暴露出的突出问题和教训，提出了加强和改进工作的意见建议。

经各方努力，事故救援及现场处置任务于2015年9月13日完成，清运危险化学品1176吨、汽车7641辆、集装箱13834个、货物14000吨。798名伤员得到妥善医治。

三、事件分析与研究

（一）事件的教训

1.危险化学品事故应急处置能力不足

瑞海公司没有开展风险评估和危险源辨识评估工作，应急预案流于形式，应急处置力量、装备严重缺乏，不具备初起火灾的扑救能力。天津港公安局消防支队没有针对不同性质的危险化学品准备相应的预案、灭火救援装备和物资，消防队员缺乏专业训练演练，危险化学品事故处置能力不强；天津市公安局消防支队也缺乏处置重大危险化学品事故的预案以及相应的装备；天津市政府在应急处置中的信息发布工作一度安排不周、应对不妥。

2.事故企业严重违法违规经营

瑞海公司无视安全生产主体责任，置国家法律法规、标准于不顾，只顾经济利益、不顾生命安全，不择手段变更及扩展经营范围，长期违法违规经营。

3.有关地方政府安全发展意识不强

瑞海公司长时间违法违规经营，有关政府部门在瑞海公司经营问题上一再违法违规审批，监管失职，最终导致天津港“8・12”事故的发生，造成严重的生命财产损失和恶劣的社会影响。

4.有关地方和部门违反法定城市规划

天津市政府和滨海新区政府严格执行城市规划法规意识不强，对违反规划的行为失察。天津市规划、国土资源管理部门和天津港（集团）有限公司严重不负责任、玩忽职守。

5.有关职能部门有法不依、执法不严，有的人员甚至贪赃枉法

天津市涉及瑞海公司行政许可审批的交通运输等部门，没有严格执行国家和地方的法律法规、工作规定，没有严格履行职责，甚至与企业相互串通，以批复的形式代替许可，行政许可形同虚设。

6.港口管理体制不顺、安全管理不到位

天津港已移交天津市管理，但是天津港公安局及消防支队仍以交通运输部公安局管理为主。同时，天津市交通运输委员会、天津市建设管理委员会、滨海新区规划和国土资源管理局违法将多项行政职能委托天津港集团公司行使，客观上造成交通运输部、天津市政府以及天津港集团公司对港区管理职责交叉、责任不明。

7.危险化学品安全监管体制不顺、机制不完善

危险化学品生产、储存、使用、经营、运输和进出口等环节涉及部门多，地区之间、部门之间的相关行政审批、资质管理、行政处罚等未形成完整的监管“链条”。同时，全国缺乏统一的危险化学品信息管理平台，难以实现对危险化学品全时段、全流程、全覆盖的安全监管。

8.危险化学品安全管理法律法规标准不健全

国家缺乏统一的危险化学品安全管理、环境风险防控的专门法律；《危险化学品安全管理条例》对危险化学品流通、使用等环节要求不明确、不具体，现行有关法规对危险化学品安全管理违法行为处罚偏轻，单位和个人违法成本很低，不足以起到惩戒和震慑作用。

（二）防范建议

1.坚持安全第一的方针，切实把安全生产工作摆在更加突出的位置；推动生产经营单位落实安全生产主体责任，任何企业均不得违法违规变更经营资质。

2.进一步理顺港口安全管理体制，明确相关部门安全监管职责；完善规章制度，着力提高危险化学品安全监管法治化水平。

3.建立健全危险化学品安全监管体制机制，完善法律法规和标准体系；建立全国统一的监管信息平台，加强危险化学品监控监管。

4.严格执行城市总体规划，严格安全准入条件；大力加强应急救援力量建设和特殊器材装备配备，提升生产安全事故应急处置能力。

5.严格安全评价、环境影响评价等中介机构的监管，规范其从业行为。

6.集中开展危险化学品安全专项整治行动，消除各类安全隐患。

另外，从事危化品的生产、储存、运输等运营的企业要开展风险评估和危险源辨识评估工作；优化应急预案，配备应急处置力量、装备。公安局消防部门要加强应急演练，针对不同性质的危险化学品准备相应的应急预案、灭火救援装备和物资，提升危险化学品事故处置能力。注重平战结合，日常就应着重加强对预防和应急处置相关知识的宣传培训和应急预案的编制及演练。增强员工应急意识和应急处置能力，确保应急培训效果和落实情况。确保应急预案的针对性、科学性、系统性、可操作性和实战性，真正能够为突发事件的应急预防处置提供行动指导。

四、反思与启示

"8・12"天津滨海新区爆炸事故，江苏盐城"3・21"重大爆炸事故，2020年8月4日的黎巴嫩共和国贝鲁特市港口重大爆炸事故等都是危险化学品爆炸事故，直接或间接造成大量人员伤亡和对生态环境的破坏。为了避免此类严重的危化品爆炸事故再次发生，就要做好以下工作。

（一）源头治理，紧盯重大危险源

一方面，要建立细致完备且闭合的监管流程和工作机制，比如，要求港口所在地的行政管理部门加强对港口重大危险源的监督检查，督促港口经营者做好本单位港口重大危险源的辨识评估、登记建档、备案核销和应急准备等工作；另一方面，做实做细事故防控体系，隐患打"小"打"早"；再一方面，确保层层负责、层层尽责，检查做到精益求精，隐患整改落实做到不打折扣。提高危化品企业对危险源的辨识能力以及落实企业主体责任方面的工作，每一起危化品爆炸事故，都逃不掉企业对重大危险源辨识不够，或因为一些"蝇头小利"而抱有侥幸心理的"怪圈"。侥幸疏忽、"无视"明显安全隐患的粗放管理最终酿成了这场"毁城之灾"。

及时汲取以前发生的危化品爆炸事故带来的惨痛教训，开展危险化学品安全专项整治，消除一批重大安全隐患，从事故源头进行治理，全面查找隐患，督促企业落实整改措施，防患于未然。

（二）综合治理，全周期全流程监管

天津滨海新区爆炸、美国德克萨斯城港口爆炸等都发生在危化品的港口存储或运输过程中。这些事故发生的原因都较为复杂且是多方面的，涉及人员素质、监管责任、自然环境、经济制约等多方面因素，且都造成了重大人员伤亡和经济财产损失。因此，涉及危化品相关监管工作的部门应真正落实法定责任，建立全流程、全时段、全覆盖的监管机制，综合治理。

当前我国危险化学品生产、储存、使用、经营、运输和进出口、废物处理等环节涉及部门较多，还涉及地区之间、部门之间的相关行政审批、资质管理、行政处罚等。例如，交通运输部门为港口危险货物监管主管部门，对港口危险货物安全管理、督促检查履行法定职责；应急管理部门对危化品生产经营环节负有监管职责；海关对企业的危化品进出口活动负有监管职责。危险化学品监管工作涉及的部门众多，若想要综合保障危化品生产的全流程、全周期的安全，离不开各部门一起努力，建立一套全周期、全流程的监管体制或“链条”，形成监管合力。加快建立危险化学品信息管理平台，实现对危险化学品全时段、全流程、全覆盖的安全监管。

（三）精准治理，清单化重点监管

危化品种类众多，其造成的生产安全事故影响程度不一，相比较而言，要对破坏力和危害性较强的危化品进行重点监管，列出重点管理的危化品清单，确保监管不盲目、有重点。国内外多起重特大危化品爆炸事故，皆祸起“硝酸铵”。硝酸铵在生产、贮运和使用中必须严格遵守安全规定。类似这种极其危险易爆或污染性高的危化品应该被列入重点监管清单来管理，并制定严格的储存运输标准，实行定置化管理，在危险化学品仓库内划定特定区域、仓间或储罐定点储存。2020年6月，应急管理部、工业和信息化部、公安部、交通运输部联合制定并公布《特别管控危险化学品目录（第一版）》，对特别管控危险化学品的建设项目从严审批，严格从业人员准入，实施储存定置化管理。

（四）科学治理，优化布局

涉及危化品生产、运输等工作的企业，不仅应有专业程度较高且具备较强责任心的安全管理人员，而且危险化学品的生产及运输等工作还要充分应用科学技术，提升危化品生产及运输的本质安全水平，降低储存及运输事故风险。在当前“新基建”发展浪潮下，充分应用大数据等新技术，优化危险化学品信息管理平台，提升危化品全过程智能化管理水平；机械化和自动化换人、减人，从而减少由于人的不确定性因素所导致的安全事故的发生，并在一定程度上降低事故造成的人员伤亡。同时，加强化工园区规划布局工作，认识化工园区工业规律，意识到它的客观危险性，因此，它的功能区和周边建筑一定要拉开距离，把化工园区的规划真正融入到安全城市的整体规划当中。在当前的技术发展形势下，预防生产安全事故的发生，人防和技防缺一不可，既要利用技术，也不能忽视人的主观意识作用。因此，推动危化品生产的机械化换人、自动化减人的同时，也要提高危化品生产工作人员的专业化水平和素养。

（五）依法治理，严谨执法

危化行业的系统性风险挑战包括对风险的感知、辨识、评估、预警等多个环节。这就要求危化品生产安全需要全流程、全时段、全周期监管。因此，我们亟需通过一部综合法，能够真正形成一个与危化行业流程化的全生命周期安全管理相适应的法律体系，同时，在立法力度和执法力度方面也要有所加强。目前，《危险化学品安全管理条例》（以下简称《条例》）自2002年施行至今，随着经济社会的逐渐发展，暴露出的法律缺陷越来越多，法律效力较低，已经难以适应当前危化行业的发展状况。制定一部综合化体系化的“危险化学品安全法”已经迫在眉睫。2020年1月5日，应急管理部办公厅向各省（市）自治区的应急管理厅（局）下发《中华人民共和国危险化学品安全法》（草案征求意见稿），并向各单位征求意见。经过与现行《条例》的对比，可以看出，新版征求意见稿更加注重对危险化学品的全生命周期、全过程管理，强化危化品单位的主体责任，突出源头管控的思路，强调化工园区与重大危险源的安全监管，同时按照“管行业必须管安全，管业务必须管安全，管生产经营必须管安全”的要求，进一步厘清了包括应急管理、公安、市场监管、生态环境、交通运输、卫生健康、邮政、海关、自然资源等各部门的安全监管责任。除完善立法外，提高执法效能，强化执法力度，完善行刑衔接机制，防止形式主义和腐败行为的滋生，也尤为关键。一方面加大企业违规违法成本，检查出重大安全隐患，立刻重罚和停产，绝不姑息。另一方面，创新执法形式和手段，借助“互联网＋执法”的手段，让执法更严谨高效，做到执法流程可追溯，企业隐患整改落实可监控，从而促进企业和监管责任部门之间的良性互动和危化行业的健康发展。

思考题

1.瑞海公司在安全生产和应急管理中存在哪些问题？如何整改？

2.从事危险化学品生产、储存、使用、经营、运输的企业应该如何有效进行安全生产？

3.危险化学品的监管部门应该如何有效监管？各部门的安全监管责任如何厘清？

4.消防部门如何有效进行危险化学品的应急处理？

危险品小知识

1.化学品：指各种化学元素和化合物以及混合物，无论其是天然的，还是人工合成的。(摘自：国际劳工组织《关于作业场所安全使用化学品公约》)据美国化学文摘统计，全世界已有化学品 700 万种，其中已作为商品上市的有 10 万余种，经常使用的有 7 万多种，每年全世界新出现化学品 1000 多种。

2.危险化学品：指具有毒害、腐蚀、爆炸、燃烧、助燃等性质，对人体、设施、环境具有危害的剧毒化学品和其他化学品。(摘自《危险化学品安全管理条例》)国危险化学品的分类采用联合国《全球化学品统一分类和标签制度》(GHS)的分类方法。2015 年 2 月，安全监管总局会同相关部门联合发布了《危险化学品目录(2015 版)》。现行的《危险化学品目录(2015 版)》收录危险化学品 2828 种，其中包括剧毒化学品 148 种。

3.危险物品：安全生产领域的专门术语，是指易燃易爆物品、危险化学品、放射性物品等能够危及人身安全和财产安全的物品。(摘自《安全生产法》)

4.危险货物：运输行业的专门术语，是指具有爆炸、易燃、毒害、感染、腐蚀、放射性等危险特性，在运输、储存、生产、经营、使用和处置中，容易造成人身伤亡、财产损毁或环境污染而需要特别防护的物质和物品。(摘自 GB6944-2012《危险货物 107 分类和品名编号》)道路运输危险货物具体以列入 GB12268-2012《危险货物品名表》为准，铁路运输危险货物具体以列入《铁路危险货物品名表(铁运〔2009〕130 号)》为准，水路运输危险货物具体以列入《水路危险货物运输规则》中附件一“各类引言和危险货物明细表”为准。我国危险货物的分类采用联合国《关于危险货物运输的建议书规章范本》的分类方法。

危险货物根据 GB6944-2012《危险货物分类和品名编号》分为 9 大类：

第 1 类爆炸品

第 2 类气体

第 3 类易燃液体

第 4 类易燃固体、易于自燃的物质、遇水放出易燃气体的物质

第 5 类氧化性物质和有机过氧化物

第 6 类毒性物质和感染性物质

第 7 类放射性物质

第 8 类腐蚀性物质

第 9 类杂项危险物质和物品

5.易制爆危险化学品：社会公共安全领域的专门术语，是指国务院公安部门规定的可用于制造爆炸物品的危险化学品，具体以列入《易制爆危险化学品名录(2011 年版)》为准。

6.危险化学品安全管理条例:

《危险化学品安全管理条例》于2002年1月26日公布,2011年2月16日国务院第144次常务会议修订通过,根据2013年12月7日国务院令第645号发布的《国务院关于修改部分行政法规的决定》修订。

第一章　总则

第一条　为了加强危险化学品的安全管理,预防和减少危险化学品事故,保障人民群众生命财产安全,保护环境,制定本条例。

第二条　危险化学品生产、储存、使用、经营和运输的安全管理,适用本条例。

废弃危险化学品的处置,依照有关环境保护的法律、行政法规和国家有关规定执行。

第三条　本条例所称危险化学品,是指具有毒害、腐蚀、爆炸、燃烧、助燃等性质,对人体、设施、环境具有危害的剧毒化学品和其他化学品。

危险化学品目录,由国务院安全生产监督管理部门会同国务院工业和信息化、公安、环境保护、卫生、质量监督检验检疫、交通运输、铁路、民用航空、农业主管部门,根据化学品危险特性的鉴别和分类标准确定、公布,并适时调整。

第四条　危险化学品安全管理,应当坚持安全第一、预防为主、综合治理的方针,强化和落实企业的主体责任。

生产、储存、使用、经营、运输危险化学品的单位(以下统称危险化学品单位)的主要负责人对本单位的危险化学品安全管理工作全面负责。

危险化学品单位应当具备法律、行政法规规定和国家标准、行业标准要求的安全条件,建立、健全安全管理规章制度和岗位安全责任制度,对从业人员进行安全教育、法制教育和岗位技术培训。从业人员应当接受教育和培训,考核合格后上岗作业;对有资格要求的岗位,应当配备依法取得相应资格的人员。

第五条　任何单位和个人不得生产、经营、使用国家禁止生产、经营、使用的危险化学品。

国家对危险化学品的使用有限制性规定的,任何单位和个人不得违反限制性规定使用危险化学品。

第六条　对危险化学品的生产、储存、使用、经营、运输实施安全监督管理的有关部门(以下统称负有危险化学品安全监督管理职责的部门),依照下列规定履行职责:

(一)安全生产监督管理部门负责危险化学品安全监督管理综合工作,组织确定、公布、调整危险化学品目录,对新建、改建、扩建生产、储存危险化学品(包括使用长输管道输送危险化学品,下同)的建设项目进行安全条件审查,核发危险化学品安全生产许可证、危险化学品安全使用许可证和危险化学品经营许可证，并负责危险化学品登记工作。

（二）公安机关负责危险化学品的公共安全管理，核发剧毒化学品购买许可证、剧毒化学品道路运输通行证，并负责危险化学品运输车辆的道路交通安全管理。

（三）质量监督检验检疫部门负责核发危险化学品及其包装物、容器（不包括储存危险化学品的固定式大型储罐，下同）生产企业的工业产品生产许可证，并依法对其产品质量实施监督，负责对进出口危险化学品及其包装实施检验。

（四）环境保护主管部门负责废弃危险化学品处置的监督管理，组织危险化学品的环境危害性鉴定和环境风险程度评估，确定实施重点环境管理的危险化学品，负责危险化学品环境管理登记和新化学物质环境管理登记；依照职责分工调查相关危险化学品环境污染事故和生态破坏事件，负责危险化学品事故现场的应急环境监测。

（五）交通运输主管部门负责危险化学品道路运输、水路运输的许可以及运输工具的安全管理，对危险化学品水路运输安全实施监督，负责危险化学品道路运输企业、水路运输企业驾驶人员、船员、装卸管理人员、押运人员、申报人员、集装箱装箱现场检查员的资格认定。铁路监管部门负责危险化学品铁路运输及其运输工具的安全管理。民用航空主管部门负责危险化学品航空运输以及航空运输企业及其运输工具的安全管理。

（六）卫生主管部门负责危险化学品毒性鉴定的管理，负责组织、协调危险化学品事故受伤人员的医疗卫生救援工作。

（七）工商行政管理部门依据有关部门的许可证件，核发危险化学品生产、储存、经营、运输企业营业执照，查处危险化学品经营企业违法采购危险化学品的行为。

（八）邮政管理部门负责依法查处寄递危险化学品的行为。

第七条　负有危险化学品安全监督管理职责的部门依法进行监督检查，可以采取下列措施：

（一）进入危险化学品作业场所实施现场检查，向有关单位和人员了解情况，查阅、复制有关文件、资料；

（二）发现危险化学品事故隐患，责令立即消除或者限期消除；

（三）对不符合法律、行政法规、规章规定或者国家标准、行业标准要求的设施、设备、装置、器材、运输工具，责令立即停止使用；

（四）经本部门主要负责人批准，查封违法生产、储存、使用、经营危险化学品的场所，扣押违法生产、储存、使用、经营、运输的危险化学品以及用于违法生产、使用、运输危险化学品的原材料、设备、运输工具；

（五）发现影响危险化学品安全的违法行为，当场予以纠正或者责令限期改正。

负有危险化学品安全监督管理职责的部门依法进行监督检查，监督检查人员不得少于2人，并应当出示执法证件；有关单位和个人对依法进行的监督检查应当予以配合，不得拒绝、阻碍。

第八条　县级以上人民政府应当建立危险化学品安全监督管理工作协调机制，支持、督促负有危险化学品安全监督管理职责的部门依法履行职责，协调、解决危险化学品安全监督管理工作中的重大问题。

负有危险化学品安全监督管理职责的部门应当相互配合、密切协作，依法加强对危险化学品的安全监督管理。

第九条　任何单位和个人对违反本条例规定的行为，有权向负有危险化学品安全监督管理职责的部门举报。负有危险化学品安全监督管理职责的部门接到举报，应当及时依法处理；对不属于本部门职责的，应当及时移送有关部门处理。

第十条　国家鼓励危险化学品生产企业和使用危险化学品从事生产的企业采用有利于提高安全保障水平的先进技术、工艺、设备以及自动控制系统，鼓励对危险化学品实行专门储存、统一配送、集中销售。

第二章　生产、储存安全

第十一条　国家对危险化学品的生产、储存实行统筹规划、合理布局。

国务院工业和信息化主管部门以及国务院其他有关部门依据各自职责，负责危险化学品生产、储存的行业规划和布局。

地方人民政府组织编制城乡规划，应当根据本地区的实际情况，按照确保安全的原则，规划适当区域专门用于危险化学品的生产、储存。

第十二条　新建、改建、扩建生产、储存危险化学品的建设项目（以下简称建设项目），应当由安全生产监督管理部门进行安全条件审查。

建设单位应当对建设项目进行安全条件论证，委托具备国家规定的资质条件的机构对建设项目进行安全评价，并将安全条件论证和安全评价的情况报告报建设项目所在地设区的市级以上人民政府安全生产监督管理部门；安全生产监督管理部门应当自收到报告之日起45日内作出审查决定，并书面通知建设单位。具体办法由国务院安全生产监督管理部门制定。

新建、改建、扩建储存、装卸危险化学品的港口建设项目，由港口行政管理部门按照国务院交通运输主管部门的规定进行安全条件审查。

第十三条　生产、储存危险化学品的单位，应当对其铺设的危险化学品管道设置明显标志，并对危险化学品管道定期检查、检测。

进行可能危及危险化学品管道安全的施工作业，施工单位应当在开工的7日前书面通知管道所属单位，并与管道所属单位共同制定应急预案，采取相应的安全防护措施。管道所属单位应当指派专门人员到现场进行管道安全保护指导。

第十四条 危险化学品生产企业进行生产前，应当依照《安全生产许可证条例》的规定，取得危险化学品安全生产许可证。

生产列入国家实行生产许可证制度的工业产品目录的危险化学品的企业，应当依照《中华人民共和国工业产品生产许可证管理条例》的规定，取得工业产品生产许可证。

负责颁发危险化学品安全生产许可证、工业产品生产许可证的部门，应当将其颁发许可证的情况及时向同级工业和信息化主管部门、环境保护主管部门和公安机关通报。

第十五条 危险化学品生产企业应当提供与其生产的危险化学品相符的化学品安全技术说明书，并在危险化学品包装(包括外包装件)上粘贴或者拴挂与包装内危险化学品相符的化学品安全标签。化学品安全技术说明书和化学品安全标签所载明的内容应当符合国家标准的要求。

危险化学品生产企业发现其生产的危险化学品有新的危险特性的，应当立即公告，并及时修订其化学品安全技术说明书和化学品安全标签。

第十六条 生产实施重点环境管理的危险化学品的企业，应当按照国务院环境保护主管部门的规定，将该危险化学品向环境中释放等相关信息向环境保护主管部门报告。环境保护主管部门可以根据情况采取相应的环境风险控制措施。

第十七条 危险化学品的包装应当符合法律、行政法规、规章的规定以及国家标准、行业标准的要求。

危险化学品包装物、容器的材质以及危险化学品包装的型式、规格、方法和单件质量(重量)，应当与所包装的危险化学品的性质和用途相适应。

第十八条 生产列入国家实行生产许可证制度的工业产品目录的危险化学品包装物、容器的企业，应当依照《中华人民共和国工业产品生产许可证管理条例》的规定，取得工业产品生产许可证；其生产的危险化学品包装物、容器经国务院质量监督检验检疫部门认定的检验机构检验合格，方可出厂销售。

运输危险化学品的船舶及其配载的容器，应当按照国家船舶检验规范进行生产，并经海事管理机构认定的船舶检验机构检验合格，方可投入使用。

对重复使用的危险化学品包装物、容器，使用单位在重复使用前应当进行检查；发现存在安全隐患的，应当维修或者更换。使用单位应当对检查情况作出记录，记录的保存期限不得少于2年。

第十九条　危险化学品生产装置或者储存数量构成重大危险源的危险化学品储存设施(运输工具加油站、加气站除外),与下列场所、设施、区域的距离应当符合国家有关规定:

(一)居住区以及商业中心、公园等人员密集场所;

(二)学校、医院、影剧院、体育场(馆)等公共设施;

(三)饮用水源、水厂以及水源保护区;

(四)车站、码头(依法经许可从事危险化学品装卸作业的除外)、机场以及通信干线、通信枢纽、铁路线路、道路交通干线、水路交通干线、地铁风亭以及地铁站出入口;

(五)基本农田保护区、基本草原、畜禽遗传资源保护区、畜禽规模化养殖场(养殖小区)、渔业水域以及种子、种畜禽、水产苗种生产基地;

(六)河流、湖泊、风景名胜区、自然保护区;

(七)军事禁区、军事管理区;

(八)法律、行政法规规定的其他场所、设施、区域。

已建的危险化学品生产装置或者储存数量构成重大危险源的危险化学品储存设施不符合前款规定的,由所在地设区的市级人民政府安全生产监督管理部门会同有关部门监督其所属单位在规定期限内进行整改;需要转产、停产、搬迁、关闭的,由本级人民政府决定并组织实施。

储存数量构成重大危险源的危险化学品储存设施的选址,应当避开地震活动断层和容易发生洪灾、地质灾害的区域。

本条例所称重大危险源,是指生产、储存、使用或者搬运危险化学品,且危险化学品的数量等于或者超过临界量的单元(包括场所和设施)。

第二十条　生产、储存危险化学品的单位,应当根据其生产、储存的危险化学品的种类和危险特性,在作业场所设置相应的监测、监控、通风、防晒、调温、防火、灭火、防爆、泄压、防毒、中和、防潮、防雷、防静电、防腐、防泄漏以及防护围堤或者隔离操作等安全设施、设备,并按照国家标准、行业标准或者国家有关规定对安全设施、设备进行经常性维护、保养,保证安全设施、设备的正常使用。

生产、储存危险化学品的单位,应当在其作业场所和安全设施、设备上设置明显的安全警示标志。

第二十一条　生产、储存危险化学品的单位,应当在其作业场所设置通信、报警装置,并保证处于适用状态。

第二十二条　生产、储存危险化学品的企业,应当委托具备国家规定的资质条件的机构,对本企业的安全生产条件每 3 年进行一次安全评价,提出安全评价报告。安全评价报告的内容应当包括对安全生产条件存在的问题进行整改的方案。

生产、储存危险化学品的企业，应当将安全评价报告以及整改方案的落实情况报所在地县级人民政府安全生产监督管理部门备案。在港区内储存危险化学品的企业，应当将安全评价报告以及整改方案的落实情况报港口行政管理部门备案。

第二十三条 生产、储存剧毒化学品或者国务院公安部门规定的可用于制造爆炸物品的危险化学品(以下简称易制爆危险化学品)的单位，应当如实记录其生产、储存的剧毒化学品、易制爆危险化学品的数量、流向，并采取必要的安全防范措施，防止剧毒化学品、易制爆危险化学品丢失或者被盗；发现剧毒化学品、易制爆危险化学品丢失或者被盗的，应当立即向当地公安机关报告。

生产、储存剧毒化学品、易制爆危险化学品的单位，应当设置治安保卫机构，配备专职治安保卫人员。

第二十四条 危险化学品应当储存在专用仓库、专用场地或者专用储存室(以下统称专用仓库)内，并由专人负责管理；剧毒化学品以及储存数量构成重大危险源的其他危险化学品，应当在专用仓库内单独存放，并实行双人收发、双人保管制度。

危险化学品的储存方式、方法以及储存数量应当符合国家标准或者国家有关规定。

第二十五条 储存危险化学品的单位应当建立危险化学品出入库核查、登记制度。

对剧毒化学品以及储存数量构成重大危险源的其他危险化学品，储存单位应当将其储存数量、储存地点以及管理人员的情况，报所在地县级人民政府安全生产监督管理部门(在港区内储存的，报港口行政管理部门)和公安机关备案。

第二十六条 危险化学品专用仓库应当符合国家标准、行业标准的要求，并设置明显的标志。储存剧毒化学品、易制爆危险化学品的专用仓库，应当按照国家有关规定设置相应的技术防范设施。

储存危险化学品的单位应当对其危险化学品专用仓库的安全设施、设备定期进行检测、检验。

第二十七条 生产、储存危险化学品的单位转产、停产、停业或者解散的，应当采取有效措施，及时、妥善处置其危险化学品生产装置、储存设施以及库存的危险化学品，不得丢弃危险化学品；处置方案应当报所在地县级人民政府安全生产监督管理部门、工业和信息化主管部门、环境保护主管部门和公安机关备案。安全生产监督管理部门应当会同环境保护主管部门和公安机关对处置情况进行监督检查，发现未依照规定处置的，应当责令其立即处置。

第三章 使用安全

第二十八条 使用危险化学品的单位，其使用条件(包括工艺)应当符合法律、行政法规的规定和国家标准、行业标准的要求，并根据所使用的危险化学品的种类、危险特性以及使用量和使用方式，建立、健全使用危险化学品的安全管理规章制度和安全操作规程，保证危险化学品的安全使用。

第二十九条　使用危险化学品从事生产并且使用量达到规定数量的化工企业（属于危险化学品生产企业的除外，下同），应当依照本条例的规定取得危险化学品安全使用许可证。

前款规定的危险化学品使用量的数量标准，由国务院安全生产监督管理部门会同国务院公安部门、农业主管部门确定并公布。

第三十条　申请危险化学品安全使用许可证的化工企业，除应当符合本条例第二十八条的规定外，还应当具备下列条件：

（一）有与所使用的危险化学品相适应的专业技术人员；

（二）有安全管理机构和专职安全管理人员；

（三）有符合国家规定的危险化学品事故应急预案和必要的应急救援器材、设备；

（四）依法进行了安全评价。

第三十一条　申请危险化学品安全使用许可证的化工企业，应当向所在地设区的市级人民政府安全生产监督管理部门提出申请，并提交其符合本条例第三十条规定条件的证明材料。设区的市级人民政府安全生产监督管理部门应当依法进行审查，自收到证明材料之日起45日内作出批准或者不予批准的决定。予以批准的，颁发危险化学品安全使用许可证；不予批准的，书面通知申请人并说明理由。

安全生产监督管理部门应当将其颁发危险化学品安全使用许可证的情况及时向同级环境保护主管部门和公安机关通报。

第三十二条　本条例第十六条关于生产实施重点环境管理的危险化学品的企业的规定，适用于使用实施重点环境管理的危险化学品从事生产的企业；第二十条、第二十一条、第二十三条第一款、第二十七条关于生产、储存危险化学品的单位的规定，适用于使用危险化学品的单位；第二十二条关于生产、储存危险化学品的企业的规定，适用于使用危险化学品从事生产的企业。

第四章　经营安全

第三十三条　国家对危险化学品经营（包括仓储经营，下同）实行许可制度。未经许可，任何单位和个人不得经营危险化学品。

依法设立的危险化学品生产企业在其厂区范围内销售本企业生产的危险化学品，不需要取得危险化学品经营许可。

依照《中华人民共和国港口法》的规定，取得港口经营许可证的港口经营人，在港区内从事危险化学品仓储经营，不需要取得危险化学品经营许可。

第三十四条　从事危险化学品经营的企业应当具备下列条件：

（一）有符合国家标准、行业标准的经营场所，储存危险化学品的，还应当有符合国家标准、行业标准的储存设施；

（二）从业人员经过专业技术培训并经考核合格；

（三）有健全的安全管理规章制度；

（四）有专职安全管理人员；

（五）有符合国家规定的危险化学品事故应急预案和必要的应急救援器材、设备；

（六）法律、法规规定的其他条件。

第三十五条　从事剧毒化学品、易制爆危险化学品经营的企业，应当向所在地设区的市级人民政府安全生产监督管理部门提出申请，从事其他危险化学品经营的企业，应当向所在地县级人民政府安全生产监督管理部门提出申请（有储存设施的，应当向所在地设区的市级人民政府安全生产监督管理部门提出申请）。申请人应当提交其符合本条例第三十四条规定条件的证明材料。设区的市级人民政府安全生产监督管理部门或者县级人民政府安全生产监督管理部门应当依法进行审查，并对申请人的经营场所、储存设施进行现场核查，自收到证明材料之日起30日内作出批准或者不予批准的决定。予以批准的，颁发危险化学品经营许可证；不予批准的，书面通知申请人并说明理由。

设区的市级人民政府安全生产监督管理部门和县级人民政府安全生产监督管理部门应当将其颁发危险化学品经营许可证的情况及时向同级环境保护主管部门和公安机关通报。

申请人持危险化学品经营许可证向工商行政管理部门办理登记手续后，方可从事危险化学品经营活动。法律、行政法规或者国务院规定经营危险化学品还需要经其他有关部门许可的，申请人向工商行政管理部门办理登记手续时还应当持相应的许可证件。

第三十六条　危险化学品经营企业储存危险化学品的，应当遵守本条例第二章关于储存危险化学品的规定。危险化学品商店内只能存放民用小包装的危险化学品。

第三十七条　危险化学品经营企业不得向未经许可从事危险化学品生产、经营活动的企业采购危险化学品，不得经营没有化学品安全技术说明书或者化学品安全标签的危险化学品。

第三十八条　依法取得危险化学品安全生产许可证、危险化学品安全使用许可证、危险化学品经营许可证的企业，凭相应的许可证件购买剧毒化学品、交易制爆危险化学品。民用爆炸物品生产企业凭民用爆炸物品生产许可证购买易制爆危险化学品。

前款规定以外的单位购买剧毒化学品的，应当向所在地县级人民政府公安机关申请取得剧毒化学品购买许可证；购买易制爆危险化学品的，应当持本单位出具的合法用途说明。

个人不得购买剧毒化学品（属于剧毒化学品的农药除外）和易制爆危险化学品。

第三十九条　申请取得剧毒化学品购买许可证，申请人应当向所在地县级人民政府公安机关提交下列材料：

（一）营业执照或者法人证书（登记证书）的复印件；

（二）拟购买的剧毒化学品品种、数量的说明；

（三）购买剧毒化学品用途的说明；

（四）经办人的身份证明。

县级人民政府公安机关应当自收到前款规定的材料之日起3日内，作出批准或者不予批准的决定。予以批准的，颁发剧毒化学品购买许可证；不予批准的，书面通知申请人并说明理由。

剧毒化学品购买许可证管理办法由国务院公安部门制定。

第四十条　危险化学品生产企业、经营企业销售剧毒化学品、易制爆危险化学品，应当查验本条例第三十八条第一款、第二款规定的相关许可证件或者证明文件，不得向不具有相关许可证件或者证明文件的单位销售剧毒化学品、易制爆危险化学品。对持剧毒化学品购买许可证购买剧毒化学品的，应当按照许可证载明的品种、数量销售。

禁止向个人销售剧毒化学品（属于剧毒化学品的农药除外）和易制爆危险化学品。

第四十一条　危险化学品生产企业、经营企业销售剧毒化学品、易制爆危险化学品，应当如实记录购买单位的名称、地址、经办人的姓名、身份证号码以及所购买的剧毒化学品、易制爆危险化学品的品种、数量、用途。销售记录以及经办人的身份证明复印件、相关许可证件复印件或者证明文件的保存期限不得少于1年。

剧毒化学品、易制爆危险化学品的销售企业、购买单位应当在销售、购买后5日内，将所销售、购买的剧毒化学品、易制爆危险化学品的品种、数量以及流向信息报所在地县级人民政府公安机关备案，并输入计算机系统。

第四十二条　使用剧毒化学品、易制爆危险化学品的单位不得出借、转让其购买的剧毒化学品、易制爆危险化学品；因转产、停产、搬迁、关闭等确需转让的，应当向具有本条例第三十八条第一款、第二款规定的相关许可证件或者证明文件的单位转让，并在转让后将有关情况及时向所在地县级人民政府公安机关报告。

第五章　运输安全

第四十三条　从事危险化学品道路运输、水路运输的，应当分别依照有关道路运输、水路运输的法律、行政法规的规定，取得危险货物道路运输许可、危险货物水路运输许可，并向工商行政管理部门办理登记手续。

危险化学品道路运输企业、水路运输企业应当配备专职安全管理人员。

第四十四条　危险化学品道路运输企业、水路运输企业的驾驶人员、船员、装卸管理人员、押运人员、申报人员、集装箱装箱现场检查员应当经交通运输主管部门考核合格，取得从业资格。具体办法由国务院交通运输主管部门制定。

危险化学品的装卸作业应当遵守安全作业标准、规程和制度，并在装卸管理人员的现场指挥或者监控下进行。水路运输危险化学品的集装箱装箱作业应当在集装箱装箱现场检查员的指挥或者监控下进行，并符合积载、隔离的规范和要求；装箱作业完毕后，集装箱装箱现场检查员应当签署装箱证明书。

第四十五条　运输危险化学品，应当根据危险化学品的危险特性采取相应的安全防护措施，并配备必要的防护用品和应急救援器材。

用于运输危险化学品的槽罐以及其他容器应当封口严密，能够防止危险化学品在运输过程中因温度、湿度或者压力的变化发生渗漏、洒漏；槽罐以及其他容器的溢流和泄压装置应当设置准确、启闭灵活。

运输危险化学品的驾驶人员、船员、装卸管理人员、押运人员、申报人员、集装箱现场检查员，应当了解所运输的危险化学品的危险特性及其包装物、容器的使用要求和出现危险情况时的应急处置方法。

第四十六条　通过道路运输危险化学品的，托运人应当委托依法取得危险货物道路运输许可的企业承运。

第四十七条　通过道路运输危险化学品的，应当按照运输车辆的核定载质量装载危险化学品，不得超载。

危险化学品运输车辆应当符合国家标准要求的安全技术条件，并按照国家有关规定定期进行安全技术检验。

危险化学品运输车辆应当悬挂或者喷涂符合国家标准要求的警示标志。

第四十八条　通过道路运输危险化学品的，应当配备押运人员，并保证所运输的危险化学品处于押运人员的监控之下。

运输危险化学品途中因住宿或者发生影响正常运输的情况，需要较长时间停车的，驾驶人员、押运人员应当采取相应的安全防范措施；运输剧毒化学品或者易制爆危险化学品的，还应当向当地公安机关报告。

第四十九条　未经公安机关批准，运输危险化学品的车辆不得进入危险化学品运输车辆限制通行的区域。危险化学品运输车辆限制通行的区域由县级人民政府公安机关划定，并设置明显的标志。

第五十条　通过道路运输剧毒化学品的，托运人应当向运输始发地或者目的地县级人民政府公安机关申请剧毒化学品道路运输通行证。

申请剧毒化学品道路运输通行证，托运人应当向县级人民政府公安机关提交下列材料：

（一）拟运输的剧毒化学品品种、数量的说明；

（二）运输始发地、目的地、运输时间和运输路线的说明；

（三）承运人取得危险货物道路运输许可、运输车辆取得营运证以及驾驶人员、押运人员取得上岗资格的证明文件；

（四）本条例第三十八条第一款、第二款规定的购买剧毒化学品的相关许可证件，或者海关出具的进出口证明文件。

县级人民政府公安机关应当自收到前款规定的材料之日起 7 日内，作出批准或者不予批准的决定。予以批准的，颁发剧毒化学品道路运输通行证；不予批准的，书面通知申请人并说明理由。

剧毒化学品道路运输通行证管理办法由国务院公安部门制定。

第五十一条　剧毒化学品、易制爆危险化学品在道路运输途中丢失、被盗、被抢或者出现流散、泄漏等情况的，驾驶人员、押运人员应当立即采取相应的警示措施和安全措施，并向当地公安机关报告。公安机关接到报告后，应当根据实际情况立即向安全生产监督管理部门、环境保护主管部门、卫生主管部门通报。有关部门应当采取必要的应急处置措施。

第五十二条　通过水路运输危险化学品的，应当遵守法律、行政法规以及国务院交通运输主管部门关于危险货物水路运输安全的规定。

第五十三条　海事管理机构应当根据危险化学品的种类和危险特性，确定船舶运输危险化学品的相关安全运输条件。

拟交付船舶运输的化学品的相关安全运输条件不明确的，货物所有人或者代理人应当委托相关技术机构进行评估，明确相关安全运输条件并经海事管理机构确认后，方可交付船舶运输。

第五十四条　禁止通过内河封闭水域运输剧毒化学品以及国家规定禁止通过内河运输的其他危险化学品。

前款规定以外的内河水域，禁止运输国家规定禁止通过内河运输的剧毒化学品以及其他危险化学品。

禁止通过内河运输的剧毒化学品以及其他危险化学品的范围，由国务院交通运输主管部门会同国务院环境保护主管部门、工业和信息化主管部门、安全生产监督管理部门，根据危险化学品的危险特性、危险化学品对人体和水环境的危害程度以及消除危害后果的难易程度等因素规定并公布。

第五十五条　国务院交通运输主管部门应当根据危险化学品的危险特性，对通过内河运输本条例第五十四条规定以外的危险化学品（以下简称通过内河运输危险化学品）实行分类管理，对各类危险化学品的运输方式、包装规范和安全防护措施等分别作出规定并监督实施。

第五十六条　通过内河运输危险化学品，应当由依法取得危险货物水路运输许可的水路运输企业承运，其他单位和个人不得承运。托运人应当委托依法取得危险货物水路运输许可的水路运输企业承运，不得委托其他单位和个人承运。

第五十七条　通过内河运输危险化学品，应当使用依法取得危险货物适装证书的运输船舶。水路运输企业应当针对所运输的危险化学品的危险特性，制定运输船舶危险化学品事故应急救援预案，并为运输船舶配备充足、有效的应急救援器材和设备。

通过内河运输危险化学品的船舶，其所有人或者经营人应当取得船舶污染损害责任保险证书或者财务担保证明。船舶污染损害责任保险证书或者财务担保证明的副本应当随船携带。

第五十八条　通过内河运输危险化学品，危险化学品包装物的材质、型式、强度以及包装方法应当符合水路运输危险化学品包装规范的要求。国务院交通运输主管部门对单船运输的危险化学品数量有限制性规定的，承运人应当按照规定安排运输数量。

第五十九条　用于危险化学品运输作业的内河码头、泊位应当符合国家有关安全规范，与饮用水取水口保持国家规定的距离。有关管理单位应当制定码头、泊位危险化学品事故应急预案，并为码头、泊位配备充足、有效的应急救援器材和设备。

用于危险化学品运输作业的内河码头、泊位，经交通运输主管部门按照国家有关规定验收合格后方可投入使用。

第六十条　船舶载运危险化学品进出内河港口，应当将危险化学品的名称、危险特性、包装以及进出港时间等事项，事先报告海事管理机构。海事管理机构接到报告后，应当在国务院交通运输主管部门规定的时间内作出是否同意的决定，通知报告人，同时通报港口行政管理部门。定船舶、定航线、定货种的船舶可以定期报告。

在内河港口内进行危险化学品的装卸、过驳作业，应当将危险化学品的名称、危险特性、包装和作业的时间、地点等事项报告港口行政管理部门。港口行政管理部门接到报告后，应当在国务院交通运输主管部门规定的时间内作出是否同意的决定，通知报告人，同时通报海事管理机构。

载运危险化学品的船舶在内河航行，通过过船建筑物的，应当提前向交通运输主管部门申报，并接受交通运输主管部门的管理。

第六十一条　载运危险化学品的船舶在内河航行、装卸或者停泊，应当悬挂专用的警示标志，按照规定显示专用信号。

载运危险化学品的船舶在内河航行，按照国务院交通运输主管部门的规定需要引航的，应当申请引航。

第六十二条　载运危险化学品的船舶在内河航行，应当遵守法律、行政法规和国家其他有关饮用水水源保护的规定。内河航道发展规划应当与依法经批准的饮用水水源保护区划定方案相协调。

第六十三条　托运危险化学品的，托运人应当向承运人说明所托运的危险化学品的种类、数量、危险特性以及发生危险情况的应急处置措施，并按照国家有关规定对所托运的危险化学品妥善包装，在外包装上设置相应的标志。

运输危险化学品需要添加抑制剂或者稳定剂的，托运人应当添加，并将有关情况告知承运人。

第六十四条　托运人不得在托运的普通货物中夹带危险化学品，不得将危险化学品匿报或者谎报为普通货物托运。

任何单位和个人不得交寄危险化学品或者在邮件、快件内夹带危险化学品，不得将危险化学品匿报或者谎报为普通物品交寄。邮政企业、快递企业不得收寄危险化学品。

对涉嫌违反本条第一款、第二款规定的，交通运输主管部门、邮政管理部门可以依法开拆查验。

第六十五条　通过铁路、航空运输危险化学品的安全管理，依照有关铁路、航空运输的法律、行政法规、规章的规定执行。

第六章　危险化学品登记与事故应急救援

第六十六条　国家实行危险化学品登记制度，为危险化学品安全管理以及危险化学品事故预防和应急救援提供技术、信息支持。

第六十七条　危险化学品生产企业、进口企业，应当向国务院安全生产监督管理部门负责危险化学品登记的机构（以下简称危险化学品登记机构）办理危险化学品登记。

危险化学品登记包括下列内容：

（一）分类和标签信息；

（二）物理、化学性质；

(三)主要用途;

(四)危险特性;

(五)储存、使用、运输的安全要求;

(六)出现危险情况的应急处置措施。

对同一企业生产、进口的同一品种的危险化学品,不进行重复登记。危险化学品生产企业、进口企业发现其生产、进口的危险化学品有新的危险特性的,应当及时向危险化学品登记机构办理登记内容变更手续。

危险化学品登记的具体办法由国务院安全生产监督管理部门制定。

第六十八条 危险化学品登记机构应当定期向工业和信息化、环境保护、公安、卫生、交通运输、铁路、质量监督检验检疫等部门提供危险化学品登记的有关信息和资料。

第六十九条 县级以上地方人民政府安全生产监督管理部门应当会同工业和信息化、环境保护、公安、卫生、交通运输、铁路、质量监督检验检疫等部门,根据本地区实际情况,制定危险化学品事故应急预案,报本级人民政府批准。

第七十条 危险化学品单位应当制定本单位危险化学品事故应急预案,配备应急救援人员和必要的应急救援器材、设备,并定期组织应急救援演练。

危险化学品单位应当将其危险化学品事故应急预案报所在地设区的市级人民政府安全生产监督管理部门备案。

第七十一条 发生危险化学品事故,事故单位主要负责人应当立即按照本单位危险化学品应急预案组织救援,并向当地安全生产监督管理部门和环境保护、公安、卫生主管部门报告;道路运输、水路运输过程中发生危险化学品事故的,驾驶人员、船员或者押运人员还应当向事故发生地交通运输主管部门报告。

第七十二条 发生危险化学品事故,有关地方人民政府应当立即组织安全生产监督管理、环境保护、公安、卫生、交通运输等有关部门,按照本地区危险化学品事故应急预案组织实施救援,不得拖延、推诿。

有关地方人民政府及其有关部门应当按照下列规定,采取必要的应急处置措施,减少事故损失,防止事故蔓延、扩大:

(一)立即组织营救和救治受害人员,疏散、撤离或者采取其他措施保护危害区域内的其他人员;

(二)迅速控制危害源,测定危险化学品的性质、事故的危害区域及危害程度;

(三)针对事故对人体、动植物、土壤、水源、大气造成的现实危害和可能产生的危害,迅速采取封闭、隔离、洗消等措施;

（四）对危险化学品事故造成的环境污染和生态破坏状况进行监测、评估，并采取相应的环境污染治理和生态修复措施。

第七十三条　有关危险化学品单位应当为危险化学品事故应急救援提供技术指导和必要的协助。

第七十四条　危险化学品事故造成环境污染的，由设区的市级以上人民政府环境保护主管部门统一发布有关信息。

第七章　法律责任

第七十五条　生产、经营、使用国家禁止生产、经营、使用的危险化学品的，由安全生产监督管理部门责令停止生产、经营、使用活动，处20万元以上50万元以下的罚款，有违法所得的，没收违法所得；构成犯罪的，依法追究刑事责任。

有前款规定行为的，安全生产监督管理部门还应当责令其对所生产、经营、使用的危险化学品进行无害化处理。

违反国家关于危险化学品使用的限制性规定使用危险化学品的，依照本条第一款的规定处理。

第七十六条　未经安全条件审查，新建、改建、扩建生产、储存危险化学品的建设项目的，由安全生产监督管理部门责令停止建设，限期改正；逾期不改正的，处50万元以上100万元以下的罚款；构成犯罪的，依法追究刑事责任。

未经安全条件审查，新建、改建、扩建储存、装卸危险化学品的港口建设项目的，由港口行政管理部门依照前款规定予以处罚。

第七十七条　未依法取得危险化学品安全生产许可证从事危险化学品生产，或者未依法取得工业产品生产许可证从事危险化学品及其包装物、容器生产的，分别依照《安全生产许可证条例》《中华人民共和国工业产品生产许可证管理条例》的规定处罚。

违反本条例规定，化工企业未取得危险化学品安全使用许可证，使用危险化学品从事生产的，由安全生产监督管理部门责令限期改正，处10万元以上20万元以下的罚款；逾期不改正的，责令停产整顿。

违反本条例规定，未取得危险化学品经营许可证从事危险化学品经营的，由安全生产监督管理部门责令停止经营活动，没收违法经营的危险化学品以及违法所得，并处10万元以上20万元以下的罚款；构成犯罪的，依法追究刑事责任。

第七十八条　有下列情形之一的，由安全生产监督管理部门责令改正，可以处5万元以下的罚款；拒不改正的，处5万元以上10万元以下的罚款；情节严重的，责令停产停业整顿：

（一）生产、储存危险化学品的单位未对其铺设的危险化学品管道设置明显的标志，或者未对危险化学品管道定期检查、检测的；

(二)进行可能危及危险化学品管道安全的施工作业,施工单位未按照规定书面通知管道所属单位,或者未与管道所属单位共同制定应急预案、采取相应的安全防护措施,或者管道所属单位未指派专门人员到现场进行管道安全保护指导的;

(三)危险化学品生产企业未提供化学品安全技术说明书,或者未在包装(包括外包装件)上粘贴、拴挂化学品安全标签的;

(四)危险化学品生产企业提供的化学品安全技术说明书与其生产的危险化学品不相符,或者在包装(包括外包装件)粘贴、拴挂的化学品安全标签与包装内危险化学品不相符,或者化学品安全技术说明书、化学品安全标签所载明的内容不符合国家标准要求的;

(五)危险化学品生产企业发现其生产的危险化学品有新的危险特性不立即公告,或者不及时修订其化学品安全技术说明书和化学品安全标签的;

(六)危险化学品经营企业经营没有化学品安全技术说明书和化学品安全标签的危险化学品的;

(七)危险化学品包装物、容器的材质以及包装的型式、规格、方法和单件质量(重量)与所包装的危险化学品的性质和用途不相适应的;

(八)生产、储存危险化学品的单位未在作业场所和安全设施、设备上设置明显的安全警示标志,或者未在作业场所设置通信、报警装置的;

(九)危险化学品专用仓库未设专人负责管理,或者对储存的剧毒化学品以及储存数量构成重大危险源的其他危险化学品未实行双人收发、双人保管制度的;

(十)储存危险化学品的单位未建立危险化学品出入库核查、登记制度的;

(十一)危险化学品专用仓库未设置明显标志的;

(十二)危险化学品生产企业、进口企业不办理危险化学品登记,或者发现其生产、进口的危险化学品有新的危险特性不办理危险化学品登记内容变更手续的。

从事危险化学品仓储经营的港口经营人有前款规定情形的,由港口行政管理部门依照前款规定予以处罚。储存剧毒化学品、易制爆危险化学品的专用仓库未按照国家有关规定设置相应的技术防范设施的,由公安机关依照前款规定予以处罚。

生产、储存剧毒化学品、易制爆危险化学品的单位未设置治安保卫机构、配备专职治安保卫人员的,依照《企业事业单位内部治安保卫条例》的规定处罚。

第七十九条　危险化学品包装物、容器生产企业销售未经检验或者经检验不合格的危险化学品包装物、容器的,由质量监督检验检疫部门责令改正,处10万元以上20万元以下的罚款,有违法所得的,没收违法所得;拒不改正的,责令停产停业整顿;构成犯罪的,依法追究刑事责任。

将未经检验合格的运输危险化学品的船舶及其配载的容器投入使用的,由海事管理机构依照前款规定予以处罚。

第八十条　生产、储存、使用危险化学品的单位有下列情形之一的,由安全生产监督管理部门责令改正,处5万元以上10万元以下的罚款;拒不改正的,责令停产停业整顿直至由原发证机关吊销其相关许可证件,并由工商行政管理部门责令其办理经营范围变更登记或者吊销其营业执照;有关责任人员构成犯罪的,依法追究刑事责任:

(一)对重复使用的危险化学品包装物、容器,在重复使用前不进行检查的;

(二)未根据其生产、储存的危险化学品的种类和危险特性,在作业场所设置相关安全设施、设备,或者未按照国家标准、行业标准或者国家有关规定对安全设施、设备进行经常性维护、保养的;

(三)未依照本条例规定对其安全生产条件定期进行安全评价的;

(四)未将危险化学品储存在专用仓库内,或者未将剧毒化学品以及储存数量构成重大危险源的其他危险化学品在专用仓库内单独存放的;

(五)危险化学品的储存方式、方法或者储存数量不符合国家标准或者国家有关规定的;

(六)危险化学品专用仓库不符合国家标准、行业标准的要求的;

(七)未对危险化学品专用仓库的安全设施、设备定期进行检测、检验的。

从事危险化学品仓储经营的港口经营人有前款规定情形的,由港口行政管理部门依照前款规定予以处罚。

第八十一条　有下列情形之一的,由公安机关责令改正,可以处1万元以下的罚款;拒不改正的,处1万元以上5万元以下的罚款:

(一)生产、储存、使用剧毒化学品、易制爆危险化学品的单位不如实记录生产、储存、使用的剧毒化学品、易制爆危险化学品的数量、流向的;

(二)生产、储存、使用剧毒化学品、易制爆危险化学品的单位发现剧毒化学品、易制爆危险化学品丢失或者被盗,不立即向公安机关报告的;

(三)储存剧毒化学品的单位未将剧毒化学品的储存数量、储存地点以及管理人员的情况报所在地县级人民政府公安机关备案的;

(四)危险化学品生产企业、经营企业不如实记录剧毒化学品、易制爆危险化学品购买单位的名称、地址、经办人的姓名、身份证号码以及所购买的剧毒化学品、易制爆危险化学品的品种、数量、用途,或者保存销售记录和相关材料的时间少于1年的;

(五)剧毒化学品、易制爆危险化学品的销售企业、购买单位未在规定的时限内将所销售、购买的剧毒化学品、易制爆危险化学品的品种、数量以及流向信息报所在地县级人民政府公安机关备案的；

(六)使用剧毒化学品、易制爆危险化学品的单位依照本条例规定转让其购买的剧毒化学品、易制爆危险化学品，未将有关情况向所在地县级人民政府公安机关报告的。

生产、储存危险化学品的企业或者使用危险化学品从事生产的企业未按照本条例规定将安全评价报告以及整改方案的落实情况报安全生产监督管理部门或者港口行政管理部门备案，或者储存危险化学品的单位未将其剧毒化学品以及储存数量构成重大危险源的其他危险化学品的储存数量、储存地点以及管理人员的情况报安全生产监督管理部门或者港口行政管理部门备案的，分别由安全生产监督管理部门或者港口行政管理部门依照前款规定予以处罚。

生产实施重点环境管理的危险化学品的企业或者使用实施重点环境管理的危险化学品从事生产的企业未按照规定将相关信息向环境保护主管部门报告的，由环境保护主管部门依照本条第一款的规定予以处罚。

第八十二条　生产、储存、使用危险化学品的单位转产、停产、停业或者解散，未采取有效措施及时、妥善处置其危险化学品生产装置、储存设施以及库存的危险化学品，或者丢弃危险化学品的，由安全生产监督管理部门责令改正，处5万元以上10万元以下的罚款；构成犯罪的，依法追究刑事责任。

生产、储存、使用危险化学品的单位转产、停产、停业或者解散，未依照本条例规定将其危险化学品生产装置、储存设施以及库存危险化学品的处置方案报有关部门备案的，分别由有关部门责令改正，可以处1万元以下的罚款；拒不改正的，处1万元以上5万元以下的罚款。

第八十三条　危险化学品经营企业向未经许可违法从事危险化学品生产、经营活动的企业采购危险化学品的，由工商行政管理部门责令改正，处10万元以上20万元以下的罚款；拒不改正的，责令停业整顿直至由原发证机关吊销其危险化学品经营许可证，并由工商行政管理部门责令其办理经营范围变更登记或者吊销其营业执照。

第八十四条　危险化学品生产企业、经营企业有下列情形之一的，由安全生产监督管理部门责令改正，没收违法所得，并处10万元以上20万元以下的罚款；拒不改正的，责令停产停业整顿直至吊销其危险化学品安全生产许可证、危险化学品经营许可证，并由工商行政管理部门责令其办理经营范围变更登记或者吊销其营业执照：

(一)向不具有本条例第三十八条第一款、第二款规定的相关许可证件或者证明文件的单位销售剧毒化学品、易制爆危险化学品的；

（二）不按照剧毒化学品购买许可证载明的品种、数量销售剧毒化学品的；

（三）向个人销售剧毒化学品（属于剧毒化学品的农药除外）、易制爆危险化学品的。

不具有本条例第三十八条第一款、第二款规定的相关许可证件或者证明文件的单位购买剧毒化学品、易制爆危险化学品，或者个人购买剧毒化学品（属于剧毒化学品的农药除外）、易制爆危险化学品的，由公安机关没收所购买的剧毒化学品、易制爆危险化学品，可以并处5000元以下的罚款。

使用剧毒化学品、易制爆危险化学品的单位出借或者向不具有本条例第三十八条第一款、第二款规定的相关许可证件的单位转让其购买的剧毒化学品、易制爆危险化学品，或者向个人转让其购买的剧毒化学品（属于剧毒化学品的农药除外）、易制爆危险化学品的，由公安机关责令改正，处10万元以上20万元以下的罚款；拒不改正的，责令停产停业整顿。

第八十五条　未依法取得危险货物道路运输许可、危险货物水路运输许可，从事危险化学品道路运输、水路运输的，分别依照有关道路运输、水路运输的法律、行政法规的规定处罚。

第八十六条　有下列情形之一的，由交通运输主管部门责令改正，处5万元以上10万元以下的罚款；拒不改正的，责令停产停业整顿；构成犯罪的，依法追究刑事责任：

（一）危险化学品道路运输企业、水路运输企业的驾驶人员、船员、装卸管理人员、押运人员、申报人员、集装箱装箱现场检查员未取得从业资格上岗作业的；

（二）运输危险化学品，未根据危险化学品的危险特性采取相应的安全防护措施，或者未配备必要的防护用品和应急救援器材的；

（三）使用未依法取得危险货物适装证书的船舶，通过内河运输危险化学品的；

（四）通过内河运输危险化学品的承运人违反国务院交通运输主管部门对单船运输的危险化学品数量的限制性规定运输危险化学品的；

（五）用于危险化学品运输作业的内河码头、泊位不符合国家有关安全规范，或者未与饮用水取水口保持国家规定的安全距离，或者未经交通运输主管部门验收合格投入使用的；

（六）托运人不向承运人说明所托运的危险化学品的种类、数量、危险特性以及发生危险情况的应急处置措施，或者未按照国家有关规定对所托运的危险化学品妥善包装并在外包装上设置相应标志的；

（七）运输危险化学品需要添加抑制剂或者稳定剂，托运人未添加或者未将有关情况告知承运人的。

第八十七条　有下列情形之一的，由交通运输主管部门责令改正，处10万元以上20万元以下的罚款，有违法所得的，没收违法所得；拒不改正的，责令停产停业整顿；构成犯罪的，依法追究刑事责任：

（一）委托未依法取得危险货物道路运输许可、危险货物水路运输许可的企业承运危险化学品的；

（二）通过内河封闭水域运输剧毒化学品以及国家规定禁止通过内河运输的其他危险化学品的；

（三）通过内河运输国家规定禁止通过内河运输的剧毒化学品以及其他危险化学品的；

（四）在托运的普通货物中夹带危险化学品，或者将危险化学品谎报或者匿报为普通货物托运的。

在邮件、快件内夹带危险化学品，或者将危险化学品谎报为普通物品交寄的，依法给予治安管理处罚；构成犯罪的，依法追究刑事责任。

邮政企业、快递企业收寄危险化学品的，依照《中华人民共和国邮政法》的规定处罚。

第八十八条　有下列情形之一的，由公安机关责令改正，处5万元以上10万元以下的罚款；构成违反治安管理行为的，依法给予治安管理处罚；构成犯罪的，依法追究刑事责任：

（一）超过运输车辆的核定载质量装载危险化学品的；

（二）使用安全技术条件不符合国家标准要求的车辆运输危险化学品的；

（三）运输危险化学品的车辆未经公安机关批准进入危险化学品运输车辆限制通行的区域的；

（四）未取得剧毒化学品道路运输通行证，通过道路运输剧毒化学品的。

第八十九条　有下列情形之一的，由公安机关责令改正，处1万元以上5万元以下的罚款；构成违反治安管理行为的，依法给予治安管理处罚：

（一）危险化学品运输车辆未悬挂或者喷涂警示标志，或者悬挂或者喷涂的警示标志不符合国家标准要求的；

（二）通过道路运输危险化学品，不配备押运人员的；

（三）运输剧毒化学品或者易制爆危险化学品途中需要较长时间停车，驾驶人员、押运人员不向当地公安机关报告的；

（四）剧毒化学品、易制爆危险化学品在道路运输途中丢失、被盗、被抢或者发生流散、泄漏等情况，驾驶人员、押运人员不采取必要的警示措施和安全措施，或者不向当地公安机关报告的。

第九十条　对发生交通事故负有全部责任或者主要责任的危险化学品道路

运输企业，由公安机关责令消除安全隐患，未消除安全隐患的危险化学品运输车辆，禁止上道路行驶。

第九十一条　有下列情形之一的，由交通运输主管部门责令改正，可以处1万元以下的罚款；拒不改正的，处1万元以上5万元以下的罚款：

（一）危险化学品道路运输企业、水路运输企业未配备专职安全管理人员的；

（二）用于危险化学品运输作业的内河码头、泊位的管理单位未制定码头、泊位危险化学品事故应急救援预案，或者未为码头、泊位配备充足、有效的应急救援器材和设备的。

第九十二条　有下列情形之一的，依照《中华人民共和国内河交通安全管理条例》的规定处罚：

（一）通过内河运输危险化学品的水路运输企业未制定运输船舶危险化学品事故应急救援预案，或者未为运输船舶配备充足、有效的应急救援器材和设备的；

（二）通过内河运输危险化学品的船舶的所有人或者经营人未取得船舶污染损害责任保险证书或者财务担保证明的；

（三）船舶载运危险化学品进出内河港口，未将有关事项事先报告海事管理机构并经其同意的；

（四）载运危险化学品的船舶在内河航行、装卸或者停泊，未悬挂专用的警示标志，或者未按照规定显示专用信号，或者未按照规定申请引航的。

未向港口行政管理部门报告并经其同意，在港口内进行危险化学品的装卸、过驳作业的，依照《中华人民共和国港口法》的规定处罚。

第九十三条　伪造、变造或者出租、出借、转让危险化学品安全生产许可证、工业产品生产许可证，或者使用伪造、变造的危险化学品安全生产许可证、工业产品生产许可证的，分别依照《安全生产许可证条例》《中华人民共和国工业产品生产许可证管理条例》的规定处罚。

伪造、变造或者出租、出借、转让本条例规定的其他许可证，或者使用伪造、变造的本条例规定的其他许可证的，分别由相关许可证的颁发管理机关处10万元以上20万元以下的罚款，有违法所得的，没收违法所得；构成违反治安管理行为的，依法给予治安管理处罚；构成犯罪的，依法追究刑事责任。

第九十四条　危险化学品单位发生危险化学品事故，其主要负责人不立即组织救援或者不立即向有关部门报告的，依照《生产安全事故报告和调查处理条例》的规定处罚。

危险化学品单位发生危险化学品事故，造成他人人身伤害或者财产损失的，依法承担赔偿责任。

第九十五条　发生危险化学品事故，有关地方人民政府及其有关部门不立即组织实施救援，或者不采取必要的应急处置措施减少事故损失，防止事故蔓延、扩大的，对直接负责的主管人员和其他直接责任人员依法给予处分；构成犯罪的，依法追究刑事责任。

第九十六条　负有危险化学品安全监督管理职责的部门的工作人员，在危险化学品安全监督管理工作中滥用职权、玩忽职守、徇私舞弊，构成犯罪的，依法追究刑事责任；尚不构成犯罪的，依法给予处分。

第八章　附则

第九十七条　监控化学品、属于危险化学品的药品和农药的安全管理，依照本条例的规定执行；法律、行政法规另有规定的，依照其规定。

民用爆炸物品、烟花爆竹、放射性物品、核能物质以及用于国防科研生产的危险化学品的安全管理，不适用本条例。

法律、行政法规对燃气的安全管理另有规定的，依照其规定。

危险化学品容器属于特种设备的，其安全管理依照有关特种设备安全的法律、行政法规的规定执行。

第九十八条　危险化学品的进出口管理，依照有关对外贸易的法律、行政法规、规章的规定执行；进口的危险化学品的储存、使用、经营、运输的安全管理，依照本条例的规定执行。

危险化学品环境管理登记和新化学物质环境管理登记，依照有关环境保护的法律、行政法规、规章的规定执行。危险化学品环境管理登记，按照国家有关规定收取费用。

第九十九条　公众发现、捡拾的无主危险化学品，由公安机关接收。公安机关接收或者有关部门依法没收的危险化学品，需要进行无害化处理的，交由环境保护主管部门组织其认定的专业单位进行处理，或者交由有关危险化学品生产企业进行处理。处理所需费用由国家财政负担。

第一百条　化学品的危险特性尚未确定的，由国务院安全生产监督管理部门、国务院环境保护主管部门、国务院卫生主管部门分别负责组织对该化学品的物理危险性、环境危害性、毒理特性进行鉴定。根据鉴定结果，需要调整危险化学品目录的，依照本条例第三条第二款的规定办理。

第一百零一条　本条例施行前已经使用危险化学品从事生产的化工企业，依照本条例规定需要取得危险化学品安全使用许可证的，应当在国务院安全生产监督管理部门规定的期限内，申请取得危险化学品安全使用许可证。

第一百零二条　本条例自2011年12月1日起施行。

参考文献

[1]王久平.港口爆炸祸起硝酸铵监管失责——从贝鲁特爆炸看危化行业治理[J].中国应急管理，2020(9):6-9.

[2]郑琛，佘廉.基于案例复盘的城市重大突发事件全过程应急管理研究——以青岛“11·22”爆炸事故为例[J].内蒙古大学学报，2016(1):22-26.

[3]于越姝.吉林省突发公共事件应急管理研究[D].长春工业大学，2016.

[4]环球网.天津港“8·12”特别重大火灾爆炸事故调查报告[R/OL]，(2016-4-24)[2021-3-21]，https://society.huanqiu.com/article/9CaKrnJTIXw.

[5]国务院.天津港“8·12”瑞海公司危险品仓库特别重大火灾爆炸事故调查报告[R/OL]，(2016-2-5)[2021-3-25]，http://www.gov.cn/foot/2016-02/05/content_5039788.htm.

[6]国务院.天津港“8·12”瑞海公司特别重大火灾爆炸事故调查组负责人答记者问[EB/OL]，(2016-02-05)[2021-3-25]，http://www.gov.cn/foot/2016-02/05/content_5039796.htm.

[7]新浪网.国务院成立天津港爆炸调查组 彻查事故原因[EB/OL]，(2015-8-18)[2021-3-24]，https://news.sina.com.cn/c/2015-08-18/115132217910.shtml .

第 13 章

波士顿马拉松爆炸应急处理

【导读】 波士顿马拉松比赛始于 1897 年 4 月 19 日，是全世界历史最悠久的马拉松比赛，同时也是全球首个城市马拉松比赛，每年于美国“爱国者日”举行。2013 年 4 月 15 日，第 117 届波士顿马拉松比赛举行，来自 90 多个国家的 2.8 万名选手参加，约 50 万人观赏赛事并为选手加油助威。当地时间下午 2 时 49 分 12 秒，比赛终点线处的科普里广场发生爆炸，时隔约 1 小时以后，在距离第一次爆炸 100 米的地方再次发生爆炸，爆炸产生的浓烟和劲风瞬时让这个世界上最负盛名的马拉松赛事变得一片混乱，现场哭声、呼救声一片。该爆炸最终造成包括一名中国女留学生和一名 8 岁儿童在内的 3 人死亡，约 280 人受伤。

一、事件回放

(一)爆炸现场

2013 年 4 月 15 日，北美东部时间下午 2 时 40 分，马萨诸塞州的波士顿正在举行一场马拉松比赛。医护人员和警察正在终点等待选手们的身影，所有人正在等待参加比赛的每一个人。但在第一名冲过终点线的九分钟后，一声巨响，改变了这次比赛，也改变了其中的一些人。在 13 秒后，又一声巨响在附近响起。而此时，仍不断有参赛者继续奔向终点，观礼台附近产生大量平民伤亡。事件总共有两枚炸弹爆炸，第一枚炸弹在美国东部时间 2013 年 4 月 15 日下午 2 时 49 分 12 秒于比赛终点线附近观众区引爆，13 秒后又一枚炸弹在附近的观众区引爆，而在一个街区外的地方发现第三枚炸弹但被及时拆除。据悉，马拉松路线沿途也发现多枚疑似爆炸物。

图 13-1 波士顿马拉松爆炸案经过图①

（二）案犯缉拿

16 日，美国联邦调查局称尚无人员宣称对袭击负责，调查人员在大范围搜索犯罪嫌疑人，奥巴马将案件正式定性为恐怖主义行动。17 日，美国警方否认媒体所称已逮捕一名嫌犯的报道，但表示获得了马拉松比赛终点线附近监控录像中嫌疑人的图像。18 日，奥巴马赴波士顿哀悼袭击事件遇难者，誓言全力追凶。联邦调查局发布监控录像拍摄到的两名案件嫌疑人的视频和照片，呼吁民众提供线索。当晚，警方与逃窜到麻省理工学院的两名嫌疑人发生交火，一名校警不幸殉职。疑犯劫车逃向波士顿郊区的沃特敦镇。19 日，警方证实，两名嫌疑人中一人已被击毙，另一人逃脱。警方开始在波士顿及沃特敦全城大搜捕。嫌疑人身份随后被证实，两名嫌犯为来自俄罗斯的兄弟，哥哥塔梅尔兰·萨纳耶夫死亡，在逃者为弟弟焦哈尔·萨纳耶夫。当晚，在接获民众通报线索后，警方定位焦哈尔在沃特敦镇的藏匿地点，经过长时间对峙后将其拘捕。

---

① 知乎.恐袭篇——波士顿马拉松爆炸案[EB/OL]，(2020-3-15)[2021-4-1]，https://zhuanlan.zhihu.com/p/113337898? utm_source=wechat_session.

（三）开庭审理

2015 年 1 月 3 日，对波士顿爆炸案嫌犯焦哈尔·萨纳耶夫的审判即将展开，首先进行陪审团成员的挑选，这一过程预计将持续数月。对包括预谋使用大规模杀伤性武器导致死亡以及在公共场所使用炸弹造成死亡在内的等 30 项罪名，萨纳耶夫均申辩无罪。萨纳耶夫的辩护团队将由 5 名律师组成。此前，萨纳耶夫的律师曾提出申请将审判延期至 2015 年 9 月的，但这一申请遭到了拒绝。他们要求将审判延期到两周年纪念之后，以增加审判的公平性。同时，辩方律师认为控方提出的相关材料实在太多，称想要对堆成山的资料进行分类实在太过困难。控方认为，焦哈尔与哥哥塔梅尔兰在终点线附近放置爆炸装置，造成包括一名中国留学生在内的 3 人死亡，约 280 人受伤，而且在逃亡过程中还杀死一名麻省理工学院的校警。若被判有罪，焦哈尔最高可面临死刑。

（四）被判死刑

波士顿马拉松爆炸案凶手焦哈尔·萨纳耶夫于 2015 年 4 月 24 日被正式宣判死刑。在法庭上被遇害者家属和幸存者当面痛斥后，焦哈尔首次说出"对不起"。据当地媒体报道，焦哈尔当天穿着一件深色运动外套出现在法庭，没有打领带。在爆炸案遇难者家属和幸存者当面斥责他的"懦夫行径""令人恶心"时，焦哈尔很少抬头与之对视，表情凝重。然而，令人意外的是，此前几乎从未在公开场合发声的焦哈尔当天竟然说出"对不起"。"你们告诉我，我所做的事情是如何让人难以忍受。如今我很后悔夺走那些人的生命。"焦哈尔音调有些颤抖地低声说道，"我很后悔夺走这些生命，很抱歉给你们带来如此的痛苦以及我所造成的无法挽回的损失。我祈祷你们能够释怀和康复。"焦哈尔说自己是穆斯林，所以向真主祈祷，保佑在爆炸案中逝去的人们，并愿真主宽恕他和他的兄弟及家庭。

二、应急管理过程

突发事件和危机事态起势迅猛、发展迅速、影响面广，要求具有一整套协同社会各界合力应对的机制。一旦危机发生，能够马上按照预案有条不紊地组织各方开展行动，在最短时间内控制事态，转危为安。波士顿爆炸案的处置就提供了各方协力进行应急管理的范例。

1.政府领导救助

爆炸案发生后,现场被硝烟所笼罩,欢呼转变为尖叫。但随之而来的还有波士顿政府迅速响应、精心组织的应急行动。10 分钟后,波士顿及剑桥警察全部进入应急状态,并且分头展开由事发核心区向外围区的排查;20 分钟后,在医务人员和志愿者的通力协作下,转移了现场全部伤者;1 小时后,波士顿警方向公众发出报告并在其官方 Twitter 上发布伤亡数字;2 小时后,马萨诸塞州州长和波士顿警方召开新闻发布会;3 小时后,奥巴马坐镇白宫情况室(White House situation room)监控并指挥波士顿爆炸事件的处置,分别致电波士顿市长汤姆·梅尼诺和马萨诸塞州州长德瓦尔·帕特里克表达他对受害者的关心,向现场警察及官员出色高效的应急处理工作表示赞扬和鼓励,强调将升级全国安保措施,不惜调动国家一切可调配资源,誓言找到并追究凶手责任;6 小时后,联邦调查局宣布全面接管调查工作,在结束现场勘探后,FBI 立即设置了指挥控制中心,在犯罪现场的影像资料和现场人员的笔录中寻找信息,探员们对爆炸物进行取证分析,再结合反复翻看现场视频的方法锁定犯罪嫌疑人,迅速找出嫌犯可能的逃跑路线,并调取沿途各个店铺的摄像头顺藤摸瓜找到第一、第二名嫌疑人——哥哥塔梅尔兰·萨纳耶夫与弟弟焦哈尔·萨纳耶夫;马萨诸塞州州长和波士顿市长与总统、FBI、特勤局联合举行记者发布会通报情况,随后官方定时透明发布信息;全美各大城市进入反恐戒备状态,纽约市长彭勃发表声明,并派出一千多名反恐警察,警察局局长凯利紧急安排全市警力进入紧急状态,逐一排查,还调整了反恐车辆布放方案;波士顿全城开始大排查,周边警力从地面和空中向波士顿聚集,重要地面出入口已经封闭,重要地点关闭①。此次参与处置行动的人员接近 9000 人,涉及联邦、州、地方的 30 多个相关机构,其中既有执法单位、医疗急救单位,也有武装力量和社会团体,甚至包括各家媒体。在联邦调查局牵头的联合反恐特别行动组的统一调度下,各单位信息共享、分工合作,协调有序、运作高效,实现了资源效益最大化。

2.媒体积极协助

新媒体的发展催生了应急管理的新型模式。爆炸案发生后不久,海量的目击图片与视频便陆续出现在 Twitter 等社交网络上,这不仅使公众能够迅速便捷地了解事件现场情况,而且也为警方追查凶手提供多角度的线索。如一位大学生现场拍摄的一张有人在附近屋顶走动的照片,就被认为无意中摄入了犯罪嫌疑人。Google 特别推出寻人搜索,允许用户搜索一个人或提供某人的位置信息。美国红十字会网站提供专门的网站入口,在灾区的人们可以通过登记当前状态,使其亲人通过访问网站查询家人的情况。而传统媒体借助数字技术传播平台推送新闻,发挥其专业新闻产生的优势和专业能力带来公信力,为人们在千头万绪的海量信息中捕捉爆炸案的关键细节、还原事件过

---

① 学习时报.应时有备急中有序[EB/OL],(2013-9-23)[2021-3-3],http://www.71.cn/2013/0924/735727.shtml.

程等。美国福克斯电视台及其网站曾撤下本应播出的动画片，因为其中的暴力内容使人容易联想到爆炸案。

3.公众开展互助

在很大程度上，此次事件如果没有美国公众的参与，短时间内是难以厘清事实真相并抓住凶手的。此外，美国公众的自助活动有效降低了波士顿爆炸案产生的余波效应，弥补了政府部门工作的缺位。部分参加马拉松比赛的选手到达终点后没有停下脚步，而是继续奔向医院，为连环爆炸受伤人员献血。赛场志愿者和一些观众也加入急救队伍，帮助抢救伤员。硝烟散尽之后，有不少波士顿居民专程赶往事发地点为惊恐的参赛者提供帮助。在事发第一时间，《波士顿邮报》发起“I have a place to offer”（我可以为你提供住所）的签署活动，有近万当地人留下自己的电话、地址和邮箱，为滞留在波士顿的马拉松选手们提供食物、住宿。

恐怖主义袭击具有高度的不确定性，如果信息不透明，就容易造成恐慌。很多研究表明，公众对熟悉的、可控的风险能够保持相对客观冷静，如吸烟，而对陌生的、不可控的风险容易产生恐怖心理，如核泄漏或恐怖主义。美国警方充分应用社交媒体发布信息，遏制谣言，安抚公众情绪，调动公众配合与协助。

1.及时连续发布信息

爆炸发生后，波士顿市立刻成为全美乃至全世界关注的焦点，处于极度恐慌中的美国民众，特别是当地民众迫切需要了解有关事件的信息。警长 Davis 在赶往爆炸现场的途中，就要求警方的相关职能部门要密切注意网络上的舆论动向，并及时向民众发布爆炸案的有关信息。14 时 59 分，在爆炸案发生的 10 分钟后，警方在其官方推特@bostonpolice 上就发出了第一条消息：“今天 14 时 49 分，波士顿马拉松比赛终点线处发生爆炸，并造成人员受伤。”15 时 02 分接着发布信息：“受伤 22 人，死亡 2 人。”4 分钟后，又更新为“受伤 23 人，死亡 2 人。”15 时 30 分告知：“15 分钟以后，警方将在威斯汀酒店召开新闻发布会，通报爆炸案的有关情况。”15 时 51 分又发布信息：“在距离刚刚发生爆炸的科普里广场约 100 米处的地方，又发生一次爆炸。”17 时 46 分告知：“FBI 已经介入并接手案件的调查侦破工作。”在接下来的时间里，警方又连续发布多条信息，诸如警方已经锁定爆炸案的嫌疑人、相关视频和照片、嫌疑人的相关身份信息、犯罪嫌疑人已被警方抓获等重要信息。

2.遏制谣言传播

事件发生后，各种有关爆炸的传言就不绝于耳，这给警方的调查侦破工作和民众的生活带来极大困扰。爆炸发生后不久，网上就流传有一名沙特阿拉伯籍男子因与爆炸案有关而被警方拘捕的消息。警方于 17 时 53 分在@bostonpolice 上回应称：“目前，爆炸已造成 3 人死亡，但尚无任何人遭到警方的拘捕。”无独有偶，4 月 17 日 12 时 23 分，美国有线电视新闻网突然报道称：“警方已经拘捕了爆炸案的相关人员。”此消息一出，便迅速被其他媒体大量转载。对此，警方同样迅速作出尚无任何人被捕的回应。随后，CNN撤回先前所作的不实报道并公开向公众道歉。4月18日晚些时候，一些论坛里开始出现这样的消息："已经能够确定的是爆炸案的实施者是一名在爆炸案发生前就已经失踪一个多月的名为 Tripathi 的在校大学生。"这则消息迅速被传播并受到公众的广泛关注。警方随后立即在官微上公布了两名爆炸案真正实施者的监控视频及照片，并称两名男子已经被警方锁定为爆炸案的嫌疑人。这也是对先前诸多揣测、传闻和谣言的最有力的澄清和回应。

3.安抚公众恐慌情绪

爆炸发生后，恐慌不安情绪迅速在波士顿市蔓延。案发约1小时后，位于波士顿市中心的约翰·F.肯尼迪总统图书馆发生火灾，民众将火灾与刚发生不久的爆炸案联系起来并立即引发新一轮的恐慌。警方迅速在官微上发声："15时53分，在JFK图书馆发生火灾。"同时，相关调查工作也随即迅速展开。警方通过调查发现，这只是一起普通的由于对吸烟材料的不当处理而引发的火灾，与爆炸案并无任何关联。16时22分，警方迅速将此调查结果通报给公众："JFK图书馆的火灾单纯地由对吸烟材料的不当处理而引起，与爆炸案无关。"这一结论及时地消除了民众的恐慌与疑虑。与此同时，爆炸案发生后，出于调查侦破案件和维护社会稳定的需要，波士顿警方进入全员戒备状态，在案发现场周围及城市的主要干道都加派了警力驻守，街上随处可见闪烁着警灯的警车和全副武装的警察。出于担心市民对警方高度戒备的行为造成误判继而引发不安与恐慌，警方持续通过社交媒体向民众通报有关情况："接下来，将会有更多的警察出现在案发现场周围开展工作。""全市已全面进入高度紧急的状态，未来几天，市民会看到更多的警察，请市民保持稳定，不要惊慌。"

4.请求公众配合与协助

爆炸案的调查侦破、救援等工作必须最大程度地得到市民的理解和支持，而要做到这一点，警方就要在第一时间告知民众并做好相关的解释工作。爆炸发生3分钟后的14时52分，警方在@bostonpolice上发声："请市民尽量远离爆炸现场，为警车和救援车辆留下空间。"接下来，警方就呼吁协助、安全提醒等问题多次发布信息，以最大程度地得到市民的理解和支持。15时29分："请市民积极向警方提供马拉松爆炸案现场的视频及其他线索。"16时17分："警局已开通热线电话，请市民积极提供线索。"16时30分："部分街道将关闭，请出行的市民注意绕行。"

三、事件分析与研究

（一）事件原因

1.憎恨仇视，是发生连环爆炸的根本原因

波士顿马拉松爆炸案犯罪嫌疑人为 19 岁的焦哈尔・萨纳耶夫和 26 岁的哥哥塔梅尔兰・萨纳耶夫，他们是俄罗斯联邦北部联邦管区车臣的兄弟俩。这两名嫌疑人在美国已居住一年多。美国《华盛顿邮报》报道，凶手焦哈尔受审时对爆炸一事供认不讳，称自己和哥哥之所以炮制爆炸案，是因为对美国发动阿富汗战争和伊拉克战争憎恨不已。美国近年到处使用武力推广自己的价值观，树敌无数，特别是对不同价值观的国家软硬兼施，导致世界秩序混乱，也招致信仰不同宗教的民族所愤恨。“9・11”事件后美国并没有吸取称霸世界的教训，反而在世界各地挑起战火，不断诉诸武力来征服伊拉克、阿富汗等国家，支持反对派颠覆突尼斯、埃及、利比亚、叙利亚等有着不同宗教信仰的国家，这是 12 年后再次发生波士顿马拉松爆炸案的根源。

2.信息受堵，安保方案漏洞较多，是发生连环爆炸的直接原因

自 2013 年 6 月初开始，美国中情局前特工、“棱镜”计划泄密者爱德华・斯诺登，不断地通过多家媒体披露美国国家安全局“监听门”一事，并以事实为依据揭发美国政府情报机构多年来在国外持续监听当地通信，其范围之广令世界瞠目，就连在欧洲的两个重要联盟德国和法国的领导人都在监听范围之列。当“监听门”大面积袭击欧洲、当大范围的信息涌入安全部门时，波士顿马拉松赛事的情报信息自然受到冲击，造成信息被堵、情报失灵。另外，比赛安保方案不切合实际，漏洞较多，使防范工作雪上加霜。从资料中查看，美国警方只是把警力投向街道，进行一般的例行公事性巡视，路口哨也只是设在重要交叉路口，如大小路口、胡同口和巷子口等处，且只在规定时间内对路口实施封闭控制，以确保马拉松运动员顺畅通行，而诸如桥梁、涵洞、地下通道、过街天桥等沿途同属要害部位没有采取部署固定哨的方式实施固守警戒，即使在比赛路线两侧的非机动车道、人行道、沟渠、绿化带等区域，也没有部署固定哨位实施警戒，使得犯罪嫌疑人轻而易举地选择了位于市中心比赛终点附近的两处地点实施爆炸活动。当时这里有大批观众在等待参赛选手凯旋，人员非常密集。终点线附近虽然有很多警力，但他们只是进行瞭望、观察，甚至把注意力投放到运动员的夺冠上，没有对观看的人员进行安全检查，也没有对比赛终点进行封闭，致使爆炸事件连连得手。

3.精力外移，疏于国内防范，是发生爆炸案的重要原因

众所周知，美国在 2001 年发生的“9・11”事件，造成 3000 多人死亡。沉重的代价，

使得美国迅速调整对外政策，把主要精力和战略力量放在国外。国外反恐取得系列战绩：推翻了塔利班，突袭了本·拉登，绞死了萨达姆，其他的所谓恐怖头目也纷纷落马，就连没有排在恐怖之列的卡扎菲也被击毙，世界军事形势一度出现“一边倒”（倒向美国）的现象。这一现象使美国冲昏了头脑，失去了理智。当下，美军除了这种直接“动刀子”的海外驻军，在传统上的三大战略区域（欧洲、北非、中东战略区，东亚、太平洋战略区，南、北美洲战略区）的基础上，逐步向苏联的势力范围推进，建立基地，驻扎军队，填补真空。2010 年，在东欧门户波兰派驻首批导弹部队，并于 2011 年确定长期驻军计划，给重新抬头的俄罗斯增加牵制。在亚太地区，将 8000 名驻军从第一岛链的冲绳调到第二岛链的关岛，表面上是回撤，实际上是调兵进驻澳大利亚，并和菲律宾、越南搞联合军演。欧洲战区向东延伸，亚太战区向西延伸，而美国对本土则疏于防范。这次马拉松爆炸案进一步说明，美国社会并不是个安居之地，其犯罪嫌疑人反人类、反社会行为是美国社会内外矛盾的一次大爆发，美国疏于国内防范是发生本次事件的重要原因。

（二）影响

1.人员伤亡

这次袭击事件造成 3 人死亡，其中有一位是来自波士顿大学正在攻读硕士研究生的中国籍女留学生吕令子。事发前她正与同学在比赛终点附近观看比赛。另外两位遇难者是本地 8 岁儿童理查德和来自马萨诸塞州的餐厅经理坎贝尔。约 280 人受伤，包括 8 名儿童。8 人伤势严重，4 人接受了截肢手术。

2.政治影响

波士顿马拉松爆炸案是“9·11”过去近十二年来，美国本土发生的最严重恐怖袭击事件，表明“9·11”后特别是 2011 年 5 月 1 日美国越境击毙“基地”组织首领本·拉登之后，所谓美国反恐“大功告成”、本土业已平安的“神话”被打破。“9·11”事件以后，美国政治上层的对外战略设想，大概可分两派。在新保守主义怂恿下，共和党右翼是强调“意识形态”的“抓革命”派，把伊斯兰激进主义看成是美国国家安全的首要威胁，不仅投入巨大的国家资源予以防范，还贸然在伊斯兰世界发动两场战争。民主党和相当数量的知识精英则是“促生产”派，把亚洲尤其是中国的经济力量看成美国霸主地位的头号威胁。于是乎，奥巴马总统上台后，竭力与伊斯兰世界修好，而开始向亚太地区的枢轴转向。奥巴马的顺利连任强化了外交上的“促生产”路线，波士顿爆炸案再次彰显了伊斯兰极端主义对美国安全的威胁，激起社会惊惧。不少保守派论客借此影射波士顿爆炸案乃是奥巴马失职。此案表明，美国反恐并未成功、更未终结，奥巴马总统一味仰仗无人机的定点清除式“美式反恐”存在诸多盲点，美国面临的国际与国内“恐情”更加复杂、防不胜防。此案将在一定程度上延缓美国对外战略调整，美国仍须花相当多的甚至是主要精力对付反恐防扩散。此案反映出美国战略界与情报界对近年来的国际战略环境评估有问题、有误判。其误认为反恐已是“过去时”，于是急于寻找新“敌手”。聚焦中国，抓紧“转向”亚太，其实是搞错了对象。中国坚持和平发展，重视中美合作，强调“新型大国关系”，中国并非美国的“敌手”，美国真正的主要威胁还是伊斯兰极端势力与国际恐怖组织，也包括其国内的极端分子[①]。美国国家情报总监高调发布“年度安全威胁评估”，将“网络安全”排在首位，大肆炒作“中国黑客威胁论”，此案证明，美国的情报界是在误导美国民众与国际社会，是在浪费美国纳税人的钱。

波士顿爆炸案的另一重要政治影响，是迫使美国对传统“以夷制夷”地缘战略进行反思，尤其是借助伊斯兰力量来实现自身的战略目的。最好的例子是华盛顿效法英国“阿拉伯的劳伦斯”对付奥斯曼帝国的手段，武装组织阿富汗的穆斯林“圣战者”，不仅迫使苏军撤出，还帮助促成苏维埃帝国的解体。问题是，美国利用伊斯兰势力导致的“回爆(blowback)”。从奥萨马·本·拉登领导的基地(卡伊达)组织到塔利班，无不是阿富汗“圣战”的衍生物，就是前伊拉克总统萨达姆的尾大不掉，也得部分归功于华盛顿在两伊战争期间的大力支持。波士顿爆炸案之后，美国官方被迫披露，主要嫌犯其实在联邦调查局和中央情报局都早有“案底”——来自俄罗斯政府的通报。美国政府对俄罗斯提供的准确情报的冷处理，充分显示华盛顿与车臣分离主义运动的暧昧关系。

3.经济影响

2013 年 4 月 15 日纽约时段，金融市场的避险情绪再次全面升温，受中美不理想经济数据持续发酵影响，美国波士顿地区意外发生连环爆炸案更是“火上浇油”了一把，盘中日元、美元显著走高，避险美债亦涨势加速，而现货黄金则不断下滑，创下有史以来最大单日跌幅。

波士顿爆炸案消息传出后，避险资产美债上升一个大点；美元兑日元一度跌至 95.79；美元指数亦小幅上升至 82.44；而美国股市则大幅下跌，三大指数均创出自 2012 年 12 月以来的最大单日跌幅，进一步脱离上周创出的历史高位。

4.社会影响

联合国秘书长潘基文在北京时间 16 日发表讲话，对发生在波士顿的爆炸事件予以强烈谴责。潘基文表示，在这样一场旨在宣扬团结的体育活动上实施袭击令人更为可憎。潘基文对遇难者表示诚挚的哀悼，并祝愿受伤者早日康复。

爆炸发生后，美国游泳奥运冠军迈克尔-菲尔普斯和正在养伤的科比-布莱恩特通过微博向遇难者表示哀悼。

《华盛顿邮报》发表评论称，“爱国者日”这一天发生如此惨剧，加剧了人们的悲恸。同时，也反映了国家应对突发事件的成熟度。自 2001 年“9·11”恐怖袭击之后，每一次体育赛事都会引发或多或少的担忧。每年“爱国者日”这一天举行的波士顿马拉松赛，

① 环球网.波士顿爆炸声的地缘政治回响[EB/OL].(2013-5-3)[2021-3-3].https://opinion.huanqiu.com/article/9CaKrnJAlHi.

开始于1897年4月19日,是全球首个城市马拉松比赛。而“爱国者日”则旨在庆祝自由和灵魂的独立。爆炸发生的最初时刻,无论好坏,种种迹象表明了国家处理突发事件的成熟度。参赛者和围观人群并未产生大规模的恐慌。当地警方立即配合州警和美国联邦调查局展开工作。救援人员的回应也显示出很强的专业性。同时,官员和记者在“抢时间”的同时谨慎对待信息,确保消息的真实性。对于爆炸是否不仅仅由炸弹引起的疑问,波士顿警方已确定是爆炸装置。对于何人该对此事件负责,并未冲动下结论,尤其是经历了外国恐怖主义的打击。对此,总统的发言十分谨慎,并未直接将事件称为恐怖袭击。

四、经验启示

(一)设立应急决策机构

一个具有最高权威的国家应急决策机构,实质上体现的是国家的战略决策效能和危机应变能力。美国应急管理的最高决策机构是国家安全委员会,负责对国内外危机进行处理并向总统提出对策建议,委员会成员均处于整个美国行政部门复杂决策体系的塔尖。4月20日,奥巴马召开长达90分钟的国家安全委员会会议,听取有关波士顿爆炸案及其调查进展的情况汇报,并要求彻查此次恐怖袭击。此次会议中,总统国家安全事务助理、总统国土安全及反恐事务助理、国土安全部部长、联邦调查局局长和司法部部长等多名高级官员的参加,有力地协助总统进行科学决策和资源调配,为危机的控制与解决提供了重要的平台。我国目前的应急管理,多是临时性机构处置,领导批示性决策,在应对重大危机事件时尤显能力不足。可借鉴国外做法,组建具有中国特色的国家应急管理决策机构,更好地统一筹划和指导国家应急管理的决策及应对行动。

(二)健全媒体调控机制

传媒是一种软力量。随着现代传媒技术的迅猛发展和新旧媒体的共生交融,媒体越来越成为国家应急管理中一支不容忽视的力量。在危机发生后,如何引导和调控媒体,使其发挥积极作用、避免消极影响,成为应急管理工作的重要着力点。波士顿爆炸案发生后,报纸、电视等传统媒体基本能够发挥其“稳压器”和“协调器”的作用,在政府及其民众之间建立起必要的信任关系,同时也争取到国际社会的理解。但新兴的社交媒体也催生许多虚假消息,出现“谣言满天飞”的现象,使得美国当局不得不在繁重的救援和调查工作之余,充当“救火队”进行辟谣,降低公众的恐慌情绪。如在爆炸案发生不久，网络上就流传着波士顿警方关闭移动网络以防止袭击者用手机引爆另一个爆炸物的谣言。后经证实，波士顿的无线网络只是由于袭击事件发生后巨大的通话量和其他通信，而导致服务很慢，时有时无，但从未关闭过。今年我国雅安地震发生后，网络上也同样出现大量谣言，通过微博等媒体迅速传播，造成恶劣影响。在保障公民言论自由的前提下，我国应建立健全媒体调控的各项法律法规和运行机制，对应对突发事件时的不法言论、网络谣言等进行严格规制，在政府、媒体与公众之间建立良性互动的应急合作关系。

（三）提高公众参与活力

国家应急管理既是战略性的管理，也是社会性的管理，仅靠政府部门单方面的独管模式来解决问题是不够的，必须充分调动社会各方和公众的积极因素，形成一种协力共管模式。波士顿爆炸事件中，美国公民的表现值得关注。在新闻中，看不到他们情绪激动，更没有责难与愤怒，也没有拥挤和踩踏。从中可以看出，人们在灾难面前所表现出来的国民素养。目前在我国的应急管理中，公众参与无论在深度还是广度上都存在着差距。要广泛开展全民安全宣传和培训，加强公众安全文化教育，使其熟悉相关法律法规中赋予的参与危机应对的权利和责任，以增强公众的危机心理承受能力和应变能力。

（四）平衡个体自由与公众安全

在美国，由于对个体自由的尊重，许多重要的公众场所并未安装监测装置，许多公众也反对政府安装安全监测装置，这有好有坏，坏的一方面在于，恐怖主义活动因此有了很多的地下活动空间，有些就难以及时发现、阻止。实际上，在 2001 年“9・11”事件之后，个体自由与公共安全之间的关系就引起了讨论。有学者就认为，美国法律对个体自由的保护经常与在公共场所大范围安装监测装置是直接冲突的，这在很大程度上限制了美国政府公共安全管理的能力。这也在很大程度上要求美国公众的自愿参与，在不损害个体自由的原则下，政府可以掌握更多的信息。在全世界范围内，关于个体自由与公共安全的关系大致有三种处理方式，各有利弊：一是美国式的，个体自由至上，对监测装置的抵制限制政府的公共安全管理能力；二是中国式的，政府权力延伸到社会底层，在公共场所大量安装监测装置，在一定程度上提升政府的公共安全管理能力，但有时也会侵犯公民的个体隐私；三是英国式的，在长期应对“北爱尔兰”极端势力的过程中形成对监测装置的依赖，在公共场所也安装监测装置，但出于对个体自由的尊重，会在安装监测装置的地方设置醒目的提示，如“CCTV in use”。

（五）慈善事业应建立灵活、透明、公开的救助赔偿机制，以赢得公信力

波士顿马拉松爆炸案3名遇难者的亲属各自获得219.5万美元，超过“9·11”赔偿标准。波士顿市长梅尼诺表示，事故发生不到1小时，他就接到商界和慈善家打来的电话，称希望帮助受害者。这不是政府安排动员的，也不是光喊口号，而是自发地真心要帮助受害者。

波士顿爆炸案赔偿凸显了美国民间慈善几大亮点。其一，事后救助速度快。波士顿马拉松比赛中连环爆炸案是4月15日发生的，4月16日晚，马萨诸塞州州长帕特里克和梅尼诺共同宣布成立“壹基金”，为爆炸案受害者提供赔偿。基金主要来自企业、机构和个人的捐款。基金成立后，一周内捐款突破2000万美元，到6月26日突破6000万美元。其二，基金赔偿显优势。在赔偿上，受害者可以向当地政府，以及马拉松比赛的组织方提出索赔申请。处理起来没有基金效率高。为什么政府处理效率低？因为政府赔偿花的是纳税人的钱，根据相关法律，必须经由当地议会和联邦国会批准，而基金独立运行，用途指向明确，专款专用，且有分级标准，省去审批等耗时的环节[①]。其三，一切为了死难者和伤者救助。赔偿金将按从A到D四个标准发放，没住院也能获赔偿。抚恤补偿金既无须纳税，也不会冲抵每位伤者自己的医疗保险赔付或死难者的人寿保险。来自“壹基金”的赔偿也不影响受害者获得个人捐赠或集体为他们募集的专项资金。其四，救助自发多种多样。除成立“壹基金”外，相关机构和个人设立多项私人基金，遇难男孩马丁·理查德的亲友设立基金，事故中失去双腿的杰夫·鲍曼的亲友也设立基金，都筹集到不少捐款，用于对受害者的补偿。上述四点，集中起来，显示的是民间慈善机构的优势，其优势的核心是机制灵活，透明度和诚信度高，最终提升的是民间慈善机构的公信力[②]。反过来，公信力又能吸引更多的企业、机构和个人的捐款，从而形成良性循环，使慈善事业越来越成熟。我国的慈善与美国相比，虽然有国情和体制上的差异，但美国民间慈善的优势，对中国慈善事业发展有极强的借鉴作用，尤其是饱受诟病的红十字会，应该对照“壹基金”的做法，检视自己的弱点，正视公众质疑的问题，痛下决心实施改革，革除那些影响红十字会声誉的弊端，建立一切为了救助对象的灵活、透明、公开的救助赔偿机制，以重新赢得公信力。

---

① 观点中国.波士顿爆炸案赔偿对中国慈善有何启示[EB/OL].(2013-7-10)[2021-3-16].http://views.ce.cn/view/ent/201307/10/t20130710_793523.shtml.

② 中国青年报.波士顿爆炸案赔偿方案的启示[EB/OL].(2013-7-10)[2021-3-16].http://news.sina.com.cn/pl/2013-07-10/061927624904.shtml.

思考题

1.什么是恐怖主义？美国国内恐怖主义组织主要分为哪几类？

2.为应对恐怖主义，美国政府采取了什么措施？

3.美国波士顿爆炸案对我国反恐能力建设有什么启示？

反恐小知识

1.什么是恐怖主义？

根据美国联邦刑法法典(U.S. Federal Criminal Code)，“恐怖主义”是：在美国司法管辖领土范围内，使用暴力威胁生命的一种犯罪。他们的目的是：1.恫吓或胁迫平民；2.通过恫吓或胁迫手段影响政府决策；3. 通过大规模屠杀、刺杀或者绑架等手段影响政府行为。联邦调查局(FBI)对“恐怖主义”的定义是：通过对平民或者财产非法使用武力或暴力手段，企图恐吓或胁迫政府而实现其政治或社会目标。

第二次世界大战后，美国国内恐怖主义组织主要有五大类，即左翼极端组织、右翼极端组织、种族仇恨极端组织、特殊利益极端组织和个人恐怖主义。

(1)左翼极端组织：又被称为左翼革命组织(left-wing revolutionary groups)，20世纪70年代是它们最活跃的时期。这些组织基本出现在美国高校中，它们通过绑架、抢劫银行和军火库、袭击政府机构等极端方式，企图推翻美国政府，以“革命”方式实现黑人平等权利，谋求地方独立。这些组织包括“地下气象员组织”(The Weather Underground)、“西比尔解放军”(The Symbionese Liberation Army)、“黑人解放军”(Black Liberation Army)、“国家解放武装力量”(FALN)等。由于美国政府强力镇压和保守主义思潮兴起，20世纪80年代后，左翼极端组织才逐渐衰落。冷战后，随着全球化不断推进，反全球化、反资本主义成为左翼极端组织新的意识形态支柱，例如1999年，在西雅图召开世贸组织部长级会议时，会场外就发生了严重的暴力冲突。

(2)右翼极端组织：20世纪80年代，美国保守主义兴起，这一时期也是右翼极端组织的活跃时期。它们经常与大部分白人种族仇恨极端组织重合，信奉“白人至上主义”和“犹太阴谋论”，憎恨联邦政府的多元化政策，反对联邦税收政策，试图建立纯白人社会。它们宣称美国已经被共产主义者、犹太人占领，共产主义革命已经在美国遍地开花。这些组织包括“亚利桑那爱国者”(Arizona Patriot)、“全国联盟”(National Alliance)、“俄克拉何马宪法民兵”(Oklahoma Constitutional Militia)等。这些极端组织组建民兵，囤积军火。然而他们并未直接与联邦政府对抗，而是以“独狼”这种个人恐怖主义形式实施暴力活动，例如刺杀联邦调查局特工、炸毁政府大楼、炸毁水坝等。最著名的一起恐怖主义事件是

1995 年俄克拉何马联邦政府大楼爆炸案,实施者是极端右翼分子蒂姆·麦克维奇(Timothy McVeigh)。这次袭击造成 168 人死亡、600 多人受伤,成为美国国内仅次于“9·11”事件死亡人数的恐怖袭击。

(3)种族仇恨极端组织:种族仇恨极端组织的思想基础与右翼极端组织相同,它们都信奉白人至上主义和基督教原教旨主义。右翼极端组织和种族仇恨极端组织的主要区别在于它们实施恐怖袭击的对象不同:右翼极端组织恐怖袭击的对象是联邦政府、组织机构或者国家重要活动场所,它们仇视联邦政府的多元化政策;而种族极端仇恨组织的袭击目标是有色人种、非法移民、犹太人、穆斯林等,以及报复曾经逮捕过或者审判过其成员的地方警察或法官个体,它们仇视这些非白人、非基督徒和曾经帮助这些群体的个人。这些组织有 3K 党(Ku Klux Klan)和“种族主义光头党“(Racist Skinheads)等。美国一直存在保守主义传统,例如 3K 党已经存在上百年,现在虽然已经衰落,但是其社会基础和思潮在一些区域依然存在。

(4)特殊利益极端组织:这类极端主义组织主要由极端动物权利保护组织、极端环保组织组成,也被称为“生态恐怖主义”(ecoterrorism)组织。极端动物权利保护组织反对用动物做实验,反对转基因研究。它们的主要袭击目标是大学生物实验大楼。它们策划和实施了数起纵火事件,导致了无数珍贵科研资料被付之一炬。这些组织包括“地球解放阵线”(The Earth Liberation Front)、“动物解放阵线”(Animal Liberation Front)等。此外,还有一些反同性恋、反堕胎、反联邦税的极端组织也属于这个分类。

(5)个人恐怖主义:这类恐怖主义者没有明确的政治目标,他们的动机要么是因为个人利益损失而实施报复,即“泄愤行为”,要么是为了出名引起公众关注,还有的是因为疾病折磨、受到不公平待遇而实施极端暴力行为。

2.美国全国统一反恐体系

为应对恐怖主义组织的袭击,美国一面在紧锣密鼓准备国际反恐战争,一面大刀阔斧地进行机构改革,力图建立全国统一反恐体系。美国有针对性地围绕“情报、执法和救助”三大核心功能重新构建反恐体系机构群。主要措施有:(1)设立国家情报总监(director of national intelligence,DNI)及其办公室(office of director of National intelligence,ODNI)和国家反恐中心(national counterterrorism center,NCTC),整合各个情报机构的工作。(2)改革联邦调查局,反恐成为联邦调查局执法核心任务之一。联邦调查局迅速扩大了情报和监控系统,将以前“重执法”的工作方式转变为“重情报搜集、监控和防范”的工作方式,迅速建立了一套由执法特工、情报分析、语言学家和监控专家组成的情报分析和监控体系。此外,海外执法权和情报体系迅速扩大,联邦调查局在全世界大部分重要国家设立了办事处，几乎与西欧传统盟国的国内执法机构实现了恐怖信息共享，与英国、澳大利亚和加拿大四国安全情报系统实现了反恐情报共享。(3)成立国土安全部，对边境、移民、安检、救助等机构实施统一管理。根据 2002 年美国《国土安全法》，2003 年成立了美国国土安全部(Department of Homeland Security)。它将以前与边界、出入境、外国人管理、交通运输安全、联邦救助等有关的 24 个职能部门整合起来，统一管理，成为美国最大的一个部。国土安全部因而形成了边界与交通安全(border and transportation security)、科技(science and technology)、应急准备与应对(emergency preparedness and response)、情报分析与基础设施保护(information analysis and infrastructure protection)这四大功能主体架构。(4)明确地方政府职能，将地方政府与社区纳入全国反恐体系中。美国地方警察强化了执法行为。地方警察遵循传统的“骆驼鼻子法则”，也就是露头就打，将所有犯罪与恐怖活动消灭在萌芽状态中。地方警察获得了前所未有的执法权力，有权拦下任何可疑车辆或行人进行检查。截至 2013 年，美国 23 个州和纽约市实施了“随时核查身份法”(stop-and-identify law)，警察无理由要求个人出示身份证件的做法合法化了。美国社区一直存在“邻里守望计划”(neighborhood watch program)的传统。“邻里守望计划”实际上是一种相互监督/监视方式：如果居民在社区里发现有可疑的陌生人或者邻居存在某种违法行为，应该立即向警察报告。国土安全部将这一传统方式扩展到全国范围，形成了美式反恐“人民战争”。国土安全部倡导人民“发现可疑情况立即报告”(if you see something，say something)，鼓励人民向警方举报恐怖主义、极端主义行为的线索。国土安全部将人民举报纳入了“全国可疑活动举报倡议计划”(the nationwide suspicious activity reporting initiative)中。

3.美国波士顿爆炸案对我国反恐能力建设的启示有哪些?

(1)深刻认识我国面临的恐怖威胁，树立居安思危的意识

恐怖活动作为世界一大公害，已严重影响了地区稳定和社会安全；加之其日益呈现出的国际化、集团化和高度智能化等特点，也对我国反恐工作提出了严峻挑战。当前我国面临的主要恐怖威胁，一是国内“东突”恐怖势力、“藏独”分裂势力、“法轮功”及“民运”等邪恶势力对我国政治安全和社会稳定构成的直接威胁；二是中国周边中亚、南亚、东南亚地区的“弧形恐怖地带”，对中国安全与稳定构成的潜在威胁；三是中国海外利益面临恐怖势力的现实威胁；四是国际恐怖势力针对外国在华目标可能发动的恐怖袭击。以上四种力量相互影响、相互作用，其中，“东突”恐怖势力、“藏独”分裂势力、“法轮功”及“民运”等邪恶势力成为我国反恐斗争的“近忧”，而境外恐怖势力与反华势力则是我国反恐工作的“远虑”。我国现在仍处于人民内部矛盾凸显、刑事案件高发和对敌斗争复杂的时期，民族

分裂势力、宗教极端势力极易在境外恐怖势力和反华势力的怂恿下发动样式更新、危害更大的恐怖事件。因此,我国政府必须进一步加强反恐宣传教育,不仅要激发专门反恐机构和安保力量强烈的危机意识,也要使广大人民群众清醒地认识到恐怖主义离我们并不遥远,并掌握相关的反恐常识。

(2)高度重视反恐情报的搜集研判工作

我国要想效防范恐怖袭击,就必须高度重视恐怖活动的情报搜集和研判工作。一是要构筑有效的情报获取网络。健全的情报获取网络是获取情报信息的前提。对此,可以构建两大情报获取体系,即实体情报获取体系和虚拟情报获取体系。在实体情报获取体系建设方面,应在国家、省(区域)、市、县、乡五个层面建立专门的反恐情报搜集机构,并采用自上而下的情报管控机制。乡一级的情报获取机构主要负责情报信息的初步筛选,并每天将之定时报告给县一级的情报机构;县、市一级的情报机构进行汇总,并视其重要程度决定是否报告给省(区域)、国家一级情报机构。这样不仅可以确保情报实时更新,还可以提高情报分析效率。建设虚拟情报获取体系应以实体情报体系为基础,充分依托网络的巨大覆盖效应,在国家范围内建立职级明确、分工合理的互联网情报获取体系,这样不仅可以将情报获取的触角延伸至社会大众,而且可以确保情报数据库实时更新。

二是要建立高效的情报分析研判机制。高效的情报分析研判机制是有效利用情报信息的关键。随着信息系统的广泛运用,情报信息在各级之间的传输效率将更高。但是,人脑始终是情报信息研判的最后关口,因此,必须加强情报甄别队伍的建设。实践中,可在反恐情报获取机构中设置情报分析中心,主要负责对各级情报机构获取的情报信息采用技术性手段进行分析、研究,借助分析结论,推导出恐怖主义发展的新趋势,并为反恐决策层的决策提供信息支撑。

(3)构筑“软”“硬”目标周围严密的恐怖袭击防范体系

一是要依托警察力量的编制体系,在全国范围内构建精干的反恐力量,主要担负当地的反恐任务;在遇有大规模的恐怖袭击时,能够迅速在上级指挥机关的统一协调下融合,确保在恐怖袭击发生后第一时间到达现场。如美国几大情报机构和国防部、能源部、国土资源部等部门都有自己的反恐力量,还组建了防生化袭击的快速反应部队,国民警卫队中组建了 10 支反恐特遣部队,各州、市警察局组建了 SWAT 特警队,这些力量为高效处置波士顿恐怖袭击事件提供了有力支撑。

二是要在重要目标、重要活动现场和重要公共场所构筑严密的防控体系。重要目标或重要场所具有政治敏锐性强、人员众多等特点,因此,除了进行合理的警力配置外,还要依托高技术手段加大对现场各类人员的监控,如在重要时期和节假日加强对机场、车站、港口、地铁、商场等人口密集场所的安检和监控,严防恐怖分子将爆炸物品和易燃易爆物品带入人口密集区域；特别是针对大型活动现场和重大公共场所人员众多的实际，实行安检准入制度，对进入场馆的人、车和一切物品进行全面检查，对场馆、赛道、观众台和所有设施实施无遗漏的搜爆排爆检查，严禁将易燃易爆物品及“鞋子炸弹”“内裤炸弹”“钢管炸弹”等新式爆炸物带入市区。

三是要进一步提升网络反恐技能。网络在给社会大众的生活提供极大便利的同时，其超强的隐蔽性、快捷性和通联性，也日益受到恐怖组织的青睐。近年来，基地组织开始越来越多地利用网络来为其恐怖活动服务，广泛利用因特网与其支持者联系，加紧建立策划袭击的新基地；恐怖组织还通过网络显示其组织的存在，宣示其恐怖主义思想理念，培训社会的袭击者，传授恐怖袭击技术，联络组织成员。因此，必须积极采用高技术手段，深入研究网络反恐策略，增强反恐活动的针对性和时效性。

(4)加强对“独狼”式恐怖袭击的研究

一是要加大对“独狼”身份的甄别。在“9·11”事件以前，恐怖分子都有不良记录和前科，具有丰富的武装斗争经验，有的还经历过战争，因此很容易被跟踪；更因国际反恐合作的日益密切，其活动范围极为有限。但是，目前存在的“独狼”大多没有武装斗争经验，更多的是从国内平民中发展而来的，没有不良记录和犯罪记录，很容易突破严密的监控体系。因此，要在国家层面采取多种措施加强对“独狼”身份的甄别，如可以依托当地的宗教、寺庙、村委会、社区等机构，充分了解所在区域人员的思想动态，把握人员特点。

二是要加强“独狼”式恐怖袭击战法的研究。由于“独狼”式恐怖袭击具有事发突然、伤亡面积大等特点，担负地区反恐任务的武装力量要在现有基础上，进一步研究相对封闭、开放环境和运动状态下恐怖袭击事件的特点规律，立足最危险、最复杂局面，从多角度、多层面进行战法研究，特别要加强对复合式恐怖袭击的研究，认真研讨其处置程序、战法运用、力量配置和协同动作等多方面的问题，确保一有情况能够迅速处置。

三是要铲除“独狼”生存的土壤。由于“独狼”分子大多由平民转化而来，因此，在对具有恐怖主义背景的组织、团体和人员进行严厉打击的基础上，还应进一步做好诸如公民的教育转化、建设民心工程和健全矛盾化解机制等工作，防止因个人利益而泄愤的极端个人行为与特定的组织、社会背景或矛盾相联系，产生没有任何前兆的“独狼”式恐怖袭击。

参考文献：

[1]张文燕.波士顿应对马拉松爆炸[J].中国医院院长，2013(9)：32＋16.

[2]张海波.波士顿爆炸案:美国灾难应急样本观察[J].检察风云,2013(12):55-57.

[3]张宸鸣.突发事件处置中美加警方对社交媒体的运用及借鉴[J].中国公共安全(学术版),2017(4):46-51.

[4]顾昊.突发事件处置中国外警方对社交媒体的运用及启示[J].江苏警官学院学报,2017,32(02):104-108.

[5]张勤林,林慧卿.美国波士顿马拉松爆炸案处置经历[J].轻兵器,2013(24):49-51.

[6]陈向阳.恐怖阴影下的美国战略变数[J].人民论坛,2013,(13):6-6+2.

[7]董向东,杜芳.论恐怖事件危机管理体制和机制的建构——以波士顿马拉松爆炸案与“10·28”暴力恐怖袭击案为例[J].公安教育,2014(4):43-48.

[8]陈明.美国波士顿爆炸案对我国反恐能力建设的启示[J].北京警察学院学报,2014(2):34-38.

第 14 章

“11·13”巴黎恐怖袭击

【导读】从 2014 年“伊斯兰国”组织肆虐以来，国际恐怖活动不仅在西亚越来越猖獗，世界其他国家面临的恐怖威胁也日趋加剧。在加拿大、澳大利亚、丹麦和法国等西方国家连遭恐怖袭击的同时，突尼斯、肯尼亚、沙特、科威特、尼日利亚、土耳其、黎巴嫩和马里等发展中国家更是恐怖袭击不断。

2015 年 11 月 13 日晚，在法国巴黎市发生一系列恐怖袭击事件，共出现 5 次爆炸、5 次枪击，遇难人数上升至 132 人，300 多人受伤。11 月 19 日，中国外交部确认中国公民樊京辉被 IS 杀害。美国前总统奥巴马对此次巴黎恐怖袭击事件表态称，这是一起针对全人类的恐怖袭击。法国总统奥朗德表示，巴黎遭到史无前例的恐怖袭击，全国进入紧急状态。同时谴责“伊斯兰国”组织策划了巴黎恐袭案，并称此次恐怖袭击是“战争行为”，系由境外 IS 组织策划实施，法国国内势力协助。此次恐怖袭击事件致使人员伤亡惨重，给法国带来近 21 亿美元的经济损失，同时引发了极度的国际安全恐慌，造成极其恶劣的影响。

一、事件回顾

1.背景介绍

《查理》周刊遇袭：

2015 年 1 月 7 日，法国《查理周刊》位于巴黎的总部遭遇恐怖分子袭击，导致 12 人死亡;其中不仅包括杂志总编的 4 名漫画家和多位记者在内，而且还包括两名警察和一名经济学家。当天中午 11 时 30 分左右，3 名恐怖分子手持自动步枪和火箭筒袭击该杂志的总部办公室。据调查，《查理》周刊此前刊发过嘲讽伊斯兰宗教先知穆罕默德的漫画。

打击 IS：

在 2003 年时，法国由于坚决反对美国发动伊拉克战争，而使两国关系走向低谷。

在2013年以后，以经历伊拉克战乱完成“练兵”的基地组织伊拉克分支，以及叙利亚“胜利阵线”为基础，极端恐怖组织IS武装宣告成立并迅速扩张。

2014年9月，法国宣布对IS武装据点展开轰炸行动。

2015年2月23日，法国表示要正面迎击IS的威胁，并派出“戴高乐”号航空母舰前往海湾巡游两个月以加大空中打击力度。

2015年9月，法国决定将军事打击IS的范围扩大，并在11月5日发公报称法国将再次部署包括“戴高乐”号航母在内的海空力量参与打击IS极端组织的行动。

叙难民涌入：

大量来自战场的难民涌入法国等欧洲国家，短时间内暴增的流动人口，而且是无资料可查据的国外难民人口，使得法国的安全工作几乎瘫痪。一方面，法国根本无法有力地监管这些难民是否在暗中筹划和组织恐怖袭击活动；另一方面，究竟有多少恐怖分子以难民的面目涌入法国，无从得知。

2.事件回顾

2015年11月13日，当地时间21:20，法兰西体育馆B门发生第一起爆炸，两人死亡，一人为袭击者。现场发现恐怖分子尸体身着内部装有预制破片(以增加爆炸时杀伤力)的自爆背心。

21:25，在巴黎市第10区的佩蒂特柬埔寨风味餐馆和卡里伦酒吧，枪击造成15人遇难，10人受伤。人们看到使用AK系列自动步枪的恐怖分子坐在路边的一辆黑色汽车里向酒吧和餐馆开火，而后驾驶黑色西雅特汽车离开。

21:30，法兰西体育馆H门发生第二起爆炸，为第二名自杀式爆炸袭击者引爆。

21:32，巴黎11区，数名袭击者在酒吧门前开枪，随后乘坐黑色西雅特汽车离开。现场找到上百弹壳。本次袭击者使用的车辆和武器与第一次枪击袭击者相似。

21:36，巴黎11区，黑色西雅特汽车出现在沙罗纳街的餐馆旁，袭击者向平民开枪，19人死亡，9人伤情危重，现场有上百弹壳。目击者依旧看到一辆黑色汽车和车里手持AK系列自动步枪开火的袭击者。

21:40，又有一人在第11区伏尔泰餐馆的自杀式爆炸袭击中严重受伤，使用的爆炸物材料和前两次自杀式爆炸的材料相似。

21:49，4名恐怖分子驾驶一辆黑色polo汽车抵达巴塔克兰剧院，3人闯入，开枪向观众席扫射并挟持人质，袭击者高喊为了叙利亚和伊拉克，之后警方开始解救人质。在惨无人道的大屠杀中，有人听到袭击者提到了“法国对叙利亚的空袭”以及“伊拉克”。

21:53，第三名自杀式袭击者在法兰西体育场附近引爆，现场发现第三具穿着自爆背心的自杀式袭击者的尸体。

当地时间14日00:20，警方解救巴塔克兰剧院人质，3名袭击者被击毙，据统计，至少89人在巴塔克兰剧院遇难。

15日深夜至16日凌晨，法国警方在全国多地行动，共计进行168处搜查，拘捕23名嫌疑人，缴获包括火箭弹发射器在内的31件武器。另外，还有被情报部门密切注意的 104 人接受软禁。

截至 2015 年 11 月 16 日，恐袭遇难人数上升至 132 人，300 多人受伤。有一名中国公民在袭击中受轻伤，目前已得到及时有效救治，恢复情况良好。法国当局表示，目前仍有 42 人在重症监护室。

截至 2015 年 12 月 5 日，巴黎发生的系列恐怖袭击导致 130 人死亡，350 多人受伤。

二、应急管理过程

（一）把握方向，乱中有序

突如其来的爆炸和巴黎市内其他突发事件均具有扩张性、破坏性和无序性的特点。在面对体育场突发爆炸的紧急情况时，政府指挥部门尤其是现场的指挥机构必须顶着巨大的压力进行决策，在有限的时间、资源、人力和信息不准确、不充分的条件下研究出突发事件的应对措施。在爆炸案发生之后，法国总统奥朗德首先紧急进入法兰西体育场的控制室，临时组建应急指挥部进行总体调度。面对如此危急的情况，法国应急指挥部门首先同政府其他部门根据掌握的情况进行审时度势的形势分析，并没有在紧急情况发生的第一时间进行紧急撤离，而是采取固守待援的方法，在球场现场加强警卫，等待外部情况掌握清晰后，再安排总统及观赛人员撤离现场。

（二）提早部署，制定预案

法国早就针对恐怖主义建立了完善的危机评估等级机制和情报体系。面对恐怖主义袭击，法国建立的危机评估等级，根据涉恐案件的严重程度，将恐怖主义等级分为黄色、橙色、红色以及暗红色四个级别：黄色为最低等级，代表面对可能发生但不确定的危险；橙色代表确定恐怖分子的存在；红色代表需要应对确切、小规模的已经被证实的恐怖袭击风险；暗红色则代表应对大规模的恐怖袭击的风险，启动该等级预警会对公众正常生活带来极大的干扰。此次恐怖袭击被评定为暗红色的恐怖主义袭击。

系统化的情报机构包括法国领土监护局（DST）、外国情报与反谍报署（SDECE），负责国内外的有关恐怖主义情报收集工作，在内政部和司法部分别建立反恐协调中心（UCLAT）和反恐服务中心（SCLAT），在欧盟成员国内部，法国还与英国、德国、西班牙、意大利等国的反恐部门建立情报共享机制。美国“9·11”事件引起了法国高度重视，时任法国总统的希拉克决定重新组建国内安全委员会，并由总统亲自主持工作。萨科齐当选总统后，为了应对日益严重的恐怖主义威胁，于 2008 年 10 月成立国防与国家安全委员会和国家情报委员会来应对国家安全工作，在国内建立比较完善的情报系统的同时，法国还重视和其他国家的情报交换工作，与周边国家的反恐部门建立经常性的联系。

刚刚经历过巴黎恐怖袭击的东道主法国，将于11月底举办第二十一届联合国气候大会(COP21)，在恐怖袭击发生后，法国将气候大会的会场——巴黎北郊的布尔歇展览中心的安保力量增至2800名警察和宪兵，进出会场的人士都将接受严格的身份核对和安全检查。同时，法国政府在大会期间恢复边境检查，并为此动员大约8000名警察和宪兵，全境部署12万警方和军方的安保力量，此外还有机动的治安部队处于待命状态。

(三)逐次突袭，联合反击

第一起体育馆外爆炸案发生后，法国警方就联合安全部门逐个进行恐袭地点的突袭。截至15日，警方共实施了168次突袭行动，23个暴恐分子被拘捕，另有104人被软禁。约1500名军人、200名警察及800名高速交警被派到巴黎各个街道上以进行戒备；约150名郊区警力正在高速公路及收费站维持秩序。法国国防部发表公报说，法国于15日共动用12架战机进行空袭反击。战机当天向位于战场拉卡市的IS目标投掷20枚炸弹，摧毁该组织一个指挥所和一个恐怖分子训练营。

由于恐袭危及多国安全，多国联合反击十分关键。在巴黎遭遇恐怖袭击后，美国海军"杜鲁门"号航母及四艘护卫舰驶往地中海海域与法国"戴高乐"号航母会合待命，共同针对IS在战场境内目标展开空中打击。14日，比利时警方对首都布鲁塞尔地区展开突袭，采取数次搜查逮捕行动，逮捕多名与法国恐怖袭击事件有关联的嫌犯。

(四)关闭边境，启动紧急状态

在13日晚的枪击案结束后，法国迅速宣布进入紧急状态并关闭所有边境口岸。这是法国自上世纪阿尔及利亚战争以来首次进入国家紧急状态，实施最高级别反恐戒严，巴黎市在14日关闭所有"公共设施"，其中包括学校、博物馆、图书馆、体育场、游泳池和公共市场。全国实施宵禁，交通戒严，国境关闭，所有航班均被取消。

当地时间16日，为防止恐怖分子假装难民混入美国，来自得克萨斯州、密歇根州等24州的州长表示不接收来自叙利亚的难民。

三、事件分析与影响

（一）事件分析

1.涉及多个国家

根据法国警方目前公布的正式调查结果，直接参与并当场死于这场系列恐袭之中的恐怖分子，有 5 人身份得到确认。其中，26 岁的萨拉赫·阿布德斯拉姆，住在比利时首都布鲁塞尔移民集中居住的莫伦贝克区，他 31 岁的哥哥布拉伊姆也参加了当晚恐袭行动，最后自杀死在伏尔泰大街枪击现场，这两人均来自比利时。另外一名袭击者 25 岁的阿赫默德·穆哈默德，现场被采集的指纹与 10 月在希腊一个小岛上接受救助的一名叙利亚“难民”指纹相符，其随身携带一本叙利亚颁发的护照。另外两名恐怖分子为法国籍，最近两年也都先后多次去叙利亚和也门等地接受极端主义培训，与“伊斯兰国”组织有直接的联系。

2.有别于以往的恐怖行动

法国和其他国家近年来经历了各种恐怖袭击事件，暴恐行动种类多样，或行刺暗杀、或劫持绑架、或持枪扫射、或引爆炸弹、或制造空难、或自杀式袭击等，一般是单个的突发行动，恐怖分子大都蒙上面孔以便于事后逃窜，绑架人质事件则往往有具体的诉求和目标。这是目前为止国际恐怖行动的普遍规律。但是，巴黎这次系列恐袭事件却与众不同：这次行动声势浩大，多点同时行动，袭击地点犹如战场。当时，在巴黎市中心和北部郊区共 6 个地点同时发生袭击，而且先后有序，最先是在北郊正在举行法德足球赛的法兰西体育场引爆炸弹，既引起恐慌又吸引警方的注意力，几分钟后在市中心靠东部的繁华区域餐馆、酒吧和街头持枪肆意扫射，见人就杀，他们的唯一目标就是杀人越多越好。最后 3 名暴徒冲入巴塔克兰音乐厅劫持人质，警方还像往常解决人质问题那样，曾试图与之进行谈判，但是暴徒们根本不予理睬，只顾连连开枪，口中大喊“真主伟大”“为了叙利亚”等口号，把场内的人质一一处决，至少 89 人当场毙命。直到警方得到命令向袭击者发动攻击后冲入场内，2 名暴徒才自杀身亡，另 1 名被击毙。6 起行动在 20 分钟内相继展开，直到警方攻入巴塔克兰音乐厅才结束，整个事件持续大约 3 小时 50 分钟。

3.暴徒极度凶残，且训练有素

参加这次暴行的 8 名暴徒都身穿一种叫作“爆炸腰带”的自杀用背心，手持 AK47 自动冲锋枪，跳下汽车冲入人群，疯狂扫射，毫无顾忌。他们裸露着头部，不怕暴露身份,最后引爆身上的爆炸腰带,当场身亡。有目击者说,这些暴徒的行为很像战场上毫无畏惧的敢死队员,并且训练有素,一个人在装子弹,另一个人就接替他继续扫射,保持火力不减,很像在打阵地战。有分析说,组织者专门选择星期五发动这场袭击,目的就是鼓励这些参与者毫无顾忌地献出生命,因为星期五是“祈祷日”,在这一天“牺牲”能够进入天堂,所以这些暴徒能够视死如归、大开杀戒。

(二)影响

1.促使国际战略格局进一步分化调整

巴黎恐怖袭击事件前,俄罗斯与美国和西方国家关系因乌克兰危机严重受损,并遭到后者的持续经济制裁。同时,在叙利亚问题上,俄罗斯、“什叶派之弧”国家与美西方国家、土耳其和中东逊尼派国家的立场针锋相对,博弈不断。美国专注于实施“亚太再平衡”战略,对打击“伊斯兰国”行动踌躇不前,甚至基于自身利益需要,暗中纵容“伊斯兰国”对抗叙利亚政府军。巴黎恐怖袭击事件后,恐怖主义再次成为全球公敌,美西方对俄罗斯态度出现转变。美俄在叙利亚军事行动中实现技术性合作,法俄进一步接近。尽管受土耳其击落俄罗斯战机事件影响,国际反恐联盟再次组建面临不确定因素,但国际战略格局重组迹象已初步显现。

2.助长欧洲极右翼势力进一步抬头

目前,以法国国民阵线、英国独立党、瑞典民主党等为代表的欧洲极右翼政党影响力日益提升。在2014年5月的欧洲议会选举中,国民阵线获得25%的选票,超越法国两大传统政党位居首位。巴黎恐怖袭击事件后,国民阵线领导人勒庞第一时间发表排外言论,煽动种族仇恨,号召取缔伊斯兰组织,关闭受极端主义思想影响的清真寺,驱逐在法国传播反法思想的外国人和在法国境内无所事事的非法移民。在2015年12月上旬举行的法国地方选举中,这一效果开始显现:首轮投票结果显示,国民阵线赢得28%的选票,在13个选区中6个胜出。此次选举后,国民阵线超越前总统萨尔科齐领导的共和党和执政的社会党成为法国第一大党派。德国副总理、社会党主席加布里尔对此表示:“极端右翼党派在欧盟核心国家取得了政坛第一的位置,这样的结果令人震惊。”

3.加深穆斯林与非穆斯林之间的心理隔阂

巴黎遭受恐怖袭击数小时后,位于加莱的难民营突然燃起大火。恐怖袭击事件第二天,波兰政府宣布停止执行欧盟的政策,拒绝接受叙利亚难民。受巴黎恐怖袭击事件影响,欧洲穆斯林移民和本地欧洲人之间的隔阂越来越大,双方的敌对情绪很可能陷入“刺激一反应一再刺激一再反应”的恶性循环。而制造这种裂痕,正是“伊斯兰国”所希望看到的。他们希望通过刺激敌视穆斯林群体的情绪,让所谓的中立穆斯林在日常生活中“被歧视”“被迫害”的感受越来越强烈,从而将更多的中立穆斯林拉向极端。“伊斯兰国”领导人巴格达迪就曾扬言,要让西方国家多次面对震惊事件,因为“对美国和西方的打击力度越大,就越能吸引踌躇不前的兄弟”。在此背景下,西方国家再次发生恐怖袭击事件的风险亦居高不下。

4.冲击我国“一带一路”建设顺利推进

推进“丝绸之路经济带”和“21 世纪海上丝绸之路”建设,是我们党在国家由大向强发展关键阶段做出的重大战略决策,是助推中华民族伟大复兴的全球性战略。中东是我国“一带一路”建设推进的重要目标区。当时,受阿盟分裂趋势扩大、沙特影响力下降、埃及相对衰落、土耳其和伊朗影响力快速上升等因素影响,制约地区动荡的原有平衡因素难以发挥作用,伊斯兰极端势力和中东地区结构性力量失衡加剧。在各国党派纷争严重、教派矛盾尖锐、恐怖袭击事件频发、地区和全球大国角力交织、多国政治重建面临严峻挑战情况下,中东地区持续动荡的“新常态”,使我国在该地区的投资、建设、商贸等事务以及双边关系稳定性承受较大风险,使“一带一路”建设长期在中东及其周边地区面临相对动荡的外部环境。此外,中东乱局外溢也波及中亚、南亚、北非等地区,对我国“一带一路”建设构成较大冲击。

四、事件反思与启示

(一)反思

1.严峻的反恐形势

美国智库兰德公司国际安全与国防政策中心副主任屈维斯表示,巴黎恐袭其实并不是 IS 单纯普遍的报复反击,其实背后有理性分析的庞大战略规划,首先战略层面上目前国际中东反恐局面还是美国带领其他追随国家,而美国因诸多利益考量、民间厌战和选举逼近等因素并未下决心用全军力剿灭,所以迟迟未派出地面军,若是直接攻击美国反而像珍珠港事变般有可能促使美国下决心。这是 IS 不愿看到的,所以选择追随国下手,意图让追随国民众和政府重新思考自己跟随美国的成本和利益,进而瓦解松动反恐联盟。而追随国中法国算是比较积极又大型的国家,而且以往对于中东政策不少民众和美国就有不同立场,有先天的嫌隐存在。由于多种原因,国际恐怖主义已向世界扩散,欧洲成为恐怖袭击的重点目标。“伊斯兰国”恐怖组织异军突起,其极端恐怖行径引起世界共愤。国际恐怖主义已是世界公敌,国际联合反恐已成各国共识。目前,各国已采取联合反恐行动,但要根除恐怖主义仍任重道远。

2.松散的边境管理

根据法国国会 2015 年 4 月发布的调查报告显示,从叙利亚和伊拉克地区回流民众大致有1500人,相较以往而言,人口数量大幅度增长,在一年之内增长将近80%。大量来自战场的难民涌入法国等欧洲国家;短时间内流动人口急剧增加,并且大部分的新增人口都是没有相关资料可以进行审查的国外难民,这使得法国的安全工作几乎瘫痪。虽然法国也意识到了这个问题,并且一直在扩建安全力量,但由于嫌疑人员涌入的速度实在过快,风险并没有得到有效的控制。法国因历史因素有500万以上的本土穆斯林,加上难民危机后涌入的人,这些人长期受压在社会底层被歧视且贫困,不满情绪较高。此次攻击后如果能挑起法国内部白人对穆斯林的族群仇恨,是IS最大的利益,因为穆斯林族群被仇恨后激进分子将会更多,也就有更多能招募的人员,而这些人都持有法国欧盟护照可以任意流动。这也是许多战略家所担心的。尤其是和美国相比,法国国内的安保工作一直较为松懈,使得恐怖分子有机会发动恐怖袭击。

3.情报、安全和反恐力量配备不足

令人遗憾的是,此次袭击事件中多位恐怖分子事先已经引起法国警方的注意,部分人员已经进入警方的监控名单当中,实际上参与袭击《查理》周刊的库阿奇兄弟,属于在法国安全部门挂了号的危险分子,但一直没有遭受严格的监视和控制,导致错过提前意识到此次危机并进行预警处理的机会。法国无法有力地监管涌入的难民中是否有人暗中筹谋和组织恐怖袭击活动,并且难以统计到底有多少恐怖分子以难民的身份涌入法国。另外一个方面在于,恐怖分子的战略正在发生重要变化。法国总统奥朗德声称,"伊斯兰国"实际上是在通过大规模恐怖手段发动一场"战争"。既然是战争,靠简单加大反恐举措根本不可能轻易解决危机。这场由欧洲人定义的"反恐战争"是一场旷日持久的消耗战,甚至成为一种全球性的冲突。据报道,有近2000名法国人成为"圣战者",且欧洲境内则有5000多人伺机发动袭击,必须从政治外交和大战略的层面进行深刻反思。

(二)给中国的启示

研究法国的恐怖主义犯罪及其防控对策,对于中国的反恐斗争有很大的意义。恐怖势力主要包括三种,即民族分裂势力、宗教极端势力和暴力恐怖主义,中国的恐怖主义威胁主要来自民族分裂势力,产生于国内。从行为方式来说,各种类型的恐怖主义在行为方式上有很大的一致性,恐怖主义立法很大程度上也是针对恐怖主义行为方式而实施的,中国近些年也遭受相当规模的恐怖袭击,并且这些恐怖袭击有向全国范围蔓延的趋势。我国和法国同属大陆法系国家,在司法领域也有很多的相似性,法国关于反恐的立法和司法程序以及针对恐怖主义犯罪建立的情报体系是中国值得借鉴的地方。

1.强化反恐立法,加大打击力度

恐怖主义在未来很长一段时间都将是全人类面临的难题,恐怖主义犯罪在中国也有愈演愈烈的趋势，也会出现新的特点，打击恐怖主义犯罪需要一部专门的反恐怖主义法律法规，我国刑事法规有必要针对恐怖犯罪的惩治进行修正。

2.建立常态化的反恐预警机制

(1)完善恐怖主义突发事件的危机评估机制

我国处置突发事件的应急机制还不成熟，或者说很多应急预案流于形式，“请示上级领导”的现象普遍存在，不能对突发事件做出一个前期的有效的处理，原因除了部分领导害怕担责外，主要是没有一个明确的规范。我国反恐法草案第五十七条规定：恐怖事件或者疑似恐怖事件发生后，由公安机关进行现场处置，这对恐怖事件的前期工作做了规定，但还是过于笼统，需要细化。我国需要建立一个科学合理的预警机制，无论是面对恐怖主义威胁，还是面对其他的突发事件，达到什么级别就启动什么预案，按照规定办事，可以免去一些领导的后顾之忧，也可以促进问题的良好解决。

(2)加强国际情报协作建立情报共享机制

恐怖主义犯罪是针对全人类的犯罪，应对恐怖主义必须加强国际的合作，我国的恐怖主义主要是民族分裂分子，但目前正在向国际恐怖主义蜕变，近年来许多国内的恐怖分子前往中东地区加入 IS 组织，参加所谓的“圣战”，危害着国家安全和群众生活。我国公安机关已经初步建立“大情报信息系统”，实现跨地区的信息共享，为了应对国内安全局势的需要，在新颁布的反恐法草案中提出：国家设立反恐怖主义工作机构并建立反恐怖主义情报中心和情报信息平台，并设立跨部门情报信息运行机制，以便统筹反恐怖主义信息的搜集、研判、共享、核查、反馈以及情况通报工作。党的十八届三中全会提出设立国家安全委员会，以推进组建负责情报、军队、外交、公安等的国家安全的目标，这些都加强了国内情报信息的交流和共享，然而我国对于国际间的反恐合作仍然需要进一步加强。

我国最新颁布的《反恐怖主义法》规定了国务院有关部门根据国务院授权，代表中国政府与外国政府和有关国际组织开展反恐怖主义政策对话、情报信息交流，依法开展反恐怖主义执法合作和国际资金监管合作。国务院国家安全部门可以根据工作需要，向有关国家和地区派驻安全代表。在不违背我国法律和缔结或者参加的国际条约的前提下，我国边境地区的市、县人民政府及其主管部门，报经国务院或者中央有关部门批准后，可以与相邻国家的地区、主管部门开展反恐怖主义情报信息交流、执法合作和国际资金监管合作。这些规定填补了我国过去在反恐怖主义立法上的空白，但是具体的实施方案以及实施过程还需要今后在国际合作中汲取经验，巩固提高。

(3)强化反恐特种力量，建立起常态化的武装巡逻体系

反恐特种力量是配合反恐应急处置的重要组成部分，目前我国的主要反恐力量是武警部队，在各级公安机关也建立起了防暴队和特警队，武装巡逻是预防恐怖袭击发生的重要手段，也是一种实实在在的威慑力量。2014 年 3 月的昆明火车站暴恐案件造成 29 死 143 伤的惨剧，这不仅反映出我国公民应对恐怖袭击能力的缺乏，也反映出我国城市密集区武装巡逻方面的不足，恐怖主义离我们并不遥远。加强在特定日期、袭击易

发区的武装巡逻，把巡逻当实战，能够提升群众的安全感，震慑潜在的恐怖分子。

3.依靠群众，探索社区反恐模式

依靠群众原则在我国许多文件中都有着明确的体现，群众的力量是不容小觑的，目前名气十足的北京“朝阳群众”就是例证。目前而言，反恐工作的主体依然是警察，社区群众还没有得到充分发动。但是我国在警察与群众的关系建构上也正在积极探索，各地公安机关都在积极探索社区警务的开展，社区的治安工作也都实行了网格化管理，安排社区民警负责社区治安工作。我们可以此为切入点，将反恐工作也纳入社区警务工作中，充分发动群众，依靠群众。在当前社区警务工作的基础上，对社区居民进行反恐培训，增强居民的反恐技能，包括反恐情报的搜集和反馈，对恐怖分子的识别，遭遇恐怖袭击时的求救和自救等。但需要指出，任何一项工作的开展都必须以明确的规范和计划为前提。社区反恐虽然只是反恐工作中的一个环节，但确有其独立开展的难题，反恐工作毕竟是一项严格意义上的司法工作，其实施步骤需要有明确意义上的法律支撑，我国的《反恐怖主义法》刚刚颁布实施，应在实践基础上考虑引入社区反恐，来积极探索建立社区反恐模式。

思考题

1.恐怖袭击的常规手段有哪些？

2.你知道哪些国内外的特大恐怖袭击事件？

3.遇到突发恐怖袭击事件时，应当如何自救？

反恐小知识

恐怖袭击

恐怖袭击犯罪是指出于政治、宗教、民族等目的，针对特定或不特定的人群和设施使用残忍的武力攻击，以造成严重伤亡和社会影响来实施勒索的犯罪行为。恐怖袭击犯罪的价值取向是反社会但会偏向勒索，多是政治追求、领土追求、宗教追求，采取暴力手段，其方式有协同式、团队式、独狼式，并且追求恐怖性、震慑性、影响性，通常选择影响大、易得手、易逃脱的目标，比如学校、体育场，但有些情况也会选择政治代表性比较强的公共场所。

恐怖袭击的组织有哪些？

恐怖组织主要有基地组织、埃塔、阿布萨耶夫、奥姆真理教、泰米尔猛虎、红色旅、东突、伊斯兰祈祷团、共和军、日本赤军、光辉道路、库尔德工人党、博科圣地、伊拉克 IS。

《2018 年全球恐怖主义指数报告》认为，当前最具破坏力的四个国际恐怖组织分别为“伊斯兰国”、塔利班、“博科圣地”和索马里青年党。

恐怖袭击手段有哪些？

常规手段：

(1)炸弹、汽车炸弹、自杀性人体炸弹爆炸等；

(2)手枪、制式步枪或冲锋枪射击等；

(3)劫持人、车、船、飞机等；

(4)纵火。

非常规手段：

(1)核与辐射恐怖袭击。通过核爆炸或放射性物质的散布，造成环境污染或使人员受到辐射照射；

(2)生物恐怖袭击。利用有害生物或有害生物产品侵害人、农作物、家畜等。如发生在美国“9·11”事件之后的炭疽邮件事件。

(3)化学恐怖袭击。利用有毒、有害化学物质侵害人、城市重要基础设施、食品与饮用水等。如东京地铁沙林毒气袭击事件。

(4)网络恐怖袭击活动。利用网络散布恐怖信息、组织恐怖活动、攻击电脑程序和信息系统等。

如何识别恐怖嫌疑人？

实施恐怖袭击的嫌疑人脸上不会贴有标记，但是会有一些不同寻常的举止行为可以引起我们的警惕，例如：

(1)神情恐慌、言行异常者；

(2)着装、携带物品与其身份明显不符，或与季节不协调者；

(3)冒称熟人、假献殷勤者；

(4)在检查过程中，催促检查或态度蛮横、不愿接受检查者；

(5)频繁进出大型活动场所；

(6)反复在警戒区附近出现；

(7)疑似公安部门通报的嫌疑人员。

发生爆炸恐怖事件后怎么办？

(1)掩蔽。将发生爆炸时，应就近隐蔽或卧倒，护住重要部位。

(2)灭火。就近寻找灭火器灭火，火势较大无法灭火时，用随身携带的口罩、手帕或衣角捂住口鼻；若在密闭空间内烟味太呛，可用矿泉水、饮料等润湿布块，防止因烟雾和毒气引发窒息。

(3)撤离。如果发生大量人员慌乱撤离，老人、妇女、儿童尽量“溜边”，防止被挤倒后踩伤；人员拥挤时，要用一只手紧握另一只手手腕，双肘撑开，平放到胸部，微微向前弯腰，形成一定的空间，保证呼吸顺畅，以免窒息晕倒，若被挤倒，应设法让身体靠近墙根或其他支撑物，把身子蜷缩成球状，双手紧扣置于颈后，保护身体的重要部位或器官。

(4)抢救。实施必要的自救和救助他人。

(5)协助。注意观察现场可疑人、可疑物，协助警方调查。

遇到纵火恐怖袭击“七忌”是什么？

(1)忌惊慌失措。不可惊慌失措，盲目逃跑或纵身跳楼。要保持冷静，尽快了解所处的环境位置、起火点、起火原因和火势大小，正确选择逃生方法和路线。

(2)忌盲目呼喊。现代建筑物燃烧时会散发出大量的烟雾和有毒气体，容易造成毒气窒息死亡。可用湿毛巾捂鼻口，匍匐前进逃离，紧急时刻呼叫时也不能移开毛巾。

(3)忌贪恋财物。不要为穿衣或取贵重物品浪费时间，更不要为入室拿物品而重返火海。

(4)忌乱开门窗。如房间充满烟雾，必要时，可打开门窗，排放烟雾后，应立即重新关闭好，防止长时间开窗致使外面大量浓烟涌入室内，能见度降低，高温和毒气充斥，无法藏身。

(5)忌乘坐电梯。一旦着火，电梯就会断电，可能将你困在电梯内，无法逃生。

(6)忌随意奔跑。随意奔跑，不仅容易引火烧身，还会引起新的燃烧点，造成火势蔓延。

(7)忌轻易跳楼。在房间无法避难时，也不要轻易做出跳楼的决定，此时可扒住阳台或窗台翻出窗外，等待救援。

遇到枪击时如何选择掩蔽物？

(1)掩蔽物最好处于自己与恐怖分子之间。

(2)选择密度质地不易被穿透的掩蔽物，如墙体、立柱、大树干、汽车前部发动机及轮胎等；但木门、玻璃门、垃圾桶、灌木丛、花篮、柜台、场馆内座椅、汽车门和尾部都不能挡住子弹，虽然不能作为掩蔽体，但能够提供隐蔽作用，使恐怖分子第一时间不能发现你，为下一步逃生提供了时间。

(3)选择能够挡住自己身体的掩蔽体。掩蔽体形状规则，就容易躲避子弹、隐藏身体，如立柱；不规则物体容易产生跳弹，掩蔽其后容易被跳弹伤及，如假山、观赏石等。

在人员密集场所遇到持刀恐怖袭击怎么办？

(1)快速撤离。保持镇静，迅速判断发生恐怖袭击的位置和离自身的距离，确定安全的撤离路线。如遇持刀暴徒追赶，不要直线撤离，要选择门、柱等障碍物不时变换方向，来不及撤离时，利用手边一切可作为武器的物品边打边撤，尽可能拖延时间，等待救援。(2)及时报警。拨打110报警。

(3)检查伤情。实施自救和互救。

(4)事后协助。积极向警察提供现场情况，协助警察调查。

在公共场所有哪些“保护神”?

公共场所一般都有完善的防火、灭火设施和紧急出口：

(1)在公共场所部位均有红底黄字的“报警开关”标志，箭头指向位置即按钮位置，下推为报警电话。

(2)走廊配有干粉灭火器箱，上面贴有红色“灭火器”标志。

(3)楼层内设有事故照明灯，可见清晰的“紧急出口”标志。

(4)在走廊上或者楼梯旁有消防栓，附近配有消防带。

切记：处在陌生环境时，如入住酒店、商场购物、进入娱乐场所时，务必留心疏散通道、灭火设施和紧急出口及楼梯方位等，以便关键时候能尽快逃离现场。

参考文献

[1]中国新闻网.巴黎恐袭致132人遇难 法轰炸IS投20枚炸弹[EB/OL]，(2015-11-16)[2021-3-7]，https://www.chinanews.com.cn/gj/2015/11-16/7624390.shtml.

[2]凤凰网.法国总统奥朗德称IS对恐怖袭击负责[EB/OL]，(2015-11-14)[2021-3-5]，http://news.ifeng.com/.

[3]网易.巴黎恐袭事件中男子冒死求枪手 救下50余人性命[EB/OL]，(2015-11-16)[2021-3-5]，https://www.163.com/.

[4]新浪网.巴黎恐袭目击者：枪声长达30秒 感觉永无止境[EB/OL]，(2015-11-17)[2021-3-5]，http://news.sina.com.cn/.

[5]环球网.巴黎恐袭主谋在围剿中毙命 全国紧急状态延长3个月[EB/OL]，(2015-11-27)[2021-3-5]，https://world.huanqiu.com/.

[6]人民网.美国24州州长拒绝接收叙利亚难民[EB/OL]，(2015-11-17)[2021-3-12]，http://world.people.com.cn/.

[7]中国军网.恐怖袭击为何瞄上法国[EB/OL]，(2015-11-14)[2021-3-7]，http://www.81.cn/gjzx/2015-11/15/content_6769798.htm/.

[8]搜狐网.巴黎恐袭时间线公布：或3队恐怖分子袭击[EB/OL]，(2015-11-14)[2021-3-12]，https://www.sohu.com/.

[9]新浪网.法国警方全境搜查收缴火箭弹发射器等武器[EB/OL]，(2015-11-17)[2021-3-5]，https://news.sina.com.cn/.

[10]环球网.巴黎袭击 政治“驰援”[EB/OL]，(2015-11-14)[2021-3-7」，https://world.huanqiu.com/article/9CaKrnJRteX.

[11]网易新闻.美军核航母将赶赴地中海 协助法国打击IS[EB/OL]，(2015-11-19)[2021-3-7]，https://news.163.com/.

[12]环球网.法国检察官:三个攻击小组发动了巴黎恐怖袭击[EB/OL],(2015-11-15)[2021-3-7],https://world.huanqiu.com/article/9CaKrnJRudx.日.

[13]网易新闻.巴黎发生多起枪击爆炸案[EB/OL],(2015-11-14)[2021-3-7],http://news.163.com/special/paris_live/.

[14]人民网.巴黎恐袭案进展:警方正在寻找两名新嫌疑人[EB/OL],(2015-12-05)[2021-3-7],http://world.people.com.cn/n/2015/1205/c1002-27893074.html.

[15]孝泉.巴黎"11·13"恐怖袭击事件及其影响[J].军事文摘,2016(1):21-24.

[16]王启超,李小松.巴黎恐怖袭击事件的回顾与思考[J].山东行政学院学报,2016(5):21-24.

[17]李友龙.恐怖活动的象征性标识——以巴黎恐袭案为例[J].情报杂志,2016,35(8):25-30.

[18]肖河.巴黎事件与欧洲穆斯林问题[J].国际论坛,2016,18(2):68-73+81.

[19]李一静,李敏.西欧恐怖活动新"常态"下的反恐应对及启示[J].中国人民公安大学学报(社会科学版),2016,32(5):33-40.

[20]汪勇,梅建明.当前反恐斗争的特点、挑战及应对策略[J].中国人民公安大学学报(社会科学版),2016,32(1):19-23.

[21]赫磊,戴慎志,解子昂,等.全球城市综合防灾规划中灾害特点及发展趋势研究[J].国际城市规划,2019,34(6):92-99.

第 15 章

Facebook 数据泄露事件

【导读】互联网、人工智能和 5G 等新兴技术的快速发展，形成大量可以刻画和评估人们日常行为习惯的数据，数据已经成为社会运转的重要资源。近年来，在数据技术为人类带来发展机遇的同时，数据信息泄露事件也频频发生，且呈现愈演愈烈的趋势，这些数据涉及个人隐私、经济生产、社会安定以及政治清明等诸多方面，数据安全已成为全球关注的重大社会问题。2018 年 3 月，美国社交服务网站 Facebook（脸书）被曝出发生 5000 万户信息泄露事件，在全球引起轩然大波。该信息泄露事件迅速引发美国股市股价暴跌，并持续发酵，在经济、政治、法律层面造成较大的持续影响。

一、事件回放

Facebook 是美国的一个社交网络服务及社会化媒体网站。它成立于 2004 年，总部设在加利福尼亚帕拉托。该平台网站是世界排名领先的照片分享站点，主要功能为分享图片、聊天等社交功能，收录用户基本信息、人际关系、行为喜好、各类活动、阅读习惯等档案信息。2017 年，Facebook 月活跃用户涉及人数已超过 21 亿人，年营业收入超过 420 亿美元，是美国也是全球最大的社群网络平台，在用户数量、功能性、用户黏性、易用性、便捷程度和技术革新速度等方面都处于全球领先的地位。

2010 年 4 月，Facebook 推出一个名为“开放图谱”的第三方应用平台，这让外部开发者可以接触到 Facebook 用户，并请求允许访问他们的大量个人数据甚至其 Facebook 好友的个人数据。

2013 年，英国剑桥大学心理学教授亚历山大-科根（Aleksandr Kogan）在“开放图谱”平台上推出一款应用软件“这是你的数字化生活”（this is your digital life），向 Facebook 用户提供个性分析测试，美其名曰是“心理学家用于做研究的应用”。经用户授权后收集的信息包括用户的年龄、住址、性别、种族、教育背景等个人信息，平时参与的活动以及在社交网络中发表、阅读、点赞的内容,还包括用户的朋友所发布的信息等。一共有约 27 万人下载这一应用,再加上通过公开途径收集的用户信息,共涉及 5000 万用户的数据。

2014 年,Facebook 调整规则,限制开发者访问用户数据,科根未经 Facebook 和用户同意向剑桥分析公司分享其获得的用户数据。剑桥分析公司将这些数据用于分析选民的个人资料和他们的政治偏好,对最具可塑性的选民进行微定位,通过精准的政治广告宣传甚至虚假或误导性的信息和谎言来施加影响。

2015 年 12 月,英国《卫报》报道,Facebook 用户的数据正在被“剑桥分析公司”所使用,于是“剑桥分析公司”进入人们的视野,其泄露用户信息的事实也第一次被媒体所揭露。当时,《卫报》报道说,剑桥分析公司正在通过其用户信息,助选美国参议员科鲁兹的总统竞选。Facebook 公司说,当他们得知这一消息之后,立刻中止了科根的应用软件,而且要求剑桥分析公司与科根删除他们采用不当手段所获得的用户数据。Facebook 公司声称,双方都确认相关数据均已删除[①]。

然而,2018 年 3 月 17 日,英国《观察家报》(The Observer)和《卫报》(The Guardian)以及美国《纽约时报》(The New York Times)曝光 Facebook 上超 5000 万用户信息在用户不知情的情况下,被一家名为剑桥分析(Cambridge Analytica)的数据分析公司获取并利用,这些被泄露的信息当中详细地包括了用户的姓名、性别、年龄、爱好、种族、家庭住址、工作经历、教育背景、人际关系等各方面,用于在 2016 年美国总统大选中针对目标受众推送广告,从而在一定程度上影响大选结果。

3 月 19 日,针对此次用户数据泄露事件,欧盟、美国、英国纷纷抨击 Facebook 和剑桥分析公司。受到丑闻影响,Facebook 股价应声大跌 7%,市值缩水 360 多亿美元,创始人兼 CEO 扎克伯格也因此损失 60 多亿美元的股票价值。

3 月 20 日,联邦贸易委员会(FTC)对 Facebook 是否违反 2011 年与美国政府机构达成的一项关于用户隐私保护的和解协议展开调查。

3 月 22 日凌晨,Facebook CEO 扎克伯格在泄露丑闻后首次发声,承认对 Facebook 数据泄露事件负有责任,并承诺将对开发者们采取更严格的数据访问限制。

3 月 25 日,扎克伯格在 6 份英国报纸和 3 份美国报纸上,为 5000 万 Facebook 用户信息被剑桥分析泄露和利用一事道歉。

3 月 28 日,Facebook 宣布今后 6 个月终止与多家大数据企业合作,以更好地保护用户隐私。终止合作清单上,Facebook 列出 9 家知名大数据企业,包括安客诚、益百利、甲骨文云数据和 WPP 集团。

4 月 4 日,美国社交网站 Facebook 公司首席技术官 Mike Schroepfer 在其官网发布声明,目前共有 8700 万 Facebook 用户的个人资料被泄露给剑桥分析,这些用户主要

---

① 贤集网.脸书“数据门”事件与剑桥大学的关系解析[EB/OL],(2018-4-17)[2021-9-31],https://www.xianjichina.com/news/details_69771.html.

集中在美国。这个数字大大超出纽约时报最初爆料的 5000 万人。4 日当天，摩根斯坦利将 Facebook 目标股价从 230 美元下调至 200 美元[①]。

4 月 10 日下午，Facebook 创始人兼 CEO 扎克伯格参加美国国会参议院司法委员会和商业、科学和交通委员会联合举行的听证会，表示 Facebook 没有在用户数据保护方面做出足够努力，导致出现剑桥分析滥用用户数据事件。扎克伯格在听证会上承认，Facebook 在防止假新闻传播、外国干预美国选举、仇恨言论传播、数据滥用等诸多方面都有所不足，并表示，没有全面地看待公司所担负的责任是一个错误，自己创立并运营公司，需对这一切负责。

4 月 11 日，Facebook 创始人兼 CEO 扎克伯格再次接受美国国会问询，面对众议院能源和商务委员会 5 小时的连番质询。

5 月，剑桥分析（美国分公司）递交破产申请。与剑桥分析有关的英国实体也于 5 月 2 日正式启动破产程序，立刻停止所有运营活动。

5 月 22 日，欧洲议会听证会上对扎克伯格提出一系列问题，包括 Facebook 的商业行为、隐私保护、处理虚假账户和新闻的计划等。

10 月 25 日，英国信息专员办公室（Information Commissioner's Office，简称 ICO）宣布，由于 Facebook 在剑桥分析事件中未能有效保护英国用户的个人信息，违反 1998 年颁布的数据保护法案（DPA），已经正式对 Facebook 开出 50 万英镑的罚单[②]。

2020 年 4 月 25 日，美国联邦贸易委员会（FTC）与 Facebook 达成和解协议，以罚款 50 亿美元和其他附加限制条款结束对这家社交媒体巨头的长期隐私调查。该和解协议除了罚款还包含其他条款，比如增加隐私措施，并提供季度报告来证明遵守隐私协议。除此以外，Facebook 还同意成立一个专门的隐私委员会，以此来加强用户隐私保护[③]。

二、应急管理过程

（一）初步响应，采取措施

在用户信息泄露事件发生之后，尽管事件各方都在极力地脱责，但是对 Facebook

① 央视网.美国脸书公司用户隐私泄露人数上升至 8700 万[EB/OL]，(2018-4-5)[2021-9-3]，http://www.xinhuanet.com/world/2018-04/05/c_129844592.htm.

② 南方都市报.50 万英镑！英国就剑桥分析事件对脸书开出顶格罚单[EB/OL]，(2018-10-26)[2021-9-3]，https://www.163.com/news/article/DV1MTTGV000187VE.html.

③ 新浪科技.Facebook 剑桥分析事件达成和解，认罚 50 亿美元[EB/OL]，(2020-04-25)[2021-11-4]，https://tech.sina.com.cn/digi/2020-04-25/doc-iirczymi8240736.shtml.

的公信力已经产生巨大的影响,世界范围内也已经掀起抵制 Facebook 的运动。随着数据泄露事件的持续发酵,事件爆发 5 天后,Facebook CEO 扎克伯格对剑桥分析事件作出初步回应,承认对此次数据泄露事件负有责任,为 5000 万 Facebook 用户信息被剑桥分析泄露和利用一事道歉,聘请专业公司对剑桥分析的所作所为展开调查,同时禁止剑桥分析及其母公司使用 Facebook 的任何数据,并承诺将对开发者们采取更严格的数据访问限制。此外,为了更好地保护用户隐私,Facebook 宣布与安客诚、益百利、甲骨文云数据和 WPP 集团等多家大数据企业终止合作。

(二)调查事实，严厉惩治

2018 年 3 月,剑桥分析联合创始人威利(Christopher Wylie)向《卫报》和《纽约时报》披露此次数据泄露事件后,美国联邦贸易委员会(FTC)对 Facebook 是否违反了 2011 年与美国政府机构达成的一项关于用户隐私保护的和解协议展开调查。与此同时,涉及此次数据泄露事件的剑桥分析与英国“脱欧公投”事件有关,因此,英国对于 Facebook 事件表现出前所未有的关注,围绕 Facebook 事件展开三次独立调查:数字、文化、媒体和体育特别委员会对假新闻的调查,选举委员会对竞选资金的调查,信息专员办公室(ICO)出于政治目的对数据分析的调查。其中 ICO 的调查与欧洲数据保护委员会(EDPB)合作进行,是同类调查中规模最大的,小组成员普遍认为,这一丑闻已经永久地改变围绕隐私权的辩论,数据隐私构成一种新的公民权利。

为了配合调查,Facebook 总裁扎克伯格(及其代表)则先后出席了美国国会两次听证会(2018 年 4 月 11—12 日)以及英国下议院听证会、欧洲议会四次听证会(2018 年 5 月 22 日以及 6 月 4 日、25 日和 7 月 2 日三次更深入的委员会听证会)。

从短短 2 个月内密集的调查和听证会安排中可以看出各国对于数据泄露问题的重视,也表达了互联网领域对新规则的需要,亟需全球各国政府和企业双管齐下,加强对数据的监管,共同采取密集行动。

(三)调整业务，完善功能

事件发生之后,Facebook 也收紧了用户信息服务的业务,主要包括四个方面,其中两条措施针对程序开发层面,两条措施针对实际用户层面。第一条,公司声明将会对所有曾经使用过用户信息的程序和平台进行审核,同时通知用户可能造成的影响。第二条,严格限制开发者使用用户数据。该公司表示软件在没有申请许可的情况下只能获取用户的名字、照片、电子邮箱。如果需要获取更多信息,必须事先申请。以上两项措施主要都在于程序开发层面,大部分实际用户接触的都是在数据使用层面或者交互层面,Facebook 针对具体用户也发布了两条措施。首先是该公司表示会告知用户有哪些程序尝试获取用户信息,让用户可以自行选择是否允许获取个人信息。另外,对于目前已经存在的 bugbounty 功能进行完善。根据 Facebook 主页上对于该功能的解释可以发现该功能主要作用是对于维护网站安全起到积极作用的研究者进行一定程度的奖励。在社交媒体时代，网络获取信息的隐蔽性较高，大部分操作都是计算机程序运行完成，普通用户发现的可能性比较低。另外，一旦发生信息泄露事件，就会造成大量用户信息被泄露，因此该功能即便可以发挥作用，但是时效性差、效率低，而且很可能在某些情况下出现严重的滞后。

（四）建立规则，加强监管

在数据泄露丑闻被披露后，英国议会正在酝酿一部数据保护的相关法律，对科技公司不合理使用用户数据的行为进行巨额罚款，事件发生后，英国还将要求科技公司简化消费者数据管理使用条例，以让消费者能够一目了然地知道他们正在注册的是什么[①]。

除此之外，2018 年 5 月 25 日，被视为超级严格的一项隐私管理法——欧洲通用数据保护条例（GDPR）即将正式生效。届时，一旦有平台涉嫌对用户数据滥用引发犯罪的，最高罚款将达该公司在全球收入的 4%。这一条例对所有欧盟成员国公民有效，不论他们是否长居欧盟。数据监管将进入欧洲市场互联网公司，防止用户数据泄露[②]。

三、事件分析与研究

（一）事件影响

1.股市动荡

2018 年 3 月 17 日 Facebook 信息事件曝光后，当地时间 3 月 19 日（星期一）截至收盘，Facebook 股价下跌 6.77 个百分点，为 4 年来最大跌幅，市值蒸发 367 亿美元。当投资者受泄露事件影响恐慌卖出 Facebook 股票时，其余科技巨头公司的股票也不同程度受到影响，谷歌下跌 3.03%，苹果和亚马逊下跌 1.53%。受此拖累，美股创一个月最大单日跌幅。掌握大量数据的数据寡头公司往往是科技股的风向标，如果出现大规模信

---

① 搜狐网.Facebook 数据门：最全的外媒报道和评论盘点在这里[EB/OL]，(2018-3-28)[2021-11-4]，https://www.sohu.com/a/226632431_649502.

② 爱范儿.扎克伯格要去国会道歉，但 Facebook 的“用户数据门”没那么容易解决[EB/OL]，(2018-4-10)[2021-11-4]，https://www.ifanr.com/1010031.

息泄露事件，将对出现信息泄露情况公司的股价和今后的经营活动产生较大的不利影响，甚至引发信任危机，也将面临大量的诉讼风险。同时，通过风险传导，也容易堆积和引发金融风险。

2.干涉政治

遭泄露的Facebook用户信息经过加工和使用，产生巨大的政治影响。据英国《观察家报》等媒体报道，剑桥分析曾得到美国现任总统特朗普团队1500万美元报酬，感谢该公司帮助其击败竞争对手希拉里赢得2016年的美国总统大选，同时该公司是英国脱欧的推动者。该公司通过对在Facebook获取的用户信息进行整理、加工，基于用户的个性或政治倾向建立数据模型，向有关用户精准投放针对性的个性化政治广告，无孔不入地宣传从而左右他们的投票取向，最终达到影响其政治倾向并影响大选结果的目的。早前，德国Das Magazin在2017年底就已对该公司有报道，指出剑桥分析具有极大的政治杀伤力，使用大数据的政治交流将通过采用行为科学、数据分析和精准的广告来彻底改变过去的竞选模式。

3.侵害隐私

信息泄露侵害了公众的知情权，信息主体对自身信息的去处和用途一无所知且无法掌控，往往在影响发生后才可能有所察觉。与公众生活密切相关的信息遭泄露会对公众造成诸多不必要的困扰，产生的影响具体表现为两个“巨大”：一方面影响人群巨大。信息泄露往往呈现至少为地区范围以上级别，涉及人数众多。另一方面对个人自身影响巨大。大规模信息泄露往往导致各种“精准营销”接踵而来，公众在信息方面的安全感荡然无存，容易给公众带来很大的精神压力，甚至将直接导致个人的金融风险完全暴露，给骗子以可乘之机。

（二）Facebook数据安全管理的局限性

1.用户的单独授权即可收集其关联用户信息

自2014年科根开始收集数据并提供给剑桥分析前，Facebook Platform的规则只需注册应用的用户授权，即可收集该用户的关联用户，例如朋友、亲人等相互关注者的信息。虽然之后Facebook处理了该漏洞，但科根的应用已经收集相当数量的数据。

2.隐私设置默认公开致使大量数据被第三方抓取

根据国外媒体报道，在2014年之前Facebook对于用户隐私设置默认的选项是“公开”，由于普通用户对自身隐私缺乏安全保护意识，为第三方随意抓取用户信息提供可乘之机。本次事件中剑桥分析咨询除通过其注册用户的关联用户获取相关数据外，还搜集大量用户公开的数据。

3.欠缺对第三方获取用户数据目的的必要审查

本次事件的关键在于科根对获取的大量用户信息进行分析从而对用户的政治倾向进行画像以便用于美国大选，然而 Facebook 并未有效审查科根实施上述行为的目的。科根虽然声称其开发的测试应用仅用于学术研究，但实际情况是只有符合特定条件的选民才能注册，即使获得了用户的授权同意，大量涉及政治倾向的选民信息的滥用仍然会产生严重的政治影响。

4.对第三方使用用户数据缺乏有效监控

值得注意的是，科根的应用所进行的大规模的数据收集，Facebook 虽然在短时间内利用技术手段监测到了该行为，但并没有进行有效的处理，仅在 2014 年限制了其对关联用户信息的访问。直至 2015 年从英国《卫报》记者处得知科根向剑桥分析共享相关数据后才禁止其应用，同时要求科根和剑桥分析删除所有不当获取的数据，并开出证明。本次事件的曝光也从侧面说明 Facebook 并未对科根和剑桥分析是否实际履行删除义务进行监督。

5.欠缺网络安全事件的信息公开和应急处理经验

在本次事件中，正是由于 Facebook 错过控制事态恶化的最佳时机，本应于 2015 年即可公布并予以处理的数据泄露事件直至 2018 年方被公众知晓。虽然在事件曝光后扎克伯格公布了诸如追查类似应用、再次收紧第三方应用权限、增强用户告知等预防措施，但上述措施若能在 2015 年落实，显然事件的危害程度将大大减小，用户对于 Facebook 的信任度也不会如此不堪①。

四、经验启示

德国著名哲学家胡塞尔说过，“生活世界是指一个具有基础性功能的、可感知的、丰富多样的，真实的、现实的日常世界”。因此，无论网络新媒体与互联网数字技术如何发展，都不可能越出日常的生活世界。个人信息作为现代信息数据的基本构成元素，应该成为互联网数据的重点保护对象。自美国斯诺登事件爆出后，全球网络安全被世界各国提上新的议程，但随着互联网在社会发展中所发挥的作用越来越大，人们更多地关注于互联网给人类带来的利益，而再三地忽视其带给人类社会的危害。Facebook 事件再次把数据安全这一事实摆在公众面前，个人信息权利屡遭侵害，我国现代互联网市场在发展自身的同时又该如何保护个人合法的信息权利，已经变成一个亟待解决的现实问

① 新浪博客.Facebook 数据泄露事件解读[EB/OL],(2018-3-21)[2021-11-14],https://blog.csdn.net/rlnLo2pNEfx9c/article/details/79765655.

题。在信息化社会中，我们既要重视对互联网科学技术的研究，同时也要做好防护措施，推动我国社会主义建设事业稳步前进。对我国个人信息权利的保护应主要从以下三个维度进行构建：

（一）国家政策、制度方面

首先，国家应该依据相关法律和行业标准制定切实可行的互联网标准。据不完全统计，国际互联网标准有 8000 多个，而我国大约有 80 个，且一般都是行业内部自发形成的，对信息行业的约束力比较弱，在行业管理规制上没有太大的法律强制性。因此，需要投入国家公权力对行业标准进行规范化。其次，在民刑方面进行法律约束。要对个人信息权利在客体、内容和行使方式上进行界定，使其成为一项在民法体系中受法律保护的并行于其他民事权利的合法权利。多从利益角度考量，制定一种相对确定的“高价位”的信息侵权赔偿数额，对严重侵犯公民、国家和社会利益的信息犯罪在刑事法律中进行立法规制，并付诸实施。个人信息具有无形抽象、事实共享、易复制、可传播等性质，个人信息数据与国家、社会安全有着紧密联系。对个人数据的非法买卖和不当使用，就公民方面来看，是对个人合法权利的侵害，牵涉社会层面，则是对国家和社会利益的侵犯。因此，保护个人信息安全是国家和公民应行使的权利，也是义不容辞的义务。

（二）行业技术方面

目前在互联网治理理论中存在三个基本问题：第一，互联网本身是什么？第二，互联网科技的目的是什么？第三，互联网技术将来该如何发展？这三个问题对于与互联网关系密切的企业发展来说是不可避免的存在，也是国家在顺应时代信息技术潮流时应当考虑的问题。从实践来看，互联网治理面临着三大挑战：首先是信息数据的泛在化，它无所不在，涉及行业之多领域之广，是一般的科技所不能比拟的。其次是信息技术应用的多样化，其形式丰富，个人数据信息无所不涉，具有很大的浮动性。最后是信息积存的可信化，个人在网页浏览软件注册时，都会发生对个人信息的分析、辨别，进行数据存储。而用户平时在信息平台上注册使用个人信息，说明对所使用的信息技术服务站是信任的，因此作为技术平台的提供方有义务保护用户信息的安全。互联网行业必须明确其在理论和实践中所存在的问题，才能在行业内部和技术上更有效地为个人数据安全提供保障。对于信息安全保护不是越超前就越好，而应讲求合乎实际需要，越是前沿性的保护理论，离人们的现实需要越远，更不要说对信息安全的保护。个人信息数据的泄露，既有技术缺陷的原因，也有人性向利的拜金主义思想的诱惑。对于前者，我们要坚持对优秀技术型人才的培养，加强网络攻防技术和网络密码的建设，把握全球化机遇，注重数据的研究分析，攻坚信息核心技术，探索和创新大数据技术，努力创制中国特色的信息数据行业标准，在技术层面上更确信地维护个人数据。对于后者，要重视对技术型人才和其他相关人员的人生观和价值观的培养，把人文教育和技术教育、理论教育和实践教育结合起来，实现既树人也树德的教育目的，为从业于信息技术行业奠定基础。信息行业在选拔时应对求业人员进行考核，对即将进入该技术行业的人员进行行业伦理的培训和评估，对在职人员进行定期的行业伦理培训和考核，督促相关从业人员增强信息数据保护的行业意识。

（三）公民安全意识方面

就目前来看，我国公民对信息保护的观念意识还很淡薄，即使发生了信息侵权行为，也多半保持一种无讼的态度，放任事态发展，这就使得许多侵权案件隐而不现，造成的损失也越来越大。在纷繁复杂的信息化社会里，公民应提高对自身信息安全的保护意识，一次非法数据的泄露，可能会导致个人信息数据上千次地被不法回转使用。个人信息主体对其个人信息享有权利，作为信息权利主体的自然人要有意识地对自身信息数据进行维护，强化公民对个人信息安全的自我管理意识，以防因个人数据泄露而造成不必要的损失。当信息权利受到侵害时，权利人要积极主动地行使手中所握的权利，寻求法律帮助，而不是听之任之。公民个人要培养对信息安全的自我保护意识，例如，不轻易连接公共开放网络，对一些来路不明的链接尽量少点击，外出时不要乱扫二维码等。个人其实是自身利益的最佳维护者，通过对个人信息进行自我管理，是成本最小、效果最佳的选择。互联网信息技术已经成为现今社会发展不可缺少的重要条件，在利用这种高科技的过程中，也应该注意到其存在的弊端，只有这样才能为将来更好地利用这一技术提供保障。个人信息权利是公民权利的重要组成部分，法律授予公民权利，是为了让权利主体更好地发挥自己的才能和潜力。公民在行使权利时，要注意对自己权利的维护，防止受到外界不法侵害；当权利被侵害时，要学会寻求法律帮助。对个人信息权利的保护，不单是个别权利主体的事，还需要国家和社会各行业相互配合和监督，形成一种建构性、综合性的协调机制。

思考题

1.什么是网络安全？网络安全的主要特征有哪些？

2.网络安全的类型有哪些？网络安全的攻击形式主要分为哪几种？

3.威胁网络安全的因素有哪些？如何有效维护网络安全？

网络安全小知识

互联网进入人们生活的方方面面，为人们的生活方式、沟通方式提供了极大的便利，但同时各种新兴网络技术的出现，也对人们的网络安全造成了严重威胁。身处于网络时代，了解一些网络安全基础知识，能够有效保护我们的个人信息。

1.网络安全的基本概念

网络安全的具体含义会随着“角度”的变化而变化。比如：从用户（个人、企业等）的角度来说，他们希望涉及个人隐私或商业利益的信息在网络上传输时受到机密性、完整性和真实性的保护，避免其他人或对手利用窃听、冒充、篡改、抵赖等手段侵犯用户的利益和隐私。

2.网络安全的主要特征

（1）保密性：信息不泄露给非授权用户、实体或过程，或供其利用的特性。

（2）完整性：数据未经授权不能进行改变的特性，即信息在存储或传输过程中保持不被修改、不被破坏和丢失的特性。

（3）可用性：可被授权实体访问并按需求使用的特性，即当需要时能否存取所需的信息。例如网络环境下拒绝服务、破坏网络和有关信息的正常运行等都属于对可用性的攻击。

（4）可控性：对信息的传播及内容具有控制能力。

（5）可审查性：出现安全问题时提供依据与手段。

3.网络安全的类型

（1）网络上系统信息的安全，包括用户口令鉴别，用户存取权限控制，数据存取权限、方式控制，安全审计，安全问题跟踪，计算机病毒防治，数据加密。

（2）运行系统安全，即保证信息处理和传输系统的安全。它侧重于保证系统正常运行，避免因为系统的崩溃和损坏而对系统存储、处理和传输的信息造成破坏和损失，避免由于电磁泄漏产生信息泄漏，干扰他人，受他人干扰。

（3）网络上信息传播安全，即信息传播后果的安全。包括信息过滤等。它侧重于防止和控制非法、有害的信息进行传播后的后果。避免公用网络上大量自由传输的信息失控。

（4）网络上信息内容的安全。它侧重于保护信息的保密性、真实性和完整性，避免攻击者利用系统的安全漏洞进行窃听、冒充、诈骗等有损于合法用户权益的行为。其本质上是保护用户的利益和隐私。

4.计算机中毒有哪些症状？

（1）经常死机。

（2）文件打不开。

(3)经常报告内存不够。

(4)提示硬盘空间不够。

(5)出现大量来历不明文件。

(6)数据丢失。

(7)系统运行速度变慢。

(8)操作系统自动执行操作。

5.电脑使用过程中的网络安全防范措施

(1)安装防火墙和防病毒软件,并经常升级。

(2)注意经常给系统打补丁,堵塞软件漏洞。

(3)不要打开来历不明的网页、电子邮件链接或附件。

(4)定期备份并加密重要数据。

(5)定期清理浏览器中本地缓存、历史记录以及临时文件内容。

6.如何防治社交网站信息泄露?

(1)利用社交网站的安全与隐私设置保护敏感信息。

(2)不要轻易点击未经核实的链接。

(3)在社交网站谨慎发布个人信息。

(4)根据自己对网站的需求进行注册。

参考文献

[1]方兴东,陈帅.Facebook——剑桥事件对网络治理和新媒体规则的影响与启示[J].社会科学辑刊,2019(1):102-109.

[2]张志成.Facebook 数据泄露事件研究[J].青年记者,2018(24):89-90.

[3]江宇,沈凯蓉,蓝杭辉.Facebook 信息泄露事件影响及对我国征信监管的启示[J].征信,2018,36(11):66-70.

[4]王小侠,李畅.从“Facebook”数据泄露事件浅析个人信息权利保护[J].长春理工大学学报(社会科学版),2019,32(1):35-38.

第 16 章

美国加州山火事件应急处理及启示

【导读】森林被誉为“地球之肺”，对维系整个地球的生态平衡起着至关重要的作用，然而在全球气候变化背景下，极端高温干旱天气频发，森林火灾风险日益加大。2018年11月在美国加州发生系列严重森林火灾，造成民众生命、自然资源、居民财产的重大损失。在世界最发达国家之一发生如此灾难性森林大火，引起了全世界广泛关注，原因值得深思。笔者对美国加州森林火灾的特点进行梳理。从林火应急管理角度开展因素分析。并从我国森林航空消防工作角度对新形势下如何做好重特大森林火灾风险的防范治理提出工作建议。

一、事件回放

（一）加州的地理气候环境

美国森林面积约为3亿公顷，森林覆盖率达32.7%，占全球森林面积的8%，排在俄罗斯、巴西和加拿大之后，居世界第4位。美国林业资源十分丰富，是一个林业大国。美国加州为地中海气候，炎热干燥，降水偏少。在秋冬交替季节，森林可燃物变得异常干燥，细小可燃物含水率低于10%，森林火险等级较高，极易引发森林火灾。高压气团来源于内陆大盆地，影响沿海南加利福尼亚州和加利福尼亚半岛。在高压气团控制下，最高风速可达80千米/小时，瞬间风速达100千米/小时，气团顺势而下穿过加州沙漠地带，使得高压所产生的风更加干燥、炎热，这种风俗称魔鬼风。干燥、炎热的大风给火烧创造了关键气候条件，同时带走大量水汽，使得林中可燃物含水率下降，燃点降低，火灾风险增加。大风天气也导致火灾发生后常规灭火直升机无法起飞灭火。高压气团对此次加州火灾的影响贯穿整个火灾发生始终，也是无法控制的因素之一。

(二)历史重大森林火灾

美国加州 45%的面积为森林,当地山林火灾几乎没有人工扑灭的可能,只能在特定区域划出隔离区。1977 年至今,过火面积超过 800 平方千米的火灾有 30 余次,20 年间因火灾造成的过火面积损失超过 7300 亿美元。其中,历史上灾情最为严重的为 2017 年的特大森林火灾。

2017 年 10 月 8 日下午,美国加州旧金山湾区北部多地发生林火,纳帕和索诺马两县火情最重,逾千名居民和游客连夜撤离住所。2017 年 10 月 9 日,森林大火继续蔓延。山火摧毁了 2000 多栋医院、学校、民宅等建筑。加州州长布朗宣布,因大火蔓延,纳帕、索诺马和尤巴三县进入紧急状态。加州的纳帕、索诺马和门多西诺等县的火势还没有完全被控制,索诺马县教育部门决定该县近 40 个学区的学校停课。纳帕和索诺马两县火情最重,逾千名居民和游客连夜撤离住所,两家医院被迫疏散人员,多条公路被关闭。山火的总过火面积已经超过 777 平方千米,相当于整个纽约市的面积。

截至 2017 年 10 月 14 日 17 时,火灾已造成 36 人死亡,另有数百人失踪。山火已为加州约 5700 个家庭以及企业带来严重影响,将近 6000 栋建筑被烧毁。仍在燃烧的十几处山火主要集中在加州北部地区。山火燃烧形成的大量烟雾和灰烬升入空中,形成一个长度达 160 千米的"烟雾带"。浓烟和灰烬遮天蔽日,导致许多当地居民出现呼吸系统疾病。"烟雾带"不仅出现在重灾区,也波及旧金山和萨克拉门托等城市,当地一些学校已经停课。截至美国加利福尼亚州时间 2017 年 10 月 19 日,火灾已造成至少 42 人死亡,约 10 万人疏散,逾 7000 栋房屋和商业建筑被烧毁,中国公民和留学生无伤亡,约 50 户华人住房被烧毁。

(三)"11·8" 加州森林火灾回顾

2018 年 11 月 8 日清晨,山火在美国加利福尼亚州北部比尤特县的天堂镇燃起。现场视频和图片显示,凶猛的火势甚至造成罕见的"火龙卷",大批居民驾车沿公路逃离,还有人被困在镇中等待救援。美国有线电视新闻网(CNN)报道称,大火蔓延的速度十分快,平均每分钟就能烧掉 80 个足球场。截至当地时间下午 4 时 30 分,火势已覆盖大约 69 平方千米的土地。

11 月 9 日,这个拥有 2.7 万居民的小镇已成为一片焦土。

11 月 11 日,美国加州山火致 23 人死亡,超过 20 万人紧急撤离,尚有数十人失踪。火势已覆盖超过 362 平方千米的土地,人们不得不逃离家园。大火逼近城外的高速公路,浓烟笼罩天空。目击者表示,民居、超市、学校、医院等都陷入"火海",情况骇人。美国白宫发布消息,美国总统唐纳德·特朗普宣布,由于森林火灾迅速蔓延,加利福尼亚州进入紧急状态。但他也指责加州的森林管理不善。特朗普表示,"加利福尼亚没有理由发生这种大规模的、致命的和损失惨重的森林大火,除非森林管理非常糟糕"。他要求当地政府及时补救，否则联邦政府会停止拨款。

11月12日，南加州再起大风，文图拉县新发现两处山火，最大的一处位于西米谷南侧，118州际公路附近。美国加州北部及南部山火持续，已造成最少25人死亡、110人失联。这是加州历来经济损失最大的山火，估计死亡人数将进一步上升。消防人员预计，此次山火可能需要3周时间才能受控。此外，火灾中有人趁火打劫，已被逮捕。

11月13日，美国加州持续遭遇野火肆虐，死亡人数上升至42人。州政府、保险公司和房屋屋主面临的灾难损失据估至少190亿美元。美国总统特朗普在社交网站“推特”上宣布，在加利福尼亚州实行重大自然灾害制度。

11月15日，美国有线电视新闻网称，加州北部大火造成的死亡人数上升至63人。另外，失踪人数跃增到至少600人。数千消防人员在南加与北加两地投入灭火行动，与此同时，搜救人员则在化为灰烬的车辆与房屋中寻找遇难者的下落。

11月17日，在北加州山火废墟中又发现5具尸体，死亡人数增至76人，失踪人数约有1300人。火灾引发的烟雾，导致附近空气质量下降，距野火3小时车程外的旧金山湾区，关闭了各学校和景点，并呼吁居民留在室内。

11月18日，美国加州宣布，加州大火已致77人遇难，另有993人处于失踪状态。然而当局强调，其中许多人可能是安全的，并且不知道他们被报告失踪。美国总统特朗普前往加州视察灾情。他表示，当务之急是妥善照顾那些受到严重伤害的人们。特朗普说，发生在加州的一切令人难过，希望这是最后一次，这是个耻辱。失踪的人比任何人想象的还要多。他还称，将花大量时间与消防员、急救人员和地方官员举行会议。

11月23日，在加州北部燃起的山火“坎普”造成至少84人死亡，共烧毁1.8万多栋建筑物，失踪人员名单上仍有600多人。美国加州官员23日称，在降雨的帮助下，延烧了15天的北加州“坎普”山火已经基本被扑灭。据报道，美国国家气象局预测，未来几天，在北加州低海拔地区的降雨，将使“坎普”山火在11月30日以前完全被扑灭。此外，山火延烧后遗症开始浮现，大批居民流离失所。

图16-1　火海中的加利福尼亚州

二、应急管理过程

（一）联邦层面

基于以往的研究，在美国应急管理体系中，联邦政府承担的角色是协调支持，即在各州和地方政府是应急第一响应和责任者的前提下，为受灾地区提供超出其应对能力范围的帮助。因此，在加州火灾发生后，依据《罗伯特·斯坦福灾害救济与应急支持法(1988)》等相关应急法律法规的规定，联邦应急管理署及时对加州上报的援助申请进行审核，直至总统特朗普发布重大灾害声明。随后，按照程序规定，联邦应急管理署迅速开展了相关灾害救助拨款计划的落实工作，如划拨了 1270 万美元用于洛杉矶、文图拉和比尤特县的灾后恢复，并部署 550 名联邦应急管理署员工协助地方官员开展灾害评估和救济金发放等工作。

此外，农业部林业局部署 659 名消防员、3 架直升机、86 辆消防车辆和 2 台推土机参与了森林火灾扑救。联邦应急管理署协调国防部，派遣军用飞机协助加州政府开展火灾灾情评估工作。环保部派出人员，帮助灾区开展灾后家庭危险废物收集工作。

（二）州层面

在州层面上，自 2018 年 11 月 8 日加州森林火灾发生之后，加州应急行动中心和上百名应急管理者、专门事件应对专家以及联邦和州各政府部门的代表，一道开展全天候的应急响应和灾后恢复工作，向受影响地区的后勤支持中心调拨大量物资，以支持救灾工作。

11 月 8 日，加州州长埃德蒙·布朗(以下简称布朗)发布州长令，明确指出简化救灾期间的行政程序，加快政府应急工作落实速度。

11 月 9 日，加州政府宣布洛杉矶、文图拉和比尤特县进入应急状态，并向联邦政府提交救援援助申请，随后，该申请在当日获得联邦批准。联邦政府立即启动灾害失业援助计划，为以上三个地区因火灾影响工作收入的企业员工提供财政补偿。

11 月 11 日，州长布朗向联邦政府提交加州重大灾害援助申请，并与州应急服务办、加州林业与消防部、加州公路巡逻队和加州国民警卫队等部门的负责人一道，在州应急行动中心了解火灾扑救的最新情况。同时，按照流程规定，州应急行动中心启动最高响应，各类应急力量全面投入使用，并协调联邦、州和地方的应急工作开展。

11 月 12 日，联邦政府批准加州的重大灾害援助申请，总统特朗普发布加州重大灾害声明，从联邦层面全面开展对加州野外火灾应对的救援支持工作。

11 月 14 日，州长布朗对比尤特县的灾害损失情况进行调查，与受到“营地”火灾影响的公众会面，并同联邦和州政府的官员在位于奇科的事件指挥所举行简报会。

加州林业与消防部动员并投入 8400 名消防员参与此次野外火灾的扑救工作，协调启用大量的州内外灭火资源和设备工具，包括 980 辆消防车、106 辆推土机、155 组徒手消防组、99 辆供水车、40 架直升机和大量的灭火飞机。

森林火灾发生后，加州应急服务办在辅助州长指挥，协调联邦和州内外应急力量方面做了大量的工作。同时，针对灾害发生后的住房、废物清理、志愿者组织、捐赠管理和公共服务等工作，州应急服务办成立多个专门的工作行动组，通过识别特殊需求来解决专业问题，极大地提高了专项工作开展的效率。另外，考虑到新闻媒体发布的受众范围，州应急服务办在各媒体平台上播放的信息均采用英语和西班牙语结合的方式，使受众能够无障碍获取和了解灾害应对的最新进展。

加州公路巡逻队参与重灾区的人员搜救、治安维持和快速应急通道的搭建维护工作。例如，参与比尤特县警署和天堂镇警察局的搜救和治安维持工作，向灾区公众提供援助；加强道路巡逻，协助清理道路；维持各指挥中心和避难场所的治安；确保重要应急物资运输快速通过等。

加州国民警卫队是加州应急服务办在重大灾害期间的重要支持伙伴。此次火灾应对期间，加州国民警卫队在奇科机场搭建了避难所，用于临时疏散公众的集结和工作部署。同时，加州国民警卫队部署 930 名人员、13 架飞机（包括直升机和固定翼飞机）和 115 辆车辆，参与火灾扑救等相关工作。

加州紧急医疗服务局(EMSA)从其下属的加州医疗救助队中抽调 31 名工作人员，为灾区避难所公众提供紧急医疗服务。加州公共卫生部(CDPH)向灾区发放 100 万个 N95 口罩，并派出工作组，在灾区避难所开展疾病免疫疫苗接种宣传及灾后疾病防范工作，如加强避难所对防范“诺如”病毒感染的指导。

加州空气资源委员会(CARB)向灾区部署了多个便携式空气监测器和空气质量监测传感器，以监测灾区的空气质量变化情况。

三、事件分析

（一）自然原因

加州位于美国西南部、太平洋东海岸，海岸线总长 2030 千米。这个州表面上看是北美大陆上的一个大陆板块，但它的地理形势可以和中国的福建或是广东相提并论——由于四周地理条件的阻隔，和中东部美国主流世界界限清晰。加州北缘，是和俄勒冈州交界处的密林和丘陵;东侧是密实的内华达山脉,和内华达州相隔;东南部则是莫哈维沙漠,和亚利桑那相隔。纵使其州界是人工划定的直线勾勒而成,这个州也如同巧合一般地被一众自然地形所框定,有一定的合理性。但在这种自然分割的地理条件中,也隐藏着山火的危险种子。加州的自然地形分割非常明显,而且和人工划定的州界有谜之同步。翻越东部的内华达山脉进入内华达州境内,就是美国西部著名的地形大盆地。这个盆地孕育着大量北美特有的生物物种,也保留着一些印第安人部落。盆地和内华达山脉之间的平均海拔落差在1000米以上,这为气流的变化提供可能性。内华达山脉是阻挡气流的。由于盆地在白天吸收阳光温度上升快,聚集在盆地内的空气就会因加热而上升到山脉附近,造成盆地上空同海拔水平上的空气密度较高。这些空气于是在气压差的作用下,向西面沿海的低气压带移动。由于气流在吹向沿海地区时要经过一些山坳口,被挤压得流速上升,这种风的风速最高能达到60千米/小时,助推火势迅速蔓延。根据当地消防部门的介绍,只需要一分钟,一团野火就能烧成一个足球场那么大,防火设施根本来不及布置。内华达吹来的风助推火势,一路向西向南。更糟糕的是,这股气流在向南的过程中,会经过莫哈维沙漠。沙漠上空的空气成分可想而知,让风温度上升的同时,相对湿度下降,很快就变成极为干燥的空气。等到达洛杉矶附近时,这股气流已经变成又干又剧烈的大风,这种干热风被称为"圣塔安娜风"。北加州也有风,成因和圣安娜风几乎相同,只是方向和成分不太一样。这种被称为"大恶魔风"的气流,在向北加州湾区进发的途中,不会经过沙漠地形,但是会翻越两次山脉——第一次是从大盆地翻越山脉抵达中央谷地,第二次是从谷地翻越山脉抵达湾区。这两次翻越高山的过程会对空气产生一些热力学作用,使之温度升高、湿度下降,和经过沙漠起到的效果是类似的。这两股气流是助推每年加州山火连绵不绝的重要因素。所谓"风助火势,火借风威",两者互相增强,最终酿成大祸。

同时,在盛行地中海气候的加州,冬天是主要的雨季,高降水量让蛰伏在当地森林中的植物复苏,大批量地疯长,以至于出现很多往年不曾有过的绿色区域。但超高降水量的冬天过去之后,加州迎来旱夏。突如其来的干旱一下子杀死了在冬天自由生长的植物,让这些原本郁郁葱葱的植被变成死亡的枯枝败叶。过于干旱的夏季又蒸干叶子里的水分,让它们变成最好的燃料,只需要一个火星就能形成燎原之势。

(二)人为原因

2019年5月15日,美国加州森林防火厅表示,2018年11月发生在加州北部夺走85条人命的致命野火,是输电线造成的。

此前,太平洋瓦斯电力公司(Pacific Gas and Electric Company)已经承认,大火可能是其设备造成的,加州森林防火厅已确认。

加州森林防火厅经过"极其严谨与彻底的"调查表示,植被非常干燥,加上强风、高温、湿度低都助长了火势,造成"极快速的蔓延速度"。

据报道,第 2 个起火点也是太平洋瓦斯电力公司的输电线造成的。不过,森林防火厅的完整报告不会公开,而会上呈给标特郡(Butte County)检方,检方将判定是否展开司法程序。太平洋瓦斯电力公司可能因此遭到起诉。

许多失去家园和公司的民众、保险公司与公民组织,指控太平洋瓦斯电力公司长期疏于管理设备,已经提出上诉。

据悉,太平洋瓦斯电力公司在 2019 年 1 月已经申请破产。

四、总结与启示

美国加州“11・8”野外火灾给美国社会造成严重的损害,尽管国内外媒体对美国政府此次应对处置表现褒贬不一,但基于美国联邦制度特点,并通过对历年加州野外火灾发展趋势和野外火灾消防工作开展情况的分析,我们发现,美国政府在野外火灾应对方面还是具有一定优势特点的,总结如下。

1.野外火灾消防应急立法较为完善

从对野外火灾消防应急责任体系的分析可以看出,美国负责野外火灾消防应急的政府部门数量较多。并且健全的法律体系,能够确保野外火灾消防应急责任落实无任何死角。首先,联邦、州和地方以立法的形式,明确各级政府和各政府部门承担野外火灾消防应急工作的职责,初步建立美国境内野外火灾消防应急的责任体系。其次,通过相关法律的完善,进一步明确了不同层级政府部门参与野外火灾消防应急的流程和具体工作。例如各责任部门是野外火灾消防应急的第一响应者;州政府宣布本州进入应急状态后,受灾地区的政府部门和公众应快速疏散撤离灾区。最后,互助协议的签署,能够在更大范围内获得野外火灾消防应急增援。例如,此次火灾中,加州共得到外来的 28 架直升飞机增援。

2.野外火灾应急扑救的组织协调较为健全流畅

从“11・8”野外火灾应急扑救组织协调过程可以看出,在加州层面上,火灾发生后的第二天,加州州长就宣布灾区进入应急状态,启动州应急响应预案,由州长和州应急办统一指挥协调联邦、州和地方层面的应急力量,依据火灾扑救与应急管理需求,将相关部门和工作组部署到关键的地区和岗位上去,有针对性地开展疏散撤离、灾后安置、废物清理、志愿者组织、捐赠管理和公共服务等工作,同时由加州林业与消防部组织开展对重点火情地区的扑救工作。在地方层面上,由地方消防局和警察局就地成立指挥中心,负责组织对规模较小火灾的扑救工作,既减轻州层面组织协调的压力,也能够结合本地实际情况开展针对性的灭火和疏散撤离工作。

3.野外火灾扑救力量较为强大

从历史数据的分析可以看出，在加州野外火灾扑救方面，州和地方政府扮演了重要的角色，能够及时扑救大部分的野外火灾险情。例如，从历年数据分析中我们发现，加州政府的野外火灾扑救能力在逐步上升，逐渐承担起本州野外火灾扑救的主要责任。从本次火灾扑救的力量组成上也可以看出，大部分的消防员和设备设施均来自加州本州。从参与火灾扑救的消防人员来看，80％的消防员均为加州本地消防员；从野外火灾扑救的设备设施来看，各类设备设施中，加州本地的占比也接近 40％。

在全球气候变暖和特异性天气增多的情况下，世界各国森林火灾呈现出爆发性增长态势。我国也是森林火灾的高发国家，认真分析和汲取美国加州山火教训，对于提升我国森林消防应急救援能力十分重要。在分析总结的基础上，我们提出以下启示借鉴。

1.自然灾害形成机理研究

简单来说，美国加州的大火与加州地理、气候环境有关系。加州西临大海，东靠落基山脉，长期形成的季候风是从东部山地向西部沿海方向吹拂，而且风比较干燥，风速达到 60 千米/小时，加上加州阳光好、干燥少雨，导致一旦有零星火灾，就会迅速火烧连营。这个机理其实美国、加州早已掌握，11 月 7 日，美国国家气象局发布圣塔安娜—SANTA ANA 强风预警和丛林火灾红色预警，称本周末前，洛杉矶县及周边橙县、圣伯纳迪诺县、里弗赛德县、文图拉县等地区将遭遇强风，风速可达 20～30 英里/小时，最强阵风可达 65 英里/小时，风力强劲，非常干燥，会引起或加剧丛林火灾灾情。1 天后，大火就开始肆虐加州。

而我国对于自然灾害的机理研究相对较弱，全国性的分析可能有一些，但是区域的分析和研究微乎其微。比如，在广东地区，台风、暴雨、雷电等极端灾害全年都可能有，森林火灾在冬季也屡见不鲜，如果我们能够应用大数据等技术对这些灾害进行分析，我们就会发现其形成的机理。“知己知彼，百战不殆”，我们要加强对应急管理业务的技术支撑体系建设，分析各类灾害的形成机理，抓住其规律，根据特点进行预防，迅速补上这一短板。

2.应急救援体系建设

发生火灾后，加州消防救援人员迅速逆向而行，据媒体报道总共只有 2000 多人，后来还上去一支囚犯队伍。火灾没有得到全国其他州或者加州其他地区的更多支援。这与美国的管理体系有关，美联邦各州政府对本州事务负责管理，却无法调动相关资源，联邦政府也只是给予财政拨款，为了这个拨款特朗普还和加州官员打起口水仗。

应急救援体系非常重要，美国的应急管理体系虽然比较完善，但是也暴露出一个致命的问题，就是没有形成一张足够强大的应急处置网。美国建立的消防体系，只是依靠消防体系去开展应急救援，这支力量再强大，面对加州大火也束手无策。类似的情况在美国对卡特丽娜飓风等处置中也出现过。我们讲强链接和弱链接，强链接打造坚强核心，比如消防体系；弱链接却是形成一张巨大的网络，关键时候能够发挥大家力量。所以我们的应急救援体系，一定要把政府各部门、军队、民兵、第三方机构、社会资源、社区群众链接起来，坚持平战结合，关键时能够发挥作用。

3.风险评估与控制

加州8—10月已经发生过很多大大小小的野火，应该说这已经是一种非常明显的风险和事实的灾害。是什么原因导致星星之火燎原呢？可以认为，主要是风险控制的手段或者机制出了问题。加州森林密度较高，出现小火灾后，能够使用的手段不多或者处置效率比较低。另外，美国是资本主义国家，很多森林是私有的，加上所谓"民主"决策效率不高，导致小火灾没有得到控制，最后被干燥强风加持，造成无法挽回的悲剧。

为了防范森林火灾，美国加州要求居民房屋与森林树木的距离，每个方向都不少于30.5米。这是风险控制标准，但是，这个标准对于本次火灾的防范明显不够。再看我国，风险评估水平也不高，我们对不同灾害的评估手段有限，比如对森林火灾，我们缺乏自动监测系统，无法对深山老林里面的树木干燥情况进行监测，对于其风险无法评估。在城市里，对于屡屡发生的地陷，我们的监测也跟不上。还有，我们对台风等极端灾害天气可能带来的风险评估也是粗放型的。对于森林初期火灾，我们如果能够及时有技术进行处置，可能就不会火烧连营。

4.安全立法

在加州大火的各种分析中，我们提到过一个问题，就是关于火灾隔离带的问题。当地的环保人士对于在森林中开设火灾隔离带是坚决反对的，导致森林大火一旦发生后就连绵不绝。另外，在森林里的豪宅、别墅很多，这些别墅、房屋已经从城市延伸到林区，是否符合安全要求？还有，据说加州是没有对森林火灾管理的法律要求的，导致森林里可以野炊，搞篝火晚会，这可能也是火灾点如此之多的一个原因。

现在，我们的安全法律法规都是之前的部门立法所赐，部门职责界定清晰，但是各个部门放在一起就会发现各自为政，存在职能的交叉重叠和盲区。另外，我们的安全法律法规标准还是比较粗放的，对于社会的规范也大打折扣。在应急管理部门成立后，应该着手制定统一的公共安全立法和应急处置法，并配有一系列的实施细则。

5.社会动员

从这次美国加州火灾看出来，社会动员还是存在差距的，很多人是烧死在汽车里，加上上千人失踪，说明火灾之前的社会动员和应急逃生的互救机制没有发挥出来。理论上来说，在加州富人区生活的都是素质较高的群体，但是，火灾发生后，居民对火灾的预警和自身的防范、自救都存在问题。这说明日常的安全教育、社会动员是和有钱没有关系的，还是存在"最后一公里"的问题。

中国的安全也还未到达"最后一公里"，包括企业员工、居民在内的群众安全意识薄弱、安全知识缺乏、安全技能不足，社区缺乏自救互救机制。到了危急时刻，各类因素叠加，容易产生伤亡事故。在乡镇街、村社区开展安全社区建设是一个非常好的载体，可以通过安全社区建设，建立跨部门合作组织，将居民纳入安全互救自救的“朋友圈”，实现共同安全。

思考题

1.什么是森林火灾？森林火灾的种类有哪些？

2.森林火灾产生的必备条件有哪些？其危害性主要表现在哪些方面？

3.山火如何防范？面对山火有哪些应急管理措施？

森林防火安全小知识

一、森林防火安全知识

森林火灾是森林最危险的敌人，也是林业最可怕的灾害，它会给森林带来最有害、最具有毁灭性的后果。森林火灾不但烧毁成片的森林，伤害林内的动物，而且还降低森林的繁殖能力，引起土壤的贫瘠并破坏森林涵养水源，甚至会导致生态环境失去平衡。

1.什么是森林火灾

森林火灾，广义上讲：凡是失去人为控制，在林地内自由蔓延和扩展，对森林、森林生态系统和人类带来一定危害和损失的林火行为都称为森林火灾。狭义上讲：森林火灾是一种突发性强、破坏性大、处置救助较为困难的自然灾害。

2.森林火灾的种类

(1)按照对林木是否造成损失及过火面积的大小，可把森林火灾分为：

①一般森林火灾：受害森林面积在 1 公顷以下或者其他林地起火的，或者死亡 1 人以上 3 人以下的，或者重伤 1 人以上 10 人以下的；

②较大森林火灾：受害森林面积在 1 公顷以上 100 公顷以下的，或者死亡 3 人以上 10 人以下的，或者重伤 10 人以上 50 人以下的；

③重大森林火灾：受害森林面积在 100 公顷以上 1000 公顷以下的，或者死亡 10 人以上 30 人以下的，或者重伤 50 人以上 100 人以下的；

④特别重大森林火灾：受害森林面积在 1000 公顷以上的，或者死亡 30 人以上的，或者重伤 100 人以上的。

(2)根据森林火灾燃烧部位、性质和危害程度，可将森林火灾分为：

①地表火：最常见的一种林火，指火从地表面地被物以及近地面根系、幼树、树干下皮层开始燃烧，并沿地表面蔓延的火灾。

②树冠火：是指地表火遇到强风或遇到针叶幼树群、枯立木或低垂树枝，烧至树冠，并沿树冠顺风扩展。

③地下火：地下火一般容易发生在干旱季节的针叶林内，火在林内根系、土壤表层有机质及泥炭层燃烧，蔓延速度慢，温度高，持续时间长，破坏力极强，经过地下火的乔木、灌木的根部被烧坏，大量树木枯倒。

3. 发生森林火灾必须具备三个条件

(1)可燃物(包括树木、草灌等植物)是发生森林火灾的物质基础

林中所有的有机物质，如乔木、灌木、草类、苔藓、地衣、枯枝落叶、腐殖质和泥炭等都是可燃物。其中，有焰燃烧可燃物又称明火，能挥发可燃性气体产生火焰，占森林可燃物总量的85%～90%。其特点是蔓延速度快，燃烧面积大，消耗自身的热量仅占全部热量的2%～8%。无焰燃烧可燃物又称暗火，不能分解足够可燃性气体，没有火焰，如泥炭、朽木等，占森林可燃物总量的6%～10%。其特点是蔓延速度慢，持续时间长，消耗自身的热量多，如泥炭可消耗其全部热量的50%，在较湿的情况下仍可继续燃烧。

(2)火源是发生森林火灾的主导因素

火源同森林可燃物的燃点温度各异。干枯杂草燃点为150～200℃，木材为250～300℃，要达到此温度需有外来火源。火源按性质可分为：①自然火源。有雷击火、火山爆发和陨石降落起火等，其中最多的是雷击火，中国黑龙江大兴安岭、内蒙古呼盟和新疆阿尔泰等地区最常见。②人为火源。绝大多数森林火灾都是人为用火不慎而引起的，约占总火源的95%以上。人为火源又可分为生产性火源(如烧垦、烧荒、烧木炭、机车喷漏火、开山崩石、放牧、狩猎和烧防火线等)和非生产性火源(如野外做饭、取暖、用火驱蚊驱兽、吸烟、小孩玩火和坏人放火等)。

(3)氧气(助燃物)

1千克木材要消耗3.2～4.0立方米空气(纯氧0.6～0.8立方米)，因此，森林燃烧必须有足够的氧气才能进行。通常情况下空气中的氧气约占21%。当氧气在空气中的含量减少到14%～18%时，燃烧就会停止。

4. 森林火灾产生原因

(1)自然火源

自然火源主要有雷击火、越冬火、火山爆发等。在我国某些地区引起森林火灾的自然火源主要是雷击火，但极少发生。

(2)人为火源

人为火源分为生产性火源和非生产性火源两种。生产性火源包括开荒烧杂、烧灰积肥、炼山造林、烧田埂草、烧窑、烧隔离带、采石放炮、火车甩瓦等。非生产性火源包括野外吸烟、取暖做饭、上坟烧香烧纸、烧山驱兽、小孩或弱智人员玩火、故意纵火等。在我国某些地区引起森林火灾的主要火源是人为火源，占引

起森林火灾总数的 99%以上。其中生产性火源占 72.2%，非生产性火源占 27.8%。生产性火源以烧田埂草、开荒烧杂、烧灰积肥、炼山造林等为主；非生产性火源以野外吸烟、取暖做饭、上坟烧香烧纸等为主。在引起森林火灾的 24 种火源种类中，烧田埂草最为突出，占年度森林火灾发生总次数的 20.4%；其次是开荒烧杂和野外吸烟，分别占 10.7%和 9.4%，烧灰积肥和炼山造林，分别占 7.5%和 6.7%。

5. 森林火灾有哪些危险和后果?

(1)森林火灾不仅会烧死许多树木，降低林分密度，破坏森林结构，同时还引起树种演替，由低价值的树种、灌丛、杂草更替，降低森林利用价值。

(2)由于森林烧毁，造成林地裸露，失去森林涵养水源和保持水土的作用，将引起水涝、干旱、泥石流、滑坡、风沙等其他自然灾害发生。

(3)被火烧伤的林木，生长衰退，为森林病虫害的大量衍生提供了有利环境，加速了林木的死亡。森林火灾后，促使森林环境发生急剧变化，使天气、水域和土壤等森林生态受到干扰，失去平衡，往往需要几十年或上百年才能得到恢复。

(4)森林火灾能烧毁林区各种生产设施和建筑物，威胁森林附近的村镇，危及林区人民生命财产的安全，同时森林火灾能烧死并驱走珍贵的禽兽。森林火灾发生时还会产生大量烟雾，污染空气环境。此外，扑救森林火灾要消耗大量的人力、物力和财力，影响工农业生产。有时还造成人身伤亡，影响社会安定。

二、森林火灾如何预防

1.防火宣传

(1)防火专业队集中后，进行森林防火宣传游行活动，参加游行车辆粘贴防火宣传标语，扑火队员身穿扑火服。

(2)自进入防火期后，林区单位要把职工的自身防火教育摆上当前重要日程，每天利用班前 5 分钟，向职工传达防火会议文件精神，认真学习防火知识，使职工自身的防火意识得到进一步提高。

(3)插挂防火红旗，刷新、制作标语牌，在指定地段悬挂过街横幅，开设防火宣传一条街。

(4)防火期期间计划发放防火宣传单、宣传海报，发挥检查站作用，使“五个一律”“防火公约”等内容通过检查站、宣传车、防火小分队宣传到各家各户和入山人员中，使防火宣传达到家喻户晓、人人皆知。同时利用广播、电视、报纸等媒体大力宣传《森林防火条例》及《森林火源管理办法》等各项法律制度及有关依法治火案例。

2.火源管理

(1)防火期进入林区的人员必须办理入山通行证,车辆必须配备防火装置,否则一律不准入山。

(2)易发地段及重点火险区域派专人巡护,必要时死看死守。防火期禁止上坟烧纸、随意弄火,对野外吸烟者执行"四个一律"。

(3)各野外作业点必须挂防火警示旗,签订防火合同,交防火保证金,实行"一盒火"专人保管制度。

(4)防火期禁止野外用火,对烧防火线、烧秸秆等必须用火,要经县以上防火指挥部审批,严格按"六烧、六不烧"原则进行。

3.保障森林防火装备以及实施分期分区精准管控

森林防火装备主要有风力灭火机、油锯、灭火水枪、扑火工具、高压细水雾灭火机、灭火弹,特别是高危地区的水源储存设施如森林防火储水箱等。森林防火期内,高危区、高风险区,各地主要负责人定期深入现场检查指导。

4.落实防灭火责任

森林防火期内,各级森林防灭火指挥机构和责任单位执行24小时值班和领导带班制度,各类扑救队伍做好扑火准备。一旦出现火情,第一时间采取措施疏散转移受威胁群众和保护重要设施的安全,按规定启动应急预案响应,在具备条件和扑火人员安全有保障的前提下,立即采取安全有效的措施有序组织开展扑救,控制火情,防止蔓延,减少损失。

第 17 章

台铁“太鲁阁号”列车出轨事故

【导读】列车的普及，给人们的出行带来巨大的便利，但同时铁路安全事故隐患也对人们的安全出行造成威胁。保证乘客安全抵达是铁路安全运输的基本任务，但由于天灾人祸等种种原因，导致列车行驶过程中发生突发事故，危及人们的生命安全。2021 年 4 月 2 日上午 9 时许，台铁 408 次太鲁阁号列车行至花莲大清水隧道时，撞击滚落至铁轨的工程车后脱轨，造成 49 人死亡，218 人受伤。40 多年以来，台铁发生多起重大伤亡事故，此次太鲁阁号出轨事故最为严重，引起社会广泛热议。

一、事件回放

太鲁阁号为台湾铁路管理局首次引进的倾斜式列车，以日本 JR 九州 885 系电车为基础。最高设计速度 150 千米/小时、营运速度 130 千米/小时，单组 4 辆。2021 年 4 月 2 日上午，太鲁阁号 408 次列车自新北市树林站驶往台东车站，沿途经过板桥、台北、松山、花莲、玉里。正值清明连假的第一天，人流量较大，列车共 8 节车厢，载有乘客 492 人，员工 4 名，其中站位人数 120 人[①]。

2021 年 4 月 2 日上午 9 时许，李义祥驾驶的工程车在上坡转弯时卡在树丛中，试图用挖掘机拖拽工程车脱困，拖拽过程中，用来连接工程车和挖掘机的吊带断裂，导致工程车翻滚落到铁轨上。

4 月 2 日 9 时 28 分，太鲁阁号在行驶至大清水隧道时，发现滚落至铁轨上的工程车，但由于列车几乎以全速前进，列车司机来不及刹车，最终撞上工程车，造成重大伤亡，多人被困。

---

① 北京日报.太鲁阁号是个怎样的列车，台湾铁路状况如何？[EB/OL]，(2021-4-2)[2021-5-13]，https://www.sohu.com/na/458709586_163278.

4月2日9时35分，花莲消防119受理报案。9时58分，花莲消防局出动12车35人，抵达现场检伤。10时20分，花莲消防局称初步目视多人无生命征象，第1至3节车厢已疏散约60人，第4至5节车厢变形严重，需要破坏器材支持[①]。11时09分，台当局交通部门负责人林佳龙指示台铁局代理局长祁文中成立前进指挥所，赶往事故现场指挥救援工作。12时02分，花莲消防局称，至少35人无生命迹象，受困72人。国台办高度关切，向伤亡人员哀悼慰问。

4月2日15时38分，疑涉肇事厂商负责人李义祥被花莲警方带回侦讯。

4月2日19时，台铁宣称，初步查明事故原因是边坡安全防护工程施工厂商东新营造公司工地主任约9时驾驶货车巡视工地，将货车停在工务所前，疑似货车因手刹未拉紧，溜至铁轨，并于2日上午9时28分遭408次“太鲁阁号”列车撞击。

4月3日，2日晚间二次搜索后无人被困，救援工作暂告结束。大型吊车于清晨抵达现场，将轨道上的列车吊离，进行抢通作业。车厢受损严重，抢修非常困难，需要一节一节处理。上午9时45分，第1、2车厢被拖离现场，开始进行车厢下方轨道修复工作。20时，轨道修复完毕及检察官允许后，进行第3车厢拖离。

4月3日15时，肇事当事人义祥工业社负责人李义祥在下午3时许离开花莲地方法院。花莲地方法院开庭，认定他无勾串可能，加上犯罪证据湮灭可能性低，裁定50万元交保，限制居住、出境出海8个月。

4月3日，台湾铁路管理局在官网上设立“台铁408次太鲁阁号事故”专区，公布死伤者名单、现场行李名录及照片、相关单位会议记录、赔偿方案、事故处理简报等信息，并进行滚动更新[②]。

4月4日2时，台铁通过“抚扬法”，将3号车厢拖出隧道。

4月5日晚7时，第6、第7、第8节车厢仍卡在隧道内尚未移出。台当局交通事务主管部门预计3个工作日内能将所有车厢移出隧道。

4月6日凌晨，第6节车厢由于变形严重，拖吊作业困难，一度花费三小时而车厢只移动5米，直到6日凌晨才将车厢成功拖出隧道，而第7、第8节车厢由于率先受到撞击，损毁极其严重，仍卡在隧道内。

4月6日13时，台湾运输安全委员会取得太鲁阁号车头监视器和行车记录器，完成初步报告召开新闻发布会对外公布视频。当时该工程车滑落于大清水隧道口，以20度角度横躺在轨道。太鲁阁号刚出和仁隧道，距工程车约250米，列车速度为125千米/小时，司机袁淳修看到工程车反应时间仅约7秒，系统显示司机已全力启动制动4秒，司机责任几可确认排除。根据太鲁阁号TCMS(列车控制与管理系统)记录，至少

---

① 澎湃新闻.台铁太鲁阁号出轨，脱困民众惊呼“整个火车已经报销”[EB/OL]，(2021-4-2)[2021-4-2]，https://new.qq.com/omn/20210402/20210402A093HL00.html.

② 央视网.台铁“太鲁阁号”出轨事故追踪：台铁公布赔偿方案，列车行车记录器已找到[EB/OL]，(2021-4-4)[2021-5-15]，https://news.youth.cn/jsxw/202104/t20210404_12829441.htm.

记录停止前 3 秒 09:28:44 的状况，制动闸为“紧急制动段位”，显示司机正在执行紧急制动。其中 09:28:44 车速为 126 千米/小时，最后记录停止时车速为 121 千米/小时①。

4 月 11 日，事故遗骸 DNA 比对结束，确认罹难者 49 人，包括驾驶员和助理驾驶员各一名。因为有些残肢腐败情形太过严重，加上太小块，很有可能被现场环境污染，采检 DNA 比较困难，因此检验花费时间较长。经过工作人员的加紧检验，事故现场发现的遗骸、组织都于 10 日完成 DNA 比对，确定只有 49 名罹难者。而之前假定的第 50 位罹难者，应是其他死伤者的肢体部位。

4 月 15 日，台当局交通主管部门负责人林佳龙因太鲁阁号列车事故请辞，15 日获当局批准，生效日期为 4 月 20 日②。

4 月 16 日，花莲地检署召开记者会，宣布太鲁阁号脱轨案件侦查终结，工地负责人、工程车司机李义祥被依过失致死，以及过失毁损铁轨、肇事逃逸等罪被起诉，越南籍移工华文好则以过失致死罪被起诉③。

4 月 19 日，经过 17 天夜以继日的抢修工作，太鲁阁号事故路段恢复通车，意味着善后工作告一段落④。

二、应急管理过程

针对台铁太鲁阁号列车在花莲发生出轨意外，台湾当局表示：一、各相关单位全力投入救援任务；二、“卫福部”启动大量伤病患者紧急医疗救护机制；三、交通主管部门及台铁积极组织后续交通调度；四、运安会严格进行事故调查，务必完整厘清事故原因⑤。

（一）疏散人员，掌握灾情

花莲消防收到消息后，立刻赶往现场，紧急疏散位于尾部车厢的乘客，不少意识清

---

① 央视网.“太鲁阁号”司机 4 秒内做出刹车反应，工程车司机说谎疑点仍待查[EB/OL]，(2018-4-6)[2021-5-15]，https://news.youth.cn/jsxw/202104/t20210406_12833299.htm.

② 环球网.“太鲁阁号”列车出轨事故致 49 死，台湾交通部门负责人林佳龙为列车出轨事故请辞，苏贞昌批准[EB/OL]，(2018-4-15)[2021-5-15]，https://taiwan.huanqiu.com/article/42jHWDL6c8n.

③ 央视网.台铁“太鲁阁号”列车脱轨事故侦结，工程车司机被依过失致死罪起诉[EB/OL]，(2021-4-17)[2021-5-24]，https://news.sina.cn/gn/2021-04-17/detail-ikmxzfmk7359338.d.html.

④ 华夏经纬网.太鲁阁号事故路段通车过程平稳，林佳龙叹：如释重负[EB/OL]，(2021-4-19)[2021-5-24]，http://last.huaxia.com/xw/twxw/2021/04/6671533.html.

⑤ 人民资讯.台铁太鲁阁号出轨事故正在侦办中，已传讯逾 10 人[EB/OL]，(2021-4-6)[2021-5-24]，https://baijiahao.baidu.com/s? id=1696272813825774806&wfr=spider&for=pc.

楚的乘客自车门缝隙自行逃生，部分被困于隧道内车厢的乘客，攀爬至车顶，离开隧道区域后通过梯子回到地面。花莲消防局探查，列车共 8 节车厢，乘客约 350 人，1 至 4 车厢疏散乘客 80 至 100 人，初步目视多人无生命征象。

据现场情况来看，台铁太鲁阁号 408 次列车在 4 月 2 日上午行至花莲县大清水隧道时，撞上滑落至铁轨的工程车，列车擦撞隧道壁，造成第 2、3 节车厢脱轨，第 3 至 8 节车厢撞入隧道，其中第 4、第 5 节车厢变形严重，且车头第 8 节车厢伤亡最为严重。经警消单位步行进入隧道初步评估后，第 5 至 8 节车厢破损及挤压情况严重，加之隧道内空间狭小，部分地方只能一人进入，而且越往车头方向行进，车厢受损越严重，需使用破坏器材拆解车厢后才能进入内部救援。

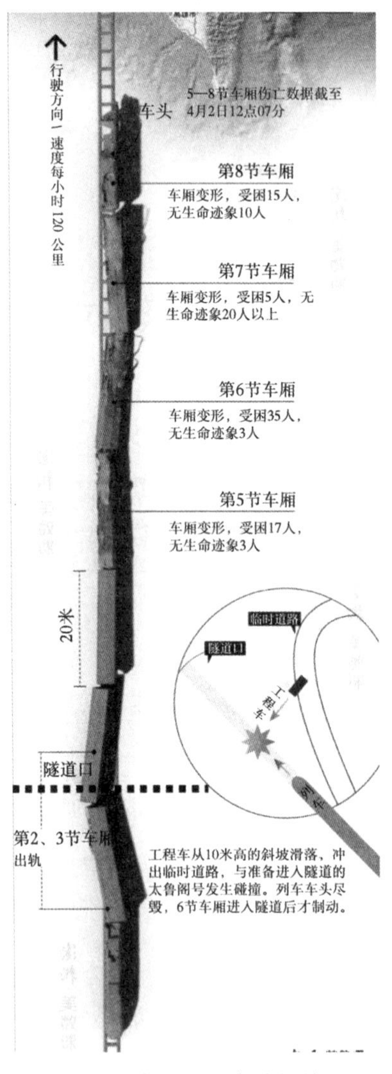

图 2　太鲁阁号列车撞损情况

资料来源：澎湃新闻

（二）集中力量，全力救援

事故发生后，台湾铁路局于台北车站成立一级应变中心，交通部门负责人指示台铁代理局长于大清水隧道北口成立前进指挥所，赶往现场指挥救援工作。台北、新北、基隆、宜兰、桃园、花莲以及台东各地消防局均派出人员，共动员 68 车次、179 人、33 辆救护车，另也派出 3 辆战术轮车与 1 辆照明尾车以供夜间救援使用。

新北市消防局一共派遣 15 分队共计 66 人前往现场，花莲县消防局出动 12 车 35 人，经现场前进指挥所分派任务，新北市快搜部队与花莲消防局共同负责灾情最严重的第 7、8 节车厢进行搜救。宜兰县消防局负责第 5、6 节车厢救援受困民众，与搬移罹难者遗体。新北市消防特搜大队到场后，派出搜救犬“贝塔”“阿妹”“浩克”进入隧道内，确认所负责的第 5、6、7、8 节车厢内是否还有生存乘客。经过 4 月 2 日一整天的搜救工作，暂无人员被困，事故救援工作告一段落，支持的各县市人力任务结束归建，留下消防署特搜及花莲特搜协助运安会处理现场。

（三）运送伤者，确认身份

4 月 2 日事发时，正值清明假期，车流量较大，且事发地点距离市区有一段距离，运送伤者抵达医院救治耗费时间较长，台交通主管部门紧急启动“东部紧急疏运措施”，加紧运送受伤人员。此外，事发地点位于山坡下方，交通不便，救援车辆难以抵达，汽车无法在火车线路上通行，救援人员必须从很高的公路上慢慢下到现场，才可以展开救援工作。因此，利用仍在运作的铁路进行救援，将患者运送到花莲站，再由花莲站运送到各家医院，以此提升救援速度。新北市与花莲县共启动 20 多辆救护车进行救护，花莲也启动收容大量伤患救护机制，分别将伤患送到门诺等医院救治。

同时，救援人员收殓遇难者遗体，并使用台铁的柴油动车组运送遗体离开事故现场。死者遗体被运送到花莲殡仪馆，检方也同步进行相关遗体辨认工作。由于送往殡仪馆的遗体大多数为不完整的尸块，相关部门立即成立“0402 紧急协调中心”，协调宜兰、台东、台北、新北等地检署派出法医前来协助，通过 DNA 对死者身份进行辨认①。

（四）抚恤慰问，救济赔偿

4 月 3 日，台湾铁路管理局在官网上设立“台铁 408 次太鲁阁号事故”专区，公布死

---

① 北京日报.台铁出轨事故最后遗体移出现场[EB/OL]，(2021-4-6)[2021-9-24]，https://www.360kuai.com/pc/96526b80a6783f202? cota=3&kuai_so=1&tj_url=so_vip&sign=360_57c3bbd1&refer_scene=so_1.

伤者名单、现场行李名录及照片、相关单位会议记录、赔偿方案、事故处理简报等信息，并进行滚动更新。

台铁派遣人员逐一慰问伤者及死亡者家属，死亡慰问金为 10 万元新台币，受伤慰问金为 5000 元新台币。另外，根据台湾铁路机构行车及其他事故损害赔偿，死亡赔偿金为 250 万元新台币、特别济助金为 280 万元新台币；重伤者赔偿 140 万元新台币、特别济助金 100 万元新台币；轻伤赔偿 40 万元新台币、特别济助金 20 万元新台币。也就是说，每位遇难者的死亡赔偿金额共计 540 万元新台币，约合人民币 124 万元。

（五）事故调查，厘清缘由

由台湾运输安全委员会对此次太鲁阁号列车出轨事故进行调查，厘清事发原因。事故发生后，疑涉嫌肇事厂商负责人李义祥被警方带回侦讯。初步调查结果显示，义祥工业社负责人李义祥工程车停放不慎，车子因故溜逸滑落，与通过的太鲁阁号 408 次列车相撞，发生严重的出轨事故。

4 月 3 日，台湾运输安全委员会表示，已找到第 8 车 ATP 列车自动防护系统、车头的监视器，及司机员的通联记录等，目前正在破解。台湾运输安全委员会 5 日表示，通过列车行车记录仪的影像发现，408 次列车通过大清水隧道前，工程车已横躺在轨道上，而该列车自动防护系统记录显示，司机在 4 秒内做出了鸣笛、刹车等举措，但由于从前一个和仁隧道南口到清水隧道口仅 250 米的距离，当时列车时速 130 千米，距离太短已无法制止灾祸的发生。此外，台湾检方 5 日宣称，已有相关证据，确定现场至少有 2 人以上。至于李义祥为何说谎，以及工程车为何会滑落至轨道等疑点仍需进一步查清①。

4 月 10 日，已经还原涉事工程车内的第二张行车记录仪芯片，内容录下了事发前一分钟李义祥与外籍劳工的关键对话。对话显示，4 月 2 日上午 9 时许，李义祥驾驶的工程车在上坡转弯时卡在树丛中，试图用挖掘机拖拽工程车脱困，拖拽过程中，用来连接工程车和挖掘机的吊带断裂，导致工程车翻滚落到铁轨上，造成太鲁阁号撞上工程车后脱轨。台湾花莲地方检察署 16 日宣布，侦结台铁太鲁阁号事故案，对涉案工程车负责人李义祥依过失致死、肇事逃逸等罪起诉；对越南籍移工华文好，依过失致死罪起诉。

---

① 中国青年网.台铁出轨事故致 48 死 198 伤，仍有 7 大疑点待厘清[EB/OL]，(2021-4-4)[2021-11-24]，https://www.360kuai.com/pc/91bf2205fe41c2023?cota=3&kuai_so=1&tj_url=so_vip&sign=360_57c3bbd1&refer_scene=so_1.

三、事件分析与研究

1.安全防护体系不完善

根据《高速铁路安全防护设计规范》，隧道洞口属于重点监视及安全防治处所，应该部署区间视频监控，并且具备昼夜监视功能；告警信息及视频应存储不少于 30 天；并为调度、客运、公安、设备等部门配置视频终端，建立完善的视频监测、异物侵陷监测以及周界入侵监测系统。然而，在隧道口这种重点位置，台湾铁路管理局没有部署区间视频、异物侵限监测，安全预警系统不完善。其次，肇事工程车司机李义祥负责的工地距离轨道很近，且工程施工时容易有落石滑入铁轨，却没有提前做好围栏等防护措施，安全防护措施缺乏。因而，导致工程车滚落，既没有合理的防护措施拦截，又没有安全防护系统预警，一分钟后，太鲁阁号 408 次列车刹车不及，最终酿成惨剧。

2.工程车司机难辞其咎

事发当天正值台湾清明假期第一天，依据台铁通知，全县暂停施工至 4 月 6 日，而李义祥不顾规定照常施工，驾驶工程车前往工地，却因过弯不慎，车轮卡进边坡树丛。于是，李义祥使用绑带将工程车与挖掘机相连，欲通过操作挖掘机将工程车移出，然而操作过程中车头左倾，绑带断裂，导致工程车滚落至铁轨。事发至此，李义祥没有第一时间告知台湾铁路管理局以及报警，而是担心副驾华文好非法移工身份曝光，让其逃离事故现场。这致使太鲁阁号 408 次列车行至大清水隧道时，撞上掉落的工程车，最终造成不可挽回的局面。

3.台铁管理混乱

台铁管理不善，负债严重，每次发包都选择最低标价，使得质量不佳的承包商中标，埋下祸根，并且此次肇事厂商的工期延期时间、延期次数，承包登录系统到分包商分工都存在重大问题，反映出台铁内部的结构性弊病。

首先，出事工地负责人李义祥前科累累，却凭借民进党身份屡屡获得工程承包资格。承包此次边坡工程的东新营造底下有六个分包商，李义祥仅是其中一个，只负责提供挖掘机等器具，而真正具有施工牌照的是李义祥的合伙人林长青的儿子林伟仁，李义祥兼任工地主任已经违反规定，存在借牌投标行为。其次，李义祥在 2021 年 2 月因案被判 6 个月有期徒刑，依据采购法规定，应被列为拒绝往来对象，但他不仅未因此被停权，还在执行整个工程。此外，由肇事工程车司机李义祥负责的针对山侧边坡进行的防护设施工程,原计划于2021年1月完成,却迟迟未能完工,导致工程延期,造成惨剧①。

4.台铁改革进度缓慢

早在2018年普悠玛号列车脱轨事故造成18人罹难后,民进党当局下定决心进行台铁改革,强调改革无上限。台行政机构就此提出长达257页共144项建议的台铁总体检报告,并投入2.75亿元新台币预算,规划推动边坡检测与轨道预警两大系统。其中,把台铁15个边坡进行改善作为着力推动的项目,这15个边坡改善工程原定于2021年4月27日完工,但开工的只有9个,仅1处完工,2个还在发包,3个仍在规划中。时隔两年,台铁改革仍未完成,进度缓慢,144项建议仅完成109项,造成安全防护不到位,发生太鲁阁号重大伤亡事故②。

5.民进党内部利益斗争

普悠玛事故后,因2018年连任台中市长失败,林佳龙接任台湾交通部门负责人,然而其过去的经历与交通、工程专业完全没有关系。正是因为民进党这种专业不重要,政治是唯一标准的观点,导致台铁改革进度缓慢。此外,因民进党派系斗争,台铁管理局负责人空缺长达三个月,造成台铁内部管理松散。由此可见,民进党当局只顾政治算计,一心维护自身利益而罔顾民生,是造成此次太鲁阁号列车脱轨事故的根本原因。

6.地理位置限制

列车进入事发路段前会经过一段隧道,里面光线昏暗,在列车驶出隧道时光线变得刺眼,司机很难分辨前方道路的情况。列车出隧道后到达事发路段,直接进入弯道,两条隧道间距离很短,列车几乎以全速前进,行驶仅隔8秒,在紧急情况下很难采取刹车措施。地理位置的限制,是造成此次重大伤亡事故的重要原因。

四、经验启示

(一)建立安全防护监测系统

完善的安全防护监测系统是铁路运输安全的有力保障。应当在高速铁路沿线安装、设置视频监控系统、异物侵限监测系统、周界入侵监测系统、自然灾害监测系统,加

---

① 纵相新闻.伤亡超200人的太鲁阁号惨剧是一场人祸,台媒拷问台铁险情通报机制缺失[EB/OL],(2021-4-3)[2021-11-24],https://www.163.com/dy/article/G6LR3ORP05503FCU.html.

② 中国新闻网."太鲁阁号"事故事实资料报告:工地存在安全漏洞[EB/OL],(2021-8-23)[2021-11-24],http://www.taihainet.com/news/twnews/twsh/2021-08-23/2544800.html.

强对铁路运输环境的监测，及时对危险情况作出预警处理，以防止铁路安全事故发生。视频监测系统应设置在公跨铁路桥梁、隧道洞口、桥梁救援疏散通道、治安防范重点地段等重要区域，对铁路运输环境进行实时监测，并且视频监控覆盖范围应符合相关法律规定，为调度、客运、设备维修、公安等业务部门配置视频终端。异物侵限系统监测对象包括跨高速铁路的道路桥梁的落物、山体滑坡、泥石流、岩石落石等，应具备监测报警及联动等功能，采用监测中心、现场监测设备两级架构。根据需要在高速铁路设置周界入侵监控系统，并要求具备实时探测入侵行为并报警，报警信息处理、储存及显示，支持设备状态监测、故障诊断和远程控制，与视频监控系统报警联动等功能。针对沿线的自然灾害、地质条件、线路环境等情况，建立必要的自然灾害监测系统，自然灾害监测系统应具备风、雨雪监测警报以及地震预警监测等功能。

（二）完善安全防护基础设施

在高速铁路长大隧道、高架桥、旅客聚集区等重点区域，应当按照国家有关规定设置紧急情况下的应急疏散逃生通道并保证畅通，同时安装、设置指示标识。在高速铁路路堑上的道路、位于高速铁路线路安全保护区内的道路、跨越高速铁路线路的道路桥梁及其他建筑物等地点，应当按照国家有关规定安装、设置防止车辆以及其他物体进入、坠入高速铁路线路的安全防护设施和警示标志。高速铁路隧道的照明设施设备、消防设施应当保持状态良好，为了有效减少铁路设备老化所导致的安全事故，铁路部门应加强对设备的维护和管理，确保铁路设备的质量，从而能够有效提高铁路运输设备的可靠性。

（三）落实安全生产主体责任

从事高速铁路运输、建设、设备制造维修的相关企业应当落实安全生产主体责任，建立、健全安全生产责任制和高速铁路安全防护相关管理制度，执行国家关于高速铁路安全防护的相关标准，保障安全生产管理机构或者人员配备，加强对从业人员的教育培训，改善安全生产条件，保证高速铁路安全防护所必需的资金投入。在高速铁路线路安全保护区内建造建筑物、构筑物等设施，取土、挖砂、挖沟、采空作业或者堆放、悬挂物品，必须符合保证高速铁路安全的国家标准、行业标准，征得铁路运输企业同意并签订安全协议，遵守施工安全规范。铁路运输企业应当公布办理相关手续的部门以及相应的渠道，及时办理相关手续，并派员对施工现场实行安全监督。在高速铁路线路及其邻近区域进行施工作业，应当符合工程建设安全管理规定，并执行铁路营业线施工安全管理规定。建设单位应当会同设计、施工单位与铁路运输企业共同制定安全施工方案，按照方案进行施工，施工完毕应当及时清理现场，不得影响高速铁路运营安全。有关单位和个人在高速铁路邻近区域内施工、建造构筑物或者从事其他生产经营活动，应当遵守保证高速铁路安全的法律法规和相关标准。在高速铁路线路安全保护区内和纳入邻近营业线施工计划的施工,铁路运输企业应当按照国家规定派员对施工现场实行安全监督。

(四)加强监管,排除隐患

县级以上各级人民政府相关部门、铁路运输企业应当依照自然灾害防治法律法规的规定,加强高速铁路沿线灾害隐患的排查、治理、通报、预防和应急处理等工作。铁路监管部门根据需要,可以牵头协调组织相关部门开展高速铁路安全防护联合监督检查,对监督检查过程中发现的问题,以及铁路运输企业等单位报送的问题进行梳理分析:对影响高速铁路运营安全的,应当及时采取函告、约谈等方式督促相关企业或者地方政府相关部门落实责任、消除隐患;对安全防护推进不力的部门和单位,可以在铁路监管部门政府网站上向社会公告;对高速铁路事故隐患,铁路监管部门应当责令有关单位立即排除,并加强督办落实;重大事故隐患排除前或者排除过程中无法保证安全的,铁路监管部门应当责令从危险区域内撤出人员、设备,停止作业,重大事故隐患排除后方可恢复。

(五)应急救援,控制事态

地方铁路运输企业应制定切实可行的应急方案,细化措施,并且相关人员应该熟练掌握,一旦发生突发事件,工作人员可以按照预案采取措施,避免安全问题扩大化。发生涉及高速铁路运输安全的突发事件后,铁路运输企业及其所属的生产经营单位应当立即组织抢救,防止事故扩大,减少人员伤亡和财产损失,并向事件发生地人民政府及相关部门和地区铁路监督管理局报告。事件发生地相关部门和地区铁路监督管理局接到报告后,应当依照有关法律、行政法规的规定和应急预案要求,立即采取措施控制事态发展,组织开展应急救援和处置工作,并按规定报告。

思考题

1.什么是铁路安全事故?铁路安全事故的等级如何划分?

2.常见的铁路安全隐患有哪些?如何有效预防和减少铁路安全事故的发生?

3.哪些行为会导致铁路安全事故?铁路安全事故会产生哪些危害?

4.面对铁路安全事故的发生,应采取哪些有效应对措施?

铁路安全事故小知识

铁路运输是我们出行必备的交通方式，针对铁路运输过程中存在的危险、意外情况，我们有必要了解一些铁路安全规范知识，保障自身的生命财产安全。

1.铁路安全事故?

铁路事故是指火车(包括所有机车、车厢或车皮一类的车辆)在运行过程中发生碰撞、脱轨、火灾、爆炸、断电等影响正常行车安全的事故，也包括铁路运输系统在相关作业过程中发生的事故，火车在运行过程中与行人、机动车、非机动车、牲畜及其他障碍物相撞的事故，甚至还包括因管理操作不当而导致的严重晚点情况等。

2.铁路安全事故的诱因

(1)调度不当，容易导致后车过早闯入前车行驶区间，造成列车追尾或相撞。

(2)弯道超速，火车速度快质量大，过弯需强大向心力。如果超速行驶，列车重力水平方向上的分力将无法给列车提供足够向心力，列车就会挤压外轨引发脱轨事故。

(3)地质灾害，造成桥梁垮塌、隧道坍塌就极易导致列车脱轨、掩埋或坠崖。

(4)设备失灵，铁路系统设备出现故障失灵，极易引起调度混乱，最终导致司机无法确认前方路况而引发追尾或相撞事故。

(5)违规施工，铁路养护人员违规施工是导致列车撞轧行人的常见原因。

(6)违规操作是现阶段导致铁路事故发生的最根本原因。

3.铁路安全“六不准”“一必须”原则

“六不准”，就是不准在铁路线路上行走、坐卧、逗留；不准抢越道口；不准在线路上玩耍、打闹；不准钻车、扒车、跳车；不准在站内、线路上拾捡物品；不准在铁路线两侧 20 米内放牧。

“一必须”，就是穿过路口、道口必须一停二看三通过。

4.铁路道口安全常识

(1)行人和车辆在铁路道口、人行过道及平过道处，发现或听到有火车开来时，应立即躲避到距铁路钢轨 2 米以外处，严禁停留在铁路上，严禁强行越过铁路。

(2)车辆和行人通过铁路道口，必须听从道口看守人员和道口安全管理人员的指挥。

(3)凡遇到道口栏杆关闭、音响器发出报警、道口信号显示红色灯光或道口看守人员示意火车即将通过时，车辆、行人严禁抢行，必须依次停在停止线以外，没有停止线的，停在距最外股钢轨 5 米以外，不得影响道口栏杆的关闭，不得撞、钻、爬越道口栏杆。

(4)设有信号机的铁路道口,两个红灯交替闪烁或红灯稳定亮时,表示火车接近道口,禁止车辆、行人通行。

(5)红灯熄白灯亮时,表示道口开通,准许车辆、行人通过。

(6)遇有道口信号红灯和白灯同时熄灭时,须停车和止步瞭望,确认安全后再通过。

(7)车辆行人通过设有道口信号机的无人看守道口及人行过道时必须停车或止步瞭望,确认两端无列车开来时,方准通行。

(8)通过电气化铁路道口时,车辆及其装载物不得触动限界架活动板或吊链;装载高度超过两米的货物上,不准坐人;行人手持高长物件,不准高举。

5.乘车安全常识

(1)在车站候车时,要站在站台的安全线外,切不可越线,更不可跳下站台。

(2)要有秩序,不要争抢拥挤,要防止车门夹身;不能从车窗出入;严禁携带烟花爆竹等易燃易爆危险品上车。

(3)在车上要将行李平稳、牢靠地放在行李架上,以免掉下伤人;列车行驶中,不要将身体任何部位伸出车外,不要在车厢内随意走动、打闹。

6.铁路安全遇险自救措施

(1)列车行驶异常或紧急刹车时,应迅速离开车门或车窗,抵靠在牢固物体上。

(2)列车发生剧烈抖动、有脱轨或颠覆的可能时,要立即就近抓住可稳定身体的物品,注意保护好头部等关键部位。如果列车发生脱轨或颠覆,立即使用硬物砸破玻璃逃生。

(3)车厢内发生火灾时,使用湿毛巾等捂住口鼻,在列车工作人员的指挥下,有序撤离。

后 记

突发事件具有发生的突然性、后果的不确定性、威胁的严重性和处置的紧迫性等特点，这些对党政领导干部突发事件应急处置管理能力提出了重大的挑战。当前我国正处于突发公共危机多发期，能否正确应对和及时处置各类公共危机成为对各级政府的重大考验，直接关系到政府在人民心目中的形象，关系到国家的安全和稳定。《应急管理案例分析与研究》选取国内外应急管理实践中的典型案例进行分析，所选案例涵盖自然灾害、事故灾难、公共卫生、社会安全等各大类突发事件。《应急管理案例分析与研究》旨在通过对应急管理案例的回顾与分析，启发读者深入思考，借鉴以往案例中的成功经验，汲取其失败教训，为应急管理研究与实践工作提供帮助。《应急管理案例分析与研究》共收录17个案例，每个案例分为六个部分——导读、事件回放、应急处理分析、经验与启示（反思与建议）、思考题和相关小知识，其中经验与启示（反思与建议）和相关小知识是《应急管理案例分析与研究》的一大特色。鉴于相关小知识来源较为复杂，无法一一标明出处，如有明确作者望不吝告知，在此一并谢过。《应急管理案例分析与研究》适合作为普通高等学校行政管理、公共事业管理等专业本科生、低年级研究生的教学用书，也适合相关领域科研人员与政府应急管理部门工作人员阅读。

本书由集美大学工商管理学院应急管理安全教材编写组完成，成员均来自一线专业教师及研究生团队，在应急管理案例教材编写过程中，得到牛晋、古小燕、于春全、吴俊等专家的指导，在此表示衷心的感谢。

2023年12月于厦门